高等院校继续教育财经类系列教材

证券投资

主　编　桂詠评
副主编　张　琳　赵燕萍　渣梦丽

上海大学出版社
·上海·

图书在版编目(CIP)数据

证券投资 / 桂詠评主编. —上海：上海大学出版社，2023.2
 ISBN 978-7-5671-4589-4

Ⅰ.①证… Ⅱ.①桂… Ⅲ.①证券投资 Ⅳ.①F830.91

中国国家版本馆 CIP 数据核字(2023)第 022014 号

责任编辑　石伟丽
封面设计　缪炎栩
技术编辑　金　鑫　钱宇坤

证券投资

主编　桂詠评
上海大学出版社出版发行
(上海市上大路 99 号　邮政编码 200444)
(https://www.shupress.cn 发行热线 021-66135112)
出版人　戴骏豪

*

南京展望文化发展有限公司排版
上海东亚彩印有限公司印刷　各地新华书店经销
开本 787mm×1092mm　1/16　印张 14　字数 298 千字
2023 年 2 月第 1 版　2023 年 2 月第 1 次印刷
ISBN 978-7-5671-4589-4/F·230　定价　42.00 元

版权所有　侵权必究
如发现本书有印装质量问题请与印刷厂质量科联系
联系电话：021-34536788

丛书编委会

主　任　陈方泉
副主任　沈　瑶　徐宗宇
编　委　聂永有　尹应凯　胡笑寒
　　　　　　房　林　严惠根　郭　琴
秘　书　石伟丽

总　序

随着经济全球化的不断深入和我国社会主义市场经济的不断发展,培养更多能够"知行合一"的高素质应用型经济管理人才是高校经管学科面临的重大任务和挑战。为此,我们遵循"笃学、笃用、笃行"的原则,组织上海大学相关学院的专业骨干教师,并与业界专业人士合作,编写这套新型的经济管理类教材。

本系列教材力求遵循教育教学规律,体现研究型挑战性教学要求,努力把握好"学习、实践、应用"三大关键。一是准确阐述本学科前沿理论知识,正确反映国家治理和制度创新的最新成就,体现经济社会发展趋势,使学生在学习专业知识的同时,养成正确的家国情怀和社会责任感,从而达到良好的思想政治和职业操守教育效果;二是通过"导入"等新的教学环节设计,教授学生科学、专业的思维方式和工作方法,培养学生在专业领域内由浅入深、由表及里,发现问题、分析问题、解决问题的能力;三是通过"拓展学习"的设计,引导学生关注并研究经济社会发展中出现的新问题,运用专业知识求实探索,寻求解决新问题的对策,培养学生的批判精神和创造能力,从而达到"授之以渔"的效果。

本系列教材的主要对象是高校经济管理学科接受继续教育的学生,同时也适用于有兴趣不断学习、更新经济管理知识的人士使用。我们还将运用现代信息技术和数字化教学资源,建设本系列教材的音像、网络课程,以及虚拟仿真实训平台等动态、共享的课程资源库。

本系列教材难免不足之处,敬请广大读者批评指正。

丛书编委会

2021年4月

前　言

中国证券市场的重建和发展，是在中国改革开放大潮的推动下进行的，也是改革开放的重要组成部分：1981年重启国债发行；1984年11月18日发行中国第一只股票——飞乐音响；1986年9月26日经中国人民银行上海市分行批准，中国工商银行上海信托投资公司静安分公司挂牌代理买卖飞乐音响公司和延中实业公司股票，这是上海第一家经营证券柜台交易业务的场所，也是新中国首次开办股票交易……2020年8月24日，中国证券发行市场正式开启了注册制的改革，证券市场的发展又迈出了一大步。经历了几十年的发展，中国证券市场的规模也迅速扩大，沪深证券交易所和香港联交所都已跻身全球十大证券交易所之列。

在这样的背景下，学习证券投资既是来自教学计划的要求，也是为参与投资、分享中国证券市场发展所带来的红利所做的准备。概括来讲，本教材包括四个板块的内容：

一是证券投资基础知识的介绍。例如：第二章主要介绍证券投资工具，包括债券、股票、证券投资基金、证券衍生市场产品等；第三章、第四章分别介绍证券发行市场、证券交易市场。这些内容是讨论证券投资相关问题必备的知识。

二是证券投资的核心问题——证券价格、证券投资的收益与风险。主要涉及第五章和第六章。这两章着眼于计算各类证券的理论价格、面值等指标，以及证券投资的收益与风险的计量方法。

三是证券投资的分析方法。这是认识市场的钥匙，包括第七章对证券投资的基本分析法、第八章对证券投资的技术分析法。这些分析理论与技术是证券投资实务操作的基本技巧，旨在引导读者学会通过综合运用证券投资以及经济学和金融学其他一些理论和方法，结合国内外的影响因素和市场情况,研判价格走势,为证券投资决策提供依据。

四是证券投资理论与策略。其中,第九章介绍著名的证券投资理论模型、投资策略等,这些是证券投资领域宝贵的思想成果,有利于读者从理论与实战两个方面提升对证券投资的认识,把握投资方向。

本教材主要特色体现在如下三个方面:

一是强调应用性。本教材主要为接受继续教育的学生服务,因此减少了公式推导、模型讨论,更多的是从证券市场的投资实践出发,结合案例探讨投资的方法和技巧,同时保持证券投资学知识的系统性和完整性。

二是尽可能反映证券市场的最新发展。在快速成长的中国证券市场,市场规模、投资品种、交易方式、投资热点、投资理念等方面嬗变,让我们惊艳的同时也留给我们很多认识上的新的难点,本教材的内容力求及时跟上发展的步伐,将最新成果纳入其中。

三是追求内容编排的创新。本教材力求在内容编排方式等方面追求创新,在有新意的同时更有利于读者自学、扩大知识面,也更加有趣。本教材设置了"导入""探究与发现""拓展学习"等板块。其中,"导入"将读者带入所在章节的情境,引起兴趣,启发思考;"探究与发现"提供实用、实操问题,并通过书中的二维码提供答案;"拓展学习"着眼于启发思考和自我拓展,引起读者课外探究学习的兴趣,让课外资源很好地为教学服务。这些板块都从不同视角提供思考的要求、学习的建议等,给读者更多的选择。

桂詠评
2022 年 5 月

目 录

第一章　证券投资概论 ································ 1
　第一节　证券投资 ···································· 2
　第二节　证券投资规划与实施 ···················· 6

第二章　证券投资工具 ································ 14
　第一节　债券市场工具 ····························· 15
　第二节　股票市场工具 ····························· 22
　第三节　证券投资基金 ····························· 27
　第四节　证券衍生工具 ····························· 36

第三章　证券发行市场 ································ 42
　第一节　证券发行市场的功能与特点 ·········· 42
　第二节　股票发行市场 ····························· 45
　第三节　债券发行市场 ····························· 57

第四章　证券交易市场 ································ 65
　第一节　证券交易市场概述 ······················· 66
　第二节　证券交易程序 ····························· 71
　第三节　证券交易的形式 ·························· 77

第五章　证券价格 ······································ 87
　第一节　股票价格 ···································· 87
　第二节　债券价格 ···································· 91
　第三节　证券投资基金价格 ······················· 92
　第四节　股价指数 ···································· 94

第六章 证券投资的收益与风险 ········ 106
第一节 股票投资的收益 ········ 106
第二节 债券投资的收益 ········ 113
第三节 证券投资基金的收益 ········ 118
第四节 证券投资的风险 ········ 122

第七章 证券投资的基本分析法 ········ 129
第一节 基本分析法概述 ········ 129
第二节 证券投资的宏观经济分析 ········ 132
第三节 证券投资的行业分析 ········ 139
第四节 证券投资的公司分析 ········ 144

第八章 证券投资的技术分析法 ········ 152
第一节 技术分析法概述 ········ 153
第二节 道氏理论 ········ 155
第三节 波浪理论 ········ 158
第四节 K线分析 ········ 162
第五节 常用指标与形态分析 ········ 170

第九章 证券投资的理论与策略 ········ 183
第一节 证券投资理论 ········ 183
第二节 证券投资策略 ········ 199
第三节 证券投资原则 ········ 206
第四节 做理性投资者 ········ 208

参考文献 ········ 213

后记 ········ 214

第一章

证券投资概论

 本章教学目标

通过本章的学习,学生应当了解投资的基本概念;掌握证券投资的概念、目的以及证券投资规划程序;了解证券投资规划书的制作。

 本章核心概念

投资;证券投资;证券投资规划

 导入

根据国家统计局数据显示,目前中国Z世代(1995—2009年出生)人群数量已经达到2.6亿人。这些成长于信息时代的年轻人,在多元文化的熏陶之下,拥有着独特而又充满个性的特点。一边积极投资,奔赴基金、数字货币,一边用获得的收益为自己的兴趣付费,"敢赚敢花"已经成为当代年轻人的真实画像。

(1) 该如何掌握自己的"财富密码"? 在众多的投资理财方式中,为什么要选择证券投资?

(2) 如果要进行证券投资,通常按照怎样的步骤进行?

证券投资,是一种被广泛接受的、入门门槛低的投资方式。伴随着我国改革开放的不断推进,国民经济持续、快速增长,居民财富日益累积,强烈的个人创富投资需求与企业内在的资本扩张需求在证券市场实现碰撞、对接,推动着证券市场蓬勃发展。1990年12月19日上海证券交易所(以下简称"上交所")开业,1991年7月3日深圳证券交易所(以下简称"深交所")开业,标志着我国证券市场开始步入规范化发展进程。作为一个新兴的、高速成长的市场,中国证券市场在短短几十年的时间里取得了举世瞩目的成就,已经成为全球最重要的资本市场之一。2021年9月3日,北京证券交易所(简称"北交所")注册成立,这是我国经国务院批准设立的第一家公司制证券交易所,受中国证监会监督管理,服务创新型中小企业。

证券市场的快速发展,给人们提供了一个重要的投资理财渠道,人们有了除银行储蓄存款以外的选择。而且,进行证券投资可以获得比银行存款更高的收益,当然也要承担相应的风险。

第一节 证券投资

一、投资的基本概念

要了解"证券投资",就要先了解"投资",这是建立证券投资知识体系的基础。

(一) 投资的概念

所谓投资,美国金融学家、诺贝尔经济学奖得主威廉·夏普(William F. Sharpe)认为,"从广义上讲,投资是为未来收入货币而奉献当前的货币。投资一般具有两点特征:时间和风险"[①]。

按照夏普的观点,投资是减少当前消费、将省下的这部分货币作为投入,期望未来收回的货币金额大于最初投入的货币金额。因此,投资是一种货币转化为资本的过程,需要一定的时间。不仅如此,在投资从开始到结束的过程中,未来收入货币的金额是不确定的,即投资存在一定的风险。

(二) 投资的对象

根据投资对象的不同,投资大体可以分为直接投资(也称为实业投资)和间接投资(以证券投资为主)两类。前者是将资金投入企业,参与管理甚至控制企业的经营活动以取得投资回报。后者是以资金购买股票、债券、基金等有价证券及其金融衍生产品,不参与企业管理,仅仅持有资产,以期获取股票的股息红利、债券的利息(即经常性收益);关注资产价格的涨跌波动,并通过交易获得价差收益(即资本利得)。

(三) 投资的收益与风险

收益与风险,是投资的"孪生兄弟",始终相伴随。成功的投资者能很好地权衡收益的高低,把握风险的大小。

1. 投资收益

投资收益,是投资者在一定的会计期间通过投资所取得的回报,是经常性收益和资本利得两项的合计,是投资者追求的目标。投资收益也并不都是收入,还可能出现损失,或者不赢不亏的平局。即:

(1) 投资收益>0,投资者获得正的收益;

(2) 投资收益<0,投资活动遭受损失;

(3) 投资收益=0,没有盈亏。

2. 投资风险

投资风险,指未来投资结果的不确定性,是投资过程中无法回避的。由此投资者可能获得正向收益或面临损失的结果,也可能遇到没有盈亏的平衡结局。虽然投资风险包括

[①] 威廉·夏普等:《投资学》,赵锡军等译,中国人民大学出版社1998年版,第2页。

可能的收益、损失或者平局,但大多数投资者还是对遭受损失比较敏感。例如,股票、债券价格下跌而导致损失,俗称"被套牢"。这样的结果会令投资者不快甚至沮丧。所以,投资者在谈及投资风险的时候,通常指投资不确定性带来的损失结果,很少会将投资正向收益或者平衡结局归入投资风险。

投资风险,主要来自宏观政治经济因素、行业经济周期轮动、企业自身的状况等诸多因素。在宏观政治经济因素不变的情况下,证券投资的损益随着上市公司的经营状况、股票市场行情的变化而变化。

(1) 宏观政治经济因素的影响,例如全球通货膨胀使得石油价格上涨,推动航空公司的经营成本上升,最终导致航空公司亏损、股价下跌。

(2) 行业经济周期轮动,对相关公司的经营带来损益。例如在建设投资持续多年强劲增长,钢材需求持续旺盛的情况下,钢铁行业整体看好。但随着全球环境治理呼声的日益升高,碳排放大户——钢铁行业整体将面临调整、压缩的局面,钢铁行业上市公司的发展将遇到较大的困难。

(3) 公司经营状况影响股价。一般情况下,公司经营得越好,股票持有者获得的股息、红利将会越多,公司债券也可以按时还本付息。这样,公司的股票会受到追捧,股价上涨,买入或持有股票的投资者将获得正向资本利得。反之,公司经营不善,股票持有者能分得的盈利将会减少,甚至无利可分,公司债券还可能违约;受负面消息影响,公司股价下跌,投资者的资本利得将是负值,投资遭受损失。

债券,作为固定收益产品,风险相对较小,尤其是国债、金融债券等,信用度高,较少有违约风险。然而,物价上涨无法避免。当通货膨胀出现甚至通胀程度超出央行容忍的尺度,央行就会动用货币政策工具,紧缩货币供给,提升利率水平。债券价格与市场利率水平呈现反相关关系,升息使得债券价格下跌。因此,债券的损益直接受利率水平波动的影响。

投资风险,可以分为系统性风险和非系统性风险。

系统性风险,也称不可分散风险,是指由于某种不确定的因素给经济环境带来的全局性的影响,是大多数投资者无法避免的投资风险。系统性风险具有如下特征:① 它是由共同的经济、政治、社会等因素引起的。经济因素包括利率、汇率、通货膨胀、宏观经济政策(尤其是货币政策)、能源危机等。例如,1990年8月初伊拉克因攻占科威特而遭受国际经济制裁,世界市场来自伊拉克的原油供应中断,引发全球石油危机,国际油价因而急升至42美元/桶的高点,导致美、英等国经济加速陷入衰退,全球GDP增长率在1991年跌破2%。同时美国股市也出现了暴跌,据有关数据显示,纽交所道琼斯指数从1990年8月1日2 905.2点(开盘指数)急剧下跌至2 365.07点(开盘指数)(1990年10月12日),到该年底才回升至2 628.96点(开盘指数)。政治因素如一国政权更迭、地区战争冲突等。社会因素如体制变革、所有制改造等。② 它对市场整体产生影响。例如对该国市场的(有些甚至对全球市场的)所有上市公司、机构和个人投资者都有影响。其中,有些敏感程度高的行业受到的影响比较大。如来自原材料等行业的上市公司,其股票的系统性风险就可能更高。③ 它无法通过分散投资来加以消除。由于系统性风险是上市企业或行业所不能控制的,是由社会、经济、政治大系统内的一些因素所造成的,它影响着绝大多数企业的运营。所以,机构或者股民无论怎样选择投资组合都无法分散系统性风险,只能回避系统性风险。例如,从股市中退出,可以避免股市的系统性风险。

非系统性风险指与股票整体市场波动无关的风险,是指某些局部的、与某个(或者某些)股票有关的因素导致的股价波动,从而对股票持有人的盈亏带来的影响。非系统性风险的表现形式包括:① 经营风险,即由于公司的外部经营环境和条件以及内部经营管理方面的问题造成公司收入的变动而引起的股票投资者收益的不确定。② 操作性风险,是由于经营的关键人物的人为失误、不完备的程序控制、欺诈和犯罪活动等造成的不确定性损失。

3. 风险与收益的关系

如果投资者追求比较高的收益,通常要承担较大的风险,例如股票投资,风险大,预期收益也比较大。相反,如果投资者不愿意承担较大的风险,追求比较安全的投资产品,那么只能获得较低的收益,这类产品包括银行存款、国债等固定收益产品。

(四) 投资者的风险偏好

"风险偏好"是投资者主动追求风险,喜欢收益的波动性胜于收益的稳定性的程度,"风险厌恶"是其反面,两者都可以用来衡量投资者接受风险的程度。其实,投资者都是"风险厌恶"的,仅仅是"风险厌恶"的程度不同,夏普曾经指出几乎每个人做重大决策时都是风险厌恶者,即便是狂热的赛马爱好者也很少会把他的全部收入投放到赛马场上去[①]。

虽然投资者都是"风险厌恶"的,但是厌恶程度却存在较大差异,形成不同程度的风险偏好。有些投资者能够容忍比较大的风险,有些对风险无所谓,而有些投资者则完全排斥风险。由此,可以将投资者分为风险偏好者(风险厌恶程度最低)、风险中立者和风险厌恶者。风险偏好程度之所以不同,与投资者拥有的财富、受教育程度、性别、年龄和婚姻状况等因素有关。而不同的风险偏好,将影响其投资决策。因此,在开始投资之前,投资者需要根据自己的投资目标与"风险偏好"程度选择相应的金融投资产品,制定与自己风险偏好相符合的投资策略。

二、证券投资

(一) 证券投资的概念

证券投资,即有价证券投资,是指投资者(法人或自然人)买卖股票、债券、证券投资基金等有价证券的基础资产、衍生资产和另类的证券投资产品,以获取经常性收益与资本利得的投资行为和投资过程,是间接投资的重要形式。

---

① 威廉·夏普:《证券投资理论与资本市场》,霍小虎等译,中国经济出版社 1992 年版,第 23—24 页。

(二) 证券投资的目的

居民投资者有很多种资产,包括现金资产(本币、外汇等)、贵金属(黄金、白银、铂金等)、证券(股票、债券、基金等)、不动产(一处或者多处房产等)、银行存款、收藏以及其他资产。在普通居民持有的资产中,流动性最高的是现金资产,金额最大的是不动产,证券则是收益性、风险性都比较高的资产。对于不同类型的资产,持有的目的是不同的。现金用于支付结算;不动产例如房产,首先满足居住需要,其次才是投资增值;证券则主要是用于投资的。

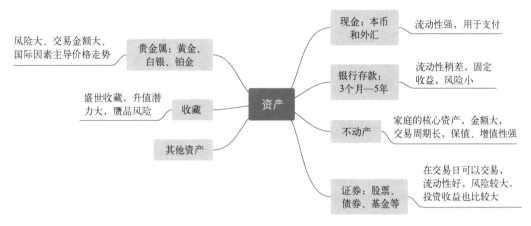

图1-1 各类资产及特点

证券投资要达到什么目的呢? 具体而言,有如下几点:

1. 取得收益

证券投资的损益来自经常性收益和资本利得。经常性收益包括股票红利和债券利息。股票红利是投资者投资上市公司股票后分享的上市公司经营所获得的利润。在取得经营利润的情况下,上市公司向股东发放的红利大致有三种形式:现金红利、股份红利以及财产红利。

资本利得是指投资者通过出售股票、债券等资本项目所获取的毛收入减去购入价格后的差额。一些国家对资本利得征收利得税,利得税按资本项目的购入价格与最后销售价格之间差额的规定税率计算。一般认为,资本项目的增值要经过若干年的累积过程才能最终形成。为防止利得税影响对资本市场的投资,故税率较低,通常采用比例税率。目前,在我国证券市场上,股票交易按照成交金额的0.1%(出让方单边缴纳)缴纳印花税。

2. 资产配置

资产配置,即根据投资收益目标将投资资金按不同比例分别投资在低风险、低收益证券和高风险、高收益证券的投资方法。在证券市场上,投资者充分利用投资方法灵活性、多样性的特点,适时把握市场机会,权衡资产组合整体的风险性,调整资产结构。在市场经济中,多种不确定因素交叉影响,常常使得投资者的损益产生动态变化。从一个居民个人或者家庭持有的投资组合来说,现金、银行存款、国债等资产风险极小、收益很低;不动产的流动性比较低,交易转让成本极高;贵金属的价格涨跌幅度大,价格受全球因素影响(例如国际货币因素对金价的影响);证券价格的涨跌主要受国内因素影响,交易转让成本较低。

> **探究与发现 1-1**
> 对一个家庭来说,资产配置大致需要分为哪几个部分?可满足哪些需要?

投资者可以充分利用证券投资的优势,适时增减整个资产组合中各类资产的比重,进而调整资产组合配置。如果政治环境稳定,国民经济增长强劲,股市大盘进入上升通道,连续拉出阳线,投资者可以增持股票,享受经济增长带来的红利。相反,如果经济低迷,投资者可以迅速减持股票,增持固定收益产品,调整资产结构,降低投资组合的风险性。

3. 补充资产流动性

从资产结构来说,资本市场上的证券可以低费、高效地进行交易。其中的股票、债券等还可以进行抵押融资。与其他投资工具相比,证券具有较强的流通性。在交易时间内,证券随时可以卖出,脱手迅速。交易价格透明,买卖双方可以按照揭示价格交易,在价格上不必做出让步,无须磋商谈判。交易成本低、效率高,买卖双方仅需要向券商支付低廉的交易佣金即可。随着金融科技的发展,券商大都向投资者提供手机 app 软件,投资者可随时随地查看证券价格、进行证券走势的技术分析,随时进行买卖证券交易。技术进步使得证券资产的流动性达到了新的高度,使集中风险分散化、长期投资短期化,吸引了大量闲散资金入市。

第二节 证券投资规划与实施

如何参与证券投资?首先需要做好投资规划,也就是运筹帷幄,对未来的证券投资做一下预测,给自己画出证券投资路线图;其次,按照规定的程序,选择券商开户、入市,进行投资操作。

一、证券投资规划程序

制定投资规划,首先要确定投资目标和可投资金的数量,再根据自己对风险的偏好程度,对到底是采取稳健型还是激进型的投资策略做出决定。

(一)了解证券投资自律基本操守

证券投资自律基本操守,根据投资者类型的不同而有所区别。

对于机构投资者、证券从业人员,其自律基本操守的相关规定比较严格。机构投资者需要根据相关法律、法规、行政规定以及行业团体的自律管理规定,进行自查、自纠。其中,《中国证券业协会自律措施实施办法(2020年修订)》就是一项重要的管理办法。该办法中所称的自律管理对象,是指中国证券业协会的会员、证券业从业人员以及中国证券业协会依据授权规定实施自律管理的其他对象。

居民投资者必须遵守国家的法律法规,维护证券市场的"公平、公开、公正"原则,切莫参与操纵股市、扰乱证券交易的活动,否则,将会根据情节轻重受到相应处分甚至刑事处罚。

(二)认清自己的风险偏好和风险承受能力

首先,履行证券投资法规所规定的义务。由于投资者在年龄、财务状况、资产配置、投资目的、对获得的年收益率的期望、投资期限、投资经历等方面存在不小的差异,其风险偏好和承受能力也是不一样的。按照我国证券投资相关规定,参与风险程度相对较高的投资品种的投资者,需要前往券商柜台接受个人风险承受能力测试(如今很多券商提供的证券交易手机应用软件都可以进行线上风险测试),签署风险揭示书,才能开通不同类型的交易权限。

其次,以自己的风险偏好和风险承受能力为起点,制定个人投资规划,谋划资产配置。一般而言,年富力强、资金实力雄厚的投资者,风险承受能力相对较强;而上了年纪的投资者、资金实力有限的投资者或者投资经验不足的投资者,风险承受能力相对较弱。在构造投资组合的时候,那些风险偏好且资金实力比较强的投资者,通常可以配置收益较高、风险也较大的投资产品,以满足其获取高收益的投资目标。相反,风险厌恶的投资者,则宜配置固定收益的产品,满足自身的稳健投资需求。

探究与发现 1-2

请填写中国证券业协会提供的《个人投资者风险承受能力评估问卷(试行模板)》,对自我风险承受能力做出评估。

(三)确定投资目标

投资目标是投资者期望达到的投资回报。不同类型的投资者有不同的投资目标:

1. **按照投资者的年龄和家庭情况划分**

(1)刚入职的单身青年或者年轻家庭的投资者,通常将满足家庭大额消费作为投资目标。

(2)中年家庭的投资者,事业正在起飞、家庭财富有一定积累,通常将提升居住质量、置换购房和财富积累作为投资目标。

(3)成熟家庭或者退休养老家庭的投资者,事业有成、财富积累进一步扩大,通常将养老、财产传承作为投资目标。

2.按照投资者的风险偏好类型划分

(1)风险厌恶型投资者,要求风险低的稳健投资,对于具有相同收益率、风险高低不同的不同投资项目,首选风险小的投资项目,即选择稳健型投资。

(2)风险中立型投资者,通常既不回避风险,也不主动追求风险。他们选择资产的唯一标准是预期收益的大小,而并不关心风险状况如何,这是因为对他们而言,所有预期收益相同的资产将给他们带来同样的效用。

(3)风险偏好型投资者,主动追求风险,喜欢收益的波动性胜于收益的稳定性,即选择激进型投资。

(四)根据自己的目标确定投资规划

要制定一个完善的投资规划,需要从自己的投资目标出发。在设定投资目标的时候,既要考虑自身的年龄、风险偏好、风险承受能力以及资金实力,也要根据当时金融市场的实际情况做到以下几点:

第一,及时调整目标,回避不必要的风险,尤其是要跟着市场的节拍调整投资目标。

第二,不要长期固守某些投资产品类型、投资方法,要注意市场热点的切换,及时调整投资策略。

第三,充分理解投资组合,不做自己不熟悉的投资:不做不熟悉的投资产品类型(例如不熟悉的股指期货);不做不熟悉的股票投资(例如科创板股票或者新兴行业的股票);不做不熟悉的股票投资方式(例如融资融券);等等。只有了解、学习了相关知识,通过了券商的风险测试,才能开始初步尝试。

(五)实施投资规划

按照原先制定的投资规划书买卖股票、债券、基金等,在具体实施的过程中,还需要根据实际情况做"相机抉择"。投资规划书不可能将金融市场的所有情况都包括在内,如果出现新的情况、新的问题,就需要投资者根据规划中所确定的原则来处理。在进行具体操作时应注意以下几点:

第一,长期投资,要把握好入市的时机,把握股市的趋势。

第二,短线投资,要把握股价跳动的节奏,短线操作少犯错。一般而言,如果投资者以短线投资为主,无法事先进行详尽的规划,可以事先确定投资操作原则。

第三,设立止损点和止盈点,结束投资,暂时退出市场休息。在投资出现亏损并达到一定程度的时候,及时止损,退出市场,能避免遭受更多亏损。同样,在投资获利丰厚时,也要及时退出市场,"落袋为安",避免盈利归零甚至反赢变亏。

(六)评估和调整投资规划

投资规划实施以后,投资者必须按照事先确定的期限(例如1年、2年或者3年)对投资业绩进行评估。投资业绩评估是指对该投资规划一定期间的盈利情况、资产质量、价格风险等方面进行定量对比分析和评判。具体包括:

(1)对该投资规划的盈利情况进行评估;

(2) 对持有的资产质量情况进行评估；

(3) 对市场的投资风险进行评估。

根据评估考虑是否需要对原投资规划做出调整。

二、股票投资规划书

股票投资规划书是指导具体操作的纲领性文件。拟定股票投资规划书，要尽量采用简单、清晰、明确的指令性描述，便于在以后的投资交易过程中能够按照规划进行程序性操作。市场是多变的，有些变化会超出原来的构想。因此，在制定投资规划时，应设置一定范围或多种选项，但是必须附加触发条件。比如在制定止盈规划时，可以设置某一获利点作为基点，但并不一定要在该点止盈。以下是一份股票投资规划书的基本内容：

1. 声明

如果有券商为投资者提供投资规划服务，则首先需要写一个声明。如果投资者自己做投资规划书，该声明就不必写了。

声明内容不涉及投资规划的具体内容，主要为：① 专业胜任与保密条款；② 应披露事项，即券商在处理相关业务时，应该保障投资者的知情权，维护投资者的利益。

2. 摘要

针对篇幅较长的投资规划书，有必要编写摘要，简略概括家庭财务诊断、投资者设置的投资目标、原投资方案评估后的结论与方案选择建议以及检讨的频率与方式。

3. 基本状况介绍

此部分对投资者的年龄、职业以及股票投资目标、投资中遇到的主要问题等基本情况进行介绍，确定投资者投资规划的主要对象、范围与限制情况等。

4. 股票投资规划的基本步骤

(1) 宏观经济基本假设。股票投资规划书通常以一定的经济假设作为分析的起点。如果相关的经济假设发生变化，原来的分析也需要调整。此部分主要提供有公信力的依据或自行判断的逻辑基础，据此设置下列假设：所在国的经济增长率与趋势（例如GDP）、通货膨胀率（通常采用CPI）与趋势、利率与趋势的合理假设、汇率与趋势、居民收入增长率与趋势、税率及相关抵扣、根据现行法规设置的社保比率（三险一金扣缴率）等。

(2) 自我评估。具体包括：

第一，判断风险偏好。投资者的风险偏好如何，能够承受什么样的亏损，对盈利的期望值有多大；股评、消息等是否影响投资者的实际操作决策；执行纪律性的强弱；等等。

第二，分析个人或家庭财务状况。首先，编制家庭财务报表。家庭财务报表，包括家庭资产负债表和家庭现金流量表。通常情况下，家庭资产负债表采用收付实现制原则编制，并按照财务准则调整资产、负债的账面价值。家庭现金流量表，反映在一固定期间（通常是一个月或一个季度）内，家庭的现金（包含银行存款）的增减变动情况。其次，进行家庭财务诊断。这是指针对家庭的财务状况进行全面的调查分析,通过一系列的方法,找出家庭在财务管理方面的问题,并提出相应的改进措施,指导改善家庭财务管理的过程。家庭财务诊断通常采用比例分析法,包括如下几个方面的分析:资产结构分析、负债结构分析、现金流量分析、综合比率分析等。

第三,确定投资风格。制定的投资规划需要适合自己的投资风格和个性。每个投资者都有不同的盈利模式,投资者的盈利模式主要包括是进行价值投资还是交易型投资,是适合中长线投资还是中短线投资,采用的分析手段主要有哪些,等等。制定适合自己个性的投资规划,才能切实有效地执行。

第四,评估知识结构和投资能力。投资者的知识结构对投资者选择投资的方向可以起到一定的作用。尽量选择自己熟悉的投资项目,可以充分利用自己已有的专业知识和经验。

(3)市场预判。要做好投资规划,首先要了解当前大盘和个股在市场运行周期中所处的阶段,例如是整理阶段还是筑底阶段。其次要预判市场未来的走势。虽然市场是不以投资者的意愿为转移的,但投资者可以通过宏观经济走势、经济政策导向、行业与个股基本情况、投资热点板块以及大盘与个股发展趋势来预判市场。在分析预判市场时,要尽可能考虑未来不同行情发展的可能性,并针对这些可能性制定预案。

(4)风险控制设置。控制风险是投资规划的重中之重,多思考分析,多制定不同情况下的预案,制定的执行规划要比盈利规划更加严格具体,要有可操作性。资金管理方式和止损止盈标准是控制风险规划的必备内容。

(5)交易策略。交易策略是投资规划的主要内容,主要包括以下几个方面:

第一,投资周期。即本次投资的整体时间以及完成本次整体投资规划的时间。比如投资规划确定的投资周期为一年,那么在这一年中可以有一次或多次交易,也可以有空仓的时间。每次投资完成以后,需要记录投资业绩。

第二,分析工具。也就是在分析市场时,采用哪种或哪几种分析工具,以哪些工具发出的市场信号为主要操作信号,可分为主要分析工具和辅助分析工具。比如,在分析市场趋势时,以均线作为主要分析工具,兼顾布林线和趋势线;在分析市场转折点时,以K线形态、成交量和空间位置为主要分析工具,兼顾KDJ等指标;等等。

第三,入市条件。即制定参与投资的准入条件,只有达到这些条件后才能参与投资,买入股票,比如趋势、价位等。

第四,资金投资分配比例。包括交易规模、风险承受度、不同阶段的仓位调整,以及大幅盈利或亏损时的交易策略等。

第五,止损与止盈操作。根据可以承受的亏损额制定止损的方法,确定每次交易的止损价位或止损条件。对于止盈,可以先制定一条止盈基准线,再看市场当时的走势。如果市场仍有上涨动力,可以采用动态止盈方法;如果市场表现不如预期,也没必要机械地等待股价达到止盈基准线。

(6)执行纪律。制定投资规划的目的是落实投资策略,以达到投资目标。因此,严格执行投资规划的纪律是必不可少的。制定规划时越周密,执行时就越有信心,这就是在制定投资规划时强调可操作性的原因。执行纪律,最关键的是执行离场纪律。当投资盈利(亏损)触发离场信号时,要按照投资规划设定的条件及时离场。

(7) 定期检讨的安排。投资者根据不断变化的证券市场行情、个人账户的盈亏情况以及对未来的期盼等因素,对原来的投资计划做出检讨和修订。值得注意的是,宏观经济金融环境会发生变化,各行业的发展战略也会做相应的调整,证券市场大盘行情起起伏伏,对于投资规划书需要定期检查、评估。根据投资业绩,建议制定定期检讨的方式与频率。通常一年需检讨一到两次。可预先设置下次检讨的日期或需要重新制作投资规划书的情况。

此外,还要进行规划调整。这是检讨以后常常需要做的重要工作。调整可以从两个方面进行:① 分析投资目标是否与实际情况相符合,如果收益预期过高,就需要调低。② 在投资目标合理的情况下,调整资金管理方式、建仓买入方式、止损与止盈标准等交易策略,直至制定出能够达到投资目标的合理交易策略。值得注意的是,调整交易策略的前提是必须合理,且有可操作性。

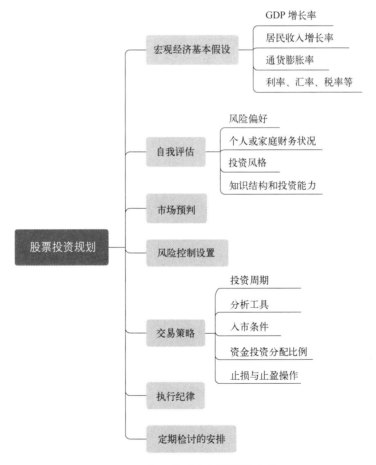

图 1-2 股票投资规划的具体步骤

本章小结

投资是指减少当前消费、将省下的这部分货币作为投入,期望未来收回的货币金额大于最初投入的货币金额,主要包括实业投资和证券投资。投资存在收益与风险,其中收益有三种结果:正的收益、损失和没有盈亏;投资风险,包括系统性风险和非系统性风险,主要来自宏观政治经济因素的影响、行业经济周期轮动、企业自身的状况等。投资者的风险偏好是不同的,可以分为风险偏好者(风险厌恶程度最低)、风险中立者和风险厌恶者。

证券投资是指投资者买卖股票、债券、证券投资基金等有价证券的基础资产、衍生资产和另类的证券投资产品,以获取经常性收益与资本利得的投资行为和投资过程,是间接投资的重要形式。证券投资的目的主要是取得收益、进行资产配置和补充资产流动性。

制定投资规划之前,要确定投资目标和可投资金的数量,再根据自己对风险的偏好程度,确定到底是采取稳健型还是激进型的投资策略。投资规划书是指导具体操作的纲领性文件,要尽量采用简单、清晰和明确的指令性描述,便于在以后的投资交易过程中能够按照规划进行程序性操作。

思考与练习

一、单选题

1. 大多数情况下,人们把未来能够带来报酬的支出行为称为(　　)。
   A. 支出　　　　　　B. 消费　　　　　　C. 投资　　　　　　D. 储蓄
2. 下列不属于证券投资的是(　　)。
   A. 债券投资　　　　B. 实业投资　　　　C. 股票投资　　　　D. 基金投资
3. 下列不属于系统性风险特征的是(　　)。
   A. 通过分散投资不可以消除　　　　B. 对市场整体产生影响
   C. 由共同因素引起　　　　　　　　D. 容易受经营关键人物影响
4. 下列属于资本利得的是(　　)。
   A. 债券利息　　　　　　　　　　　B. 现金红利
   C. 股份红利　　　　　　　　　　　D. 买卖股票价差收入
5. 下列资产流动性最高的是(　　)。
   A. 现金　　　　　　B. 股票　　　　　　C. 银行存款　　　　D. 不动产

二、思考题

1. 简述证券投资的概念及其目的。
2. 投资风险会受哪些因素的影响?

3. 按照投资者风险的厌恶程度不同可以将投资者分为哪几种类型?
4. 投资风险与投资收益之间存在什么关系?
5. 投资者如何对证券投资进行合理的规划?

拓 展 学 习

拓展学习项目1：参观中国证券博物馆，了解我国证券市场的发展之路

通过实地参观中国证券博物馆或者网上浏览(网址：http://csm.sse.com.cn/)，学习和了解中国证券市场发展之路。

思考题：我国证券市场的发展经历了几个阶段? 推动我国证券市场发展的重要事件有哪些? 目前，我国证券市场在全球证券市场的地位如何? 结合这些问题，写一篇参观学习报告。

拓展学习项目2：参观金融博物馆暨银行博物馆，了解我国金融业的发展历程

参观金融博物馆暨银行博物馆，了解我国金融业发展历程，接受爱国主义教育。

思考题：金融博物馆有哪些看点? 改革开放以来，银行业有哪些重大变化? 结合这些问题，写一篇参观学习报告。

第二章

证券投资工具

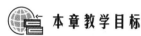 **本章教学目标**

通过本章的学习,学生应当掌握债券的概念、基本要素、特点和类型;掌握股票中的普通股、优先股的概念、种类等;掌握证券投资基金的概念、主体与投资功能;了解契约型基金与公司型基金、封闭式基金和开放式基金;了解股价指数期货、股票类期货和国债期货。

 本章核心概念

债券;股票;证券投资基金;股价指数期货;国债期货

 导入

杨怀定,人称"杨百万""中国第一股民",在1988年从事被市场忽略的国库券买卖赚取其人生第一桶金而成名,随后,购买"上海股票认购证",成为上海滩第一批证券投资大户,是中国证券历史上不可不提的一个人物。他的股市投资被包括美国《时代周刊》《新闻周刊》在内的各类媒体广为报道。1998年,他被中央电视台评为"中国改革开放二十年风云人物"。

(1) 杨怀定为什么从国债投资起步,然后进入股市投资?
(2) 债券、股票、证券投资基金以及证券衍生工具分别适合于哪些类型的投资者?

> **探究与发现 2-1**
>
> 找一下上海股票认购证的样张,并进行展示。

我国资本市场的发展是从债券市场起步的,由债市、股市逐步发展到集合投资工具——证券投资基金市场,再发展到以债券、股票为基础资产的金融衍生工具市场——国债期货、股票价格指数期货。我国投资者(个人和机构)追随这样的发展轨迹进入一个又一个金融市场。

第一节 债券市场工具

一、债券的概念与基本要素

(一) 债券的概念

债券是一种金融契约,是政府、金融机构、企业等通过金融市场直接向社会借债筹措资金时向投资者(即债券购买者或债券持有人)发行,同时承诺按一定利率支付利息并依约定条件偿还本金的债权债务凭证。债券的本质是债的证明书,具有法律效力。债券,可以按照期限分为短期债券、中期债券和长期债券:偿还期限1年(包括1年)以下的债券为短期债券,偿还期限在1年以上(不包括1年)10年以下(不包括10年)的债券为中期债券,偿还期限在10年以上(包括10年)的债券为长期债券。投资者与发行者之间是一种债权债务关系,债券发行人即债务人,投资者即债权人。债券的发行人(政府、金融机构、企业等)是资金的借入方,承担到期还本付息的责任;购买债券的投资者是资金的贷出方,可以是政府、金融机构、企业,也可以是个人;金融机构则提供交易渠道,为债券在金融市场上发行、流通提供便利。

(二) 债券的基本要素

尽管债券的种类很多,但各类债券的基本要素是一致的。这些要素是指发行债券上必须载明的基本内容,主要是债权人和债务人的权利与义务的主要约定,具体包括:

(1) 债券面值,即债券的票面价值,是发行人对债券持有人在债券到期后应偿还的本金数额,也是债券发行人向债券持有人按期支付利息的计算依据。债券面值与债券实际发行价格有时候不一致。当债券发行价格大于债券面值时,为溢价发行;小于面值则为折价发行;等于面值为平价发行。

(2) 偿还期限,即债券上载明的偿还债券本金的期限,为债券发行日至到期日之间的时间间隔。发行人要结合自身资金周转状况及外部资本市场的各种影响因素来确定债券的偿还期。

(3) 付息期限,即发行人发行债券后的利息支付的时间。它可以是到期一次支付,也可以每3个月、6个月或者1年支付一次。在考虑货币时间价值和通货膨胀因素的情况下,付息期限对债券投资者的实际收益率有很大影响。到期一次付息的债券,其利息通常是按单利计算的;而年内分期付息的债券,其利息是按复利计算的。

(4) 票面利率,即债券利息与债券面值的比率,是发行人承诺一定时期支付给债券持有人的报酬。债券票面利率的确定主要受到银行利率、发行者的资信状况、偿还期限、利息计算方法以及当时金融市场上资金供求情况等因素的影响。

(5) 发行人名称,即债的债务主体名称,为债权人到期追回本金和利息提供依据。

上述债券的基本要素,在发行时并不一定全部在票面上印制出来。现在的债券多以电子形式出现,通过电脑、手机等终端进行交易。上述这些要素通常是债券发行者以公告或条例形式向社会公布,投资者可以在电脑或者手机上查询相关信息。

二、债券的特征

债券作为一种债权债务凭证,与其他有价证券一样,也是一种虚拟资本,它是经济运行中实际运用的真实资本的证书。债券作为一种重要的融资手段和金融工具,有如下特征:

(一) 偿还性

偿还性,即债券有规定的偿还期限,债务人必须按期向债权人支付利息和偿还本金。

(二) 流动性

流动性,指债券持有人可按需要和市场的实际状况,在金融市场通过交易方式灵活地转让债券,以提前收回本金和实现投资收益。

(三) 安全性

安全性,指债券持有人的利益相对稳定,不随发行者经营收益的变动而变动,并且可按期收回本金。

(四) 收益性

收益性,即债券能为投资者带来一定的收入,即债券投资的报酬。在实际经济活动中,债券收益可以表现为两种形式:

(1) 定期或不定期的利息收入;

(2) 利用债券价格的变动,买卖债券赚取的差额。

不同类型的债券,其特征有一定差异。其中,国债的偿还性、流动性和安全性最好,金融债券次之,公司债券则靠后。收益性方面,公司债券一般比较好。

三、债券的类型

债券有很多类型,按发行主体可分为政府债券、金融债券、公司(企业)债券;按财产担保可分为抵押债券、信用债券;按债券形态可分为实物债券(无记名债券)、凭证式债券、记账式债券;按是否可转换可分为可转换债券、不可转换债券;按付息的方式可分为零息债券、定息债券、浮息债券;按能否提前偿还可分为可赎回债券、不可赎回债券;等等。这里主要分析按发行主体划分的债券类型。

(一) 政府债券

政府债券是指政府财政部门,或其他代理机构为筹集资金,以政府名义发行的债券,主要包括国债和地方公债两大类。国债,是由财政部发行,用以弥补财政收支不平衡或者调节金融体系的货币供给量,进而调节经济的一种债券。地方公债是由地方政府发行的政府债券。

按发行地域,政府债券可分为国内公债和国外公债。按举债方法,政府债券可分为强制公债和任意公债。按利率变动,政府债券可分为固定利率公债、市场利率公债和保值公债。按照偿还期限,政府债券可分为短期国家债券、中期国家债券和长期国家债券。其中比较特殊的是,国家债券可根据用途的不同进一步分为战争公债、赤字公债、建设公债和特种公债。战争公债主要是政府通过发行债券来筹集军需及军饷;赤字公债是当政府财政收支不平衡时通过发行债券以筹集资金来弥补财政赤字;建设公债是政府为建设铁路、公路、桥梁等国民经济急需的基础设施筹集资金而发行的专项公债;特种公债是为实施某种特殊政策而发行的公债。

1. 中央政府债券

中央政府债券,又称国家债券或国家公债(以下简称"国债"),是一国中央政府为弥补财政赤字或筹措建设资金而发行的债券,是公债中的一种主要形式。国债不仅仅是一种特殊的债券,它对于调节国家财政收支状况、调节经济体系的货币供给进而调节经济具有重要意义。

(1)国库券。国库券,是指国家财政当局为弥补国库收支暂时不平衡而发行的一种短期政府债券。在当今世界,国库券被很多国家的货币当局作为调节货币供给的一种工具。国库券的债务人是国家(即中央政府),以国家财政收入作为还款保证,是金融市场风险最小的信用工具。我国国库券偿还期限最短的为1年,而西方国家国库券品种较多,偿还期限一般可分为3个月、6个月、9个月、12个月四种,面额也并不完全相同。国库券采用不记名形式,无须经过背书就可以转让流通。

国库券,最早由英国经济学家和作家沃尔特·巴佐特(Walter Baghot)提出,并首次在英国发行。巴佐特认为,政府短期资金的筹措应采用与金融界早已熟悉的商业票据相似的工具。后来许多国家都依照英国的做法,以发行国库券的方式来满足政府对短期资金的需要。1877年,英国财政部根据《1877年财政部证券法》发行国库券。美国财政部根据《1917年第二自由公债法》于1929年开始发行国库券。其属于短期融通性债券,期限不超过1年,包括2个月、3个月、6个月、9个月和12个月共五种期限。在美国,国库券已成为货币市场上最重要的信用工具,受到各国货币当局青睐。

国库券采用贴现方式发行,即发行价格低于其面值,票面不记明利率,国库券到期时,由财政部按面值偿还,面值与发行价格之间的差额为买入期持有的利息收入。其一般通过公开投标的方式拍卖,包括定期发行和不定期发行两种类型。购买者多为银行等金融机构和其他大额投资机构,以竞争投标的方式购买。个人和其他小额投资者也可购买国库券,主要采取竞争投标方式,即按照竞争投标平均中标价格购买,或者直接向金融机构购买。

国库券的形式有无记名证券、记名证券和账簿登记。

国库券具有以下特点:第一,流动性强。国库券有庞大的二级市场,易手方便,随时可以变现。国库券发行后,即可进入债券市场进行交易转让。西方国家国库券发行频繁,具有连续性,如美国的国库券每周均有发行,每周亦有到期的,流动性很强,便于投资者根据投资需要选择。第二，信誉高。国库券是政府的直接债务，是风险最低的投资，众多投资者都把它作为最好的投资对象。由于国库券以政府财政资金为保障，信誉高。第三，收益稳定。国库券的利率一般低于银行存款或其他债券，由于国库券的利息可免交所得税，所以投资国库券获得的实际收益不低。第四，可作为中央银行货币政策工具。中央银行通过在市场上买卖国债进行公开市场操作，可以有效地调节货币供给量。发行价格采用招标方法，由投标者公开竞争而定。因此，国库券利率代表了合理的市场利率，灵敏地反映出货币市场资金供求状况。国库券利率与商业票据、存款证等有密切的关系，国库券期货可为其他凭证在收益波动时提供套期保值。

(2) 中期国债。中期国债即偿还期限在 1 年以上（不包括 1 年）10 年以下（不包括 10 年）的国债，其偿还时间较长，可以使国家相对稳定地使用债务资金。其或用于弥补财政赤字，或用于投资，不再作临时周转。

与短期国债相比，中期国债的利率较高，易于吸引投资者，而且偿还期限较长，国家可以在较长时间内使用这部分资金；与长期国债相比，这类国债的债权人所承受的货币贬值带来的投资风险较小，也易于为投资者接受和购买。因此，在各国国债市场上，中期国债占有重要的地位，中期国债也是调节流通中货币供给的一种手段。

(3) 中国国债的发展。新中国成立后，国家于 1950 年发行了最早的国家债券"人民胜利折实公债"。人民胜利折实公债的单位定名为"分"，第一期公债总额为 1 亿分，于 1 月 5 日开始发行，公债年息 5 厘。第二期因国家财政经济状况好转，停止发行。公债票面分为：1 分、10 分、100 分、500 分四种。

1950 年政府公债的发行，拉开了我国发行国债的序幕。早期公债的发行，是新中国成立初期，中央人民政府为了支援解放战争、迅速统一全国，以利于安定民生、恢复和发展经济而采取的重要金融措施。此后，中央财政部于 1954 年至 1958 年之间又发行了"国家经济建设公债"。1958 年国债发行暂停，1981 年国家恢复国债的发行。

在改革开放大潮的推动下，我国债券市场逐步恢复、发展。自 1981 年起，财政部根据《中华人民共和国国库券条例》每年定期发行国库券。我国的国债偿还期限较长，包括 3 年至 10 年等不同期限的政府债券，发行对象主要为企业和个人。中央政府曾经发行国家重点建设债券、国家建设债券、财政债券、特种债券、保值债券、基本建设债券等。这些债券大多对银行、非银行金融机构、企业、基金组织等定向发行，部分也对个人投资者发行。向个人发行的国库券利率主要根据银行利率制定，一般比银行同期存款利率高 1—2 个百分点。在通货膨胀率较高时，国库券也在面值利率的基础上，采用增加保值贴补率的办法给予投资者适当补偿。

在国债恢复发行的 20 世纪 80 年代初期，很多人对国债和当初发行的股票一样认识不足，认购积极性不高，那时发行采用摊派的形式。进入 20 世纪 90 年代，人们逐渐对国库券有了新的认识，国库券采用承销、包销等方式发行。国库券的发行也走过了一条曲折的道路。1981 年至 1996 年的十多年内，发行的国库券都是实物券，面值有 1 元、5 元、10

元、50元、100元、1 000元、1万元、10万元、100万元等。1992年国家开始发行少量的凭证式国库券,1997年开始全部采用凭证式和证券市场网上无纸化发行。

2. 地方政府债券

地方政府债券又称地方债券,是由省、市等地方政府发行的债券。发行这类债券的目的是筹措一定数量的资金用于满足市政建设、文化进步、公共安全、自然资源保护等方面的需要。美国的地方债券称为市政债券,主要分两类:一是以州和地方政府的税收为担保的普通债务债券,其资信级别较高,所筹资金通常用于教育、治安和防火等基本市政服务;二是以当地政府所建项目得到的收益来偿还本息的收入债券,政府不予担保。所筹资金主要用于建设收费公路、收费大学生宿舍、收费运输系统和灌溉系统等。日本的地方债券称为地方债,其利息收入享受免税待遇,原则上不在交易所上市(东京都债除外)。地方债分公募地方债和私募地方债。英国的地方债券称为地方当局债券,可以在伦敦证券交易所上市,地方当局发行债券的额度由英格兰银行(中央银行)负责控制。

(二) 金融债券

1. 金融债券的概念

金融债券是由银行和非银行金融机构发行的债券,在英、美等欧美国家,这类债券归类于公司债券;在中国及日本等国家,这类债券被称为金融债券。金融债券期限一般为3—5年,其利率略高于同期定期存款利率水平,能够较有效地解决银行等金融机构的资本金来源不足和期限不匹配的矛盾,属于银行等金融机构的主动负债,获得的资金常常作为债务资本。虽然多为信用债券,但由于其发行者为金融机构,该债券的资信等级相对较高。债券按法定发行手续发行,承诺按约定利率定期支付利息并到期偿还本金。

一般来说,银行等金融机构的资金有三个来源,即吸收存款、向其他机构借款和发行债券。我国商业银行实行取款自由的原则,即使定期存款未到期,也能提前支取,储户仅仅是无法获得原存单利息,但可以获得活期存款利息,提前支取存款的成本较低。因此,银行的存款资金易受经济环境变化的影响,包括地区、国家甚至国际经济环境变化的影响。而金融债券筹集的资金被锁定了,银行运用这部分资金不受经济环境变化的影响,比较稳定。由于银行等金融机构在一国经济中占有较特殊重要的地位,政府对金融机构的运营有严格的监管措施。因此,金融债券的信用评级通常高于公司债券,违约风险很小,安全性较高。所以,金融债券的利率通常低于一般的公司债券,但高于风险更小的国债和银行储蓄存款利率。

2. 金融债券的分类

按不同的标准,金融债券可以分为很多种类。最常见的分类有以下两种:① 根据利息的支付方式,金融债券可分为附息金融债券和贴现金融债券。如果金融债券上附有多期息票,发行人定期支付利息,这类金融债券称为附息金融债券;如果金融债券以低于面值的价格贴现发行,到期按面值还本付息,利息为发行价与面值的差额,这类金融债券则称为贴现金融债券。按照国外通常的做法,贴现金融债券的利息收入需要纳税,并且不能在证券交易所上市交易。② 根据发行条件，金融债券可分为普通金融债券和累进利息金融债券。普通金融债券按面值发行，到期一次还本付息，期限一般是1年、2年或者3年。普通金融债券类似于银行的定期存款，只是利率高些。累进利息金融债券的利率不固定，随着债券期限的增加累进，比如面值1000元、偿还期限为5年的金融债券，第一年利率为9%，第二年利率为10%，第三年为11%，第四年为12%，第五年为13%。投资者可在第一年至第五年之间随时去银行兑付，并获得该持有期所对应的利息。

此外，金融债券还有其他分类。根据期限的长短可分为短期债券、中期债券和长期债券；根据是否记名可分为记名债券和不记名债券；根据担保情况可分为信用债券和担保债券；根据可否提前赎回可分为可提前赎回债券和不可提前赎回债券；根据债券票面利率是否变动可分为固定利率债券、浮动利率债券和累进利率债券；根据发行人是否给予投资者选择权可分为附有选择权的债券和不附有选择权的债券；等等。

3. 我国金融债券发展沿革

我国金融债券的发行始于北洋政府时期。后来，国民党政府时期也曾多次发行过"金融公债""金融长期公债"和"金融短期公债"。新中国成立后，金融债券发行始于1982年。这一年，中国国际信托投资公司率先在日本的东京证券市场发行了外国金融债券。

(1) 我国金融债券市场的发展。为推动金融资产多样化，筹集社会资金，国家决定于1985年由中国工商银行、中国农业银行发行金融债券，开办特种贷款。这是中国经济体制改革以后在国内发行金融债券的开端。此后，中国工商银行和中国农业银行又多次发行金融债券，中国银行、中国建设银行也陆续发行金融债券。

1988年，我国部分非银行金融机构开始发行金融债券。1993年，中国投资银行被批准在境内发行外币金融债券，这是首次在中国境内发行外币金融债券。1994年，中国政策性银行成立后，发行主体从商业银行转向政策性银行。当年仅国家开发银行就7次发行了金融债券，总金额达758亿元。1997年和1998年，经中国人民银行批准，部分金融机构发行了特种金融债券，所筹集资金专门用于偿还不规范证券回购交易所形成的债务。1999年以后，中国金融债券的发行主体集中于政策性银行，其中以国家开发银行为主，金融债券已成为其筹措资金的主要方式。

> **探究与发现 2-2**
>
> 中国债券已经达到怎样的规模？有哪些品种？

国家开发银行(简称国开行)是中央金融企业，成立于1994年，是直属国务院领导的政策性银行。2008年12月改制为国家开发银行股份有限公司。2015年3月，国务院明确国开行定位为开发性金融机构。国开行主要通过开展中长期信贷与投资等金融业务，为国民经济重大中长期发展战略服务。国开行是全球最大的开发性金融机构，我国最大的对外投融资合作银行、中长期信贷银行和债券银行。

经过多年的发展,我国金融债券发行额和国开行债券发行额都有大幅度的提高,2021年金融债券发行额达到 323 516 亿元,国开行债券发行额达到 55 281 亿元[①]。

(2) 我国金融债券品种的扩大。从 20 世纪 80 年代发行金融债券以来,其种类也日益增多,有国开行金融债、政策性金融债、商业银行普通债、商业银行次级债、商业银行资本混合债、证券公司债券、同业存单等。

(三) 公司(企业)债券

1. 公司债券的概念

公司债券是公司依照法定程序发行、约定在一定期限内还本付息的有价证券。它表明发行债券的公司和债券投资者之间的债权债务关系,公司债券的持有人是公司的债权人,并非公司的所有者。因此,与股东相比,最大的差别是,公司债券持有人有按约定条件向公司取得利息和到期收回本金的权利,取得利息优先于股东分红,公司破产清算时也优于股东而收回本金。但公司债券持有人不能参与公司的经营、管理等各项活动。

2. 公司债券的分类

(1) 按是否记名分类,公司债券可分为:① 记名公司债券,即在券面上登记持有人姓名,支取本息要凭印鉴领取,转让时必须背书并到债券发行公司登记的公司债券;② 不记名公司债券,即券面上不需载明持有人姓名,还本付息及流通转让仅以债券为凭,无须登记的公司债券。

(2) 按分配利润的依据分类,公司债券可分为:① 参加公司债券,指除了可按预先约定获得利息收入外,还可在一定程度上参加公司利润分配的公司债券;② 非参加公司债券,指持有人只能按照事先约定的利率获得利息的公司债券。

(3) 按是否可提前赎回分类,公司债券可分为:① 可提前赎回公司债券,即发行者可在债券到期前购回其发行的全部或部分的公司债券;② 不可提前赎回公司债券,即只能一次到期还本付息的公司债券。

(4) 按发行目的分类,公司债券可分为:① 普通公司债券,即以固定利率、固定期限为特征的公司债券。这是公司债券的主要形式,目的在于为公司扩大生产规模提供资金来源。② 改组公司债券,是为清理公司债务而发行的债券,也称为以新换旧债券。③ 利息公司债券,也称为调整公司债券,是指面临债务信用危机的公司经债权人同意而发行的较低利率的新债券,用以换回原来发行的较高利率债券。④ 延期公司债券,指公司在已发行债券到期无力支付又不能发新债还旧债的情况下,在征得债权人同意后可延长偿还期限的公司债券。

(5) 按有无选择权分类,公司债券可分为:① 附有选择权的公司债券,指债券发行人给予持有人一定的选择权的公司债券,如可转换公司债券(附有可转换为普通股的选择权)、有认股权证的公司债券和可退还公司债券(附有持有人在债券到期前可将其回售给

---

① 中国人民银行货币政策分析小组:《中国货币政策执行报告(2021 年第四季度)》,第 35 页。

发行人的选择权）。② 未附选择权的公司债券，即债券发行人未给予持有人上述选择权的公司债券。

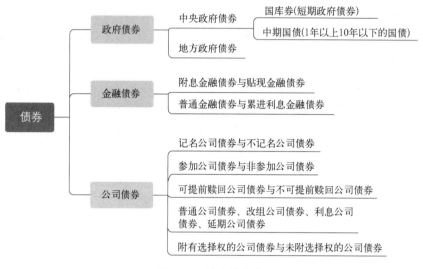

图 2-1 债券的分类

第二节 股票市场工具

股票是股份证书的简称，是股份公司为了筹集资金而发行给股东作为持股凭证并借以取得股息和红利的一种有价证券。每股股票都代表股东对企业拥有基本单位的所有权，而且是一种综合权利，如参加股东大会、投票表决、参与公司的重大决策、收取股息或分享红利等。股票有不同的分类，同一个中国公司可以在多个证券市场、发行不同面值货币的股票，有 A 股、B 股、H 股、N 股、S 股等；按照股息分派是否具有优先权，股票可分为普通股和优先股等。同一家上市公司的同一类别的股票所代表的公司所有权以及由此派生的权利是相同的。每个股东所拥有的公司所有权份额的大小，取决于其持有的股票数量占公司总股本的比重。股票是股份公司资本的构成部分，可以转让、买卖或作价质押，是资本市场的主要长期信用工具，但不能要求公司返还其出资额。股东与公司之间的关系不是债权债务关系。股东是公司的所有者，以其出资份额为限对公司负有限责任，承担风险，分享收益。

一、普通股

（一）普通股的概念

普通股是指在公司的经营管理、盈亏损益及财产的分配上享有普通股权利，承担相应义务的股份，代表满足所有债权偿付要求及优先股东的收益权与求偿权要求后对企业盈利和剩余财产的索取权,它构成公司资本的基础,是股票的一种基本形式,也是发行量最大、最为重要的股票。目前,在上海证券交易所和深圳证券交易所交易的股票中,绝大部分是普通股。

(二) 普通股股东的权利

1. 公司决策参与权

普通股股东有权参加股东大会,并有建议权、表决权和选举权,也可以委托他人代表其行使股东权利。普通股股东有权就公司重大问题进行发言和投票表决。普通股股东的权利大小,与其持有股票的份额直接相关。当持股份额达到一定数量时,该持股人有权进入董事会成为一名董事,参与公司的日常管理;如果持股份额更大,甚至可以当董事长,主导公司的日常经营和未来发展。至于持股达到多大份额才能当公司董事或者董事长,则根据上市公司的规模大小、相关的法律法规来确定。任何普通股股东都有资格参加公司最高级会议即每年一次的股东大会,但如果该股东不愿参加,也可以委托代理人来行使其投票权,或者不参加会议,放弃投票权。

2. 利润分配权

普通股股东有权从公司利润分配中得到股息。普通股股东必须在优先股股东取得固定股息之后才有权享受股息分配权。普通股的股息是不固定的,由公司盈利状况及其分配政策决定。我国政府鼓励上市公司分配股利,尤其是现金分红,引导上市公司更加注重投资者回报,强化股东回报机制。有些上市公司采取少分红、不分红也不送股的股利政策。例如沃伦·巴菲特(Warren E. Buffett)任董事长的伯克希尔·哈撒韦公司,其股价一度高达20万美元/股。巴菲特认为,拆股就是玩弄"我有10块钱和我有两张5块钱"的文字游戏。不拆股、不派息为的是把短线客对股价的影响降到最低,同时把钱拿来用作再投资。

3. 优先认股权

优先认股权是股份公司发行新股增加资本时,按照原股东的持股比例,给予其在指定期限内以规定价格优先认购一定数量新股的权利。上市公司因资本扩张,需要增发普通股股票时,该公司原持股股东有优先认购股票的权利,例如按其持股比例,先于市场的其他投资者认购该公司股票,甚至可以以低于市价的价格认购。通过增发股票,上市公司可以获得新资本,有利于公司的发展。然而,原股东可能因股票增发而利益受损,比如该公司每股的未分配利润、资本公积金等比较多,属于原股东。在股票增发以后,因同股同权,这部分利益由原股东和新增股东共同分享。原股东只有参与认购增发股票,才能维持对公司的原有持股比例,从而维持其在公司中的权益;如果不参与认购,则每股未分配利润和资本公积金等会被摊薄,利益受损。

在增发股票时,公司可以为每股配送认购权证,原股东既可以行使其优先认股权,认购增发的股票,也可以出售、转让其认购权证,获取收益,甚至任由认购权证过期而失效。增发新股的公司,通过向原股东配送认购权证,可以较好地平衡原有股东和购买增发股票的新股东的利益。

4. 剩余资产分配权

股东的剩余资产分配权是指股东对公司清算时的剩余资产享有分配的权利。这一权利的前提是公司的净资产在清算时大于公司的债务。当公司破产或清算时,若公司的资产在偿还所欠债务后还有剩余,其剩余部分按"先优先股股东后普通股股东"的顺序进行分配。

> **探究与发现 2-3**
>
> 了解一下"老八股"及其意义,并谈谈你的感受。

(三)普通股的种类

按照有关法律法规以及筹资和投资者的需要,股份有限公司可以发行不同种类的普通股。普通股的分类如下:

1. 按股票有无记名,可分为记名股和不记名股

(1)记名股是在股票票面上记载股东姓名或持股机构名称的股票。这种股票,除了股票上所记载的股东可以行使股东权利外,其他人不得行使,并且股份的转让有严格的法律程序,需办理过户手续。我国《公司法》规定,向发起人、国家授权的投资机构、法人发行的股票,应为记名股。

(2)不记名股是指在股票票面和股份公司股东名册上均不记载股东姓名的股票。这类股票的持有人即股份的所有人,具有股东资格,股票的转让也比较自由、方便。

2. 按股票是否标明金额,可分为面值股票和无面值股票

(1)面值股票是在票面上标有一定金额的股票。持有这种股票的股东,对公司享有的权利和承担的义务大小,依其所持有的股票票面金额占公司发行在外股票总面值的比例而定,即依其所持有股票在公司股票的总额中所占的份额而定。

(2)无面值股票是不在票面上标出金额,只载明所占公司股本总额的比例或股份数的股票。无面值股票的价值随公司财产的增减而变动,而股东对公司享有的权利和承担义务的大小,直接依股票标明的比例而定。目前,我国《公司法》不承认无面值股票,规定股票应记载股票的面额,并且其发行价格不得低于票面金额。

3. 按投资主体的不同,可分为国家股、法人股、个人股等

(1)国家股,即国家授权投资的机构或者国家授权投资的部门以国有财产向公司投资而形成的股份。国有法人股是指国有企业法人、具有法人资格的事业单位和社会团体以其依法可支配的财产向独立于自己的公司投资而形成的股份。这些单位持有的股份均为国有股,均需接受国有资产管理部门的监管,但由于具体的投资主体不同,因而在股权管理上也有所区别。我国国家股的资金来源主要包括三部分:① 国有企业由国家规划投资所形成的固定资产、国拨流动资金和各种专用拨款;② 各级政府的财政部门、经济主管部门对企业的投资所形成的股份;③ 原有行政性公司的资金所形成的企业固定资产。

国家为了加强对公司国有股股权的监管,先后制定了《股份制试点企业国有股权管理的实施意见》《股份有限公司国有股权管理暂行办法》等法律规范性文件。2001年6月12日,国务院正式发布《减持国有股筹集社会保障资金管理暂行办法》,正式实施国有股减持。2002年6月23日,国务院决定,除企业海外发行上市外,对国内上市公司停止执行《减持国有股筹集社会保障资金管理暂行办法》中关于利用证券市场减持国有股的规定,并不再出台具体实施办法。

(2) 法人股,指企业法人或具有法人资格的事业单位和社会团体,以其依法可支配的资产,向股份有限公司非上市流通股权部分投资所形成的股份。法人股根据投资主体的不同,其股权设置有四种形式:国有法人股、社会法人股、个人股、外资股。其中,如果投资主体是国有企业、事业及其他单位,那么该法人股为国有法人股;如果是非国有法人资产投资于上市公司形成的股份则为社会法人股。

法人股转让存在不少限制性规定,例如:股份公司发起人持有本公司股份自公司成立之日起一年内不得转让;公司法及其他法律法规规定不得从事营利性活动的主体,不得受让公司股份,如商业银行不得向非银行金融机构和企业投资;属于国家禁止或限制设立外资企业的行业的公司股权,禁止或限制向外商转让等。

(3) 公众股,也称为个人股,是指社会个人或股份公司内部职工以个人合法财产投入公司形成的股份,有两种基本形式——公司职工股和社会公众股。其中,公司职工股是指股份公司职工在本公司公开向社会发行股票时按发行价格所认购的股份;社会公众股是指股份公司采用募集设立方式设立时向社会公众(非公司内部职工)募集的股份。

4. 按发行对象和上市地区的不同,可分为A股、B股、H股、N股、S股等

(1) A股,即人民币普通股票,是由我国境内注册公司发行,在境内上市,以人民币标明面值,供境内机构、组织或个人(2013年4月1日起,境内居住的港澳台居民也可开立A股账户)以人民币认购和交易的普通股股票。2014年11月17日,沪港通下的股票交易正式启动;2016年12月5日,深港通下的股票交易正式启动,由此我国内地与香港证券市场双向互通交易正式开始。英文字母A没有实际意义,只是用来区分人民币普通股票和人民币特种股票。A股不是实物股票,以无纸化电子记账,实行"T+1"交割制度,有涨跌幅($\pm 10\%$)限制。

(2) B股,即人民币特种股票,是以人民币标明面值,以外币认购和买卖(其中,沪B股以美元、深B股以港币分别认购和买卖),在我国境内(上海、深圳)证券交易所上市交易的外资股。B股公司的注册地和上市地都在境内。B股市场于1992年建立,参与投资者为我国香港、澳门、台湾地区的居民和外国人,另外持有合法外汇存款(必须是现汇存款、不是外汇现钞存款)的大陆居民也可参与沪深B股交易,必须用护照才能开设交易账户。2001年2月19日下午,沪深B股市场停市,披露B股市场改革的重要信息:经国务院批准,中国证监会决定,允许境内居民以合法持有的外汇(现汇、现钞都可以),用居民身份证就可以开立B股账户,交易B股股票,开立B股资金账户的最低金额为等值1 000美元。同时,对相关证券机构、信托机构等机构开设外汇账户等方面的业务开放。同年6月1日

在新规下恢复开市。

(3) H 股,也称国企股,指注册地在我国内地、上市地在香港的中资企业股票(因香港的英文名称 Hong Kong 首字母而得名 H 股)。H 股为实物股票,实行"T+0"交割制度,无涨跌幅限制。中国大陆地区的机构投资者和个人投资者均可以通过沪港通、深港通投资 H 股,但大陆地区个人投资者证券账户和资金账户之和需超过 50 万元。

(4) N 股,指那些在中国大陆注册、在美国纽约证券交易所上市的外资股票(因纽约的英文名称 New York 首字母而得名 N 股)。

(5) S 股,是指那些主要生产或者经营等核心业务、企业的注册地都在中国大陆,在新加坡交易所上市挂牌的企业股票(因新加坡的英文名称 Singapore 首字母而得名 S 股)。

二、优先股

(一) 优先股的概念

优先股是相对于普通股而言的,主要指在利润分红及剩余财产分配的权利方面优先于普通股。

(二) 优先股的主要特征

(1) 在公司分配盈利时,优先股股东较普通股股东分配在先,而且享受固定数额的股息,即优先股的股息率都是固定的。但普通股的红利却不固定,视公司盈利情况而定。因此,当公司利润大,可供分配的红利比较多的时候,优先股的股息率固定,无法随着公司盈利水平上升,利多多分;普通股则可以多分。相反,若公司利润小,优先股还是按照原来的约定分配股息,普通股的股利则利少少分,无利不分,下不保底。

(2) 当股份有限公司因解散、破产等原因进行清算,各类股东、债权人向公司索取剩余资产时,优先股股东索偿权先于普通股股东,但次于债权人。

(3) 优先股股东的权利范围小。优先股股东一般没有选举权和被选举权,对股份公司的重大经营无投票权,但在某些情况下可以享有投票权即有限表决权。对于优先股股东的表决权限,财务管理中有严格限制,优先股股东在一般股东大会中无表决权或限制表决权,或者缩减表决权,但当召开会议讨论与优先股股东利益有关的事项时,优先股股东具有表决权。

(4) 优先股票可由公司赎回。由于上市公司需向优先股股东支付固定的股息,优先股票实际上是上市公司的一种举债集资的形式,但又不同于公司债券和银行贷款。这是因为优先股股东分取收益和公司资产的权利只能在公司满足了债权人的要求之后才能行使。优先股股东不能要求退股,但优先股票可由上市公司依照股票上所附的赎回条款予以赎回。大多数优先股票都附有赎回条款。

(三) 优先股的种类

1. 累积优先股和非累积优先股

累积优先股,即上一个营业年度内公司所获的盈利不足以分派规定的股利累积至下年度再分派的优先股。非累积优先股,是指只能按当年盈利分配股息的优先股,如果当年公司经营不善而不能足额分配股息,未分的股息不能予以累积,以后也不能补付。一般情况下,对投资者来说,累积优先股比非累积优先股具有更大的优越性。

2. 参与分配优先股和非参与分配优先股

当企业利润增大,除享受既定比率的股息外,还可以跟普通股共同参与利润分配的优先股,称为参与分配优先股。除了既定股息外,不再参与利润分配的优先股,称为非参与分配优先股。一般来说,参与分配优先股较非参与分配优先股对投资者更为有利。

3. 可转换优先股和不可转换优先股

可转换优先股是持股人可以在特定条件下把优先股转换成普通股或公司债券的优先股。不可转换优先股是指不能变换成普通股或公司债券的优先股。

4. 可赎回优先股和不可赎回优先股

可赎回优先股是指股票发行公司可以按一定价格赎回的优先股。不可赎回优先股是指股票发行公司无权从股票持有人手中赎回的优先股。

5. 股息可调换优先股和股息不可调换优先股

股息率可以调整的优先股就是股息可调换优先股;否则,就是股息不可调换优先股。

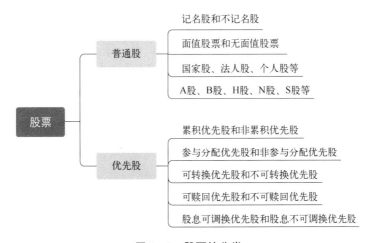

图 2-2 股票的分类

第三节 证券投资基金

一、证券投资基金的概念

证券投资基金也称互助基金(在美国)或单位信托(在英国),是一种集合投资的、间接的证券投资工具,即通过发售基金份额,募集资金,形成独立的基金财产,由基金管理人管理投资操作、基金托管人托管基金财产。基金管理人按照《基金招募说明书》的约定,以现代金融投资理论指导投资,运用各类最新金融、信息等技术,对基础资产甚至各类衍生金融产品展开投资,基金份额持有人按其所持份额分享收益和承担风险。

二、证券投资基金的主体与投资功能

(一)证券投资基金的主体

1. 基金发起人

由投资机构担任基金发起人,按照共同投资、共享收益、共担风险等基本原则,运用现代信托关系的机制,以基金方式将投资者分散的资金集中起来,以实现预先规定的投资目的。在我国,证券投资基金发起人为证券公司、信托投资公司及基金管理公司等。

2. 基金托管人

通常由商业银行担任基金托管人,安全保管基金财产,按照规定开设基金财产的资金账户和证券账户;对所托管的不同基金财产分别设置账户,确保基金财产的完整与独立;保存基金托管业务活动的记录、账册、报表和其他相关资料;按照基金合同的约定,根据基金管理人的投资指令,及时办理清算、交割事宜;办理与基金托管业务活动有关的信息披露等事项。

3. 基金管理人

与基金发起人一样,基金管理人也由投资机构担任,具体的投资操作则由基金管理公司的基金经理承担。具体管理业务包括:依法募集基金,办理或者委托经国务院证券监督管理机构认定的其他机构代为办理的基金份额的发售、申购、赎回和登记事宜;办理基金备案手续;对所管理的不同基金财产分别管理、分别记账;选择投资组合,择时买入卖出等;进行基金会计核算并编制基金财务会计报告;编制中期和年度基金报告等事项。

4. 基金份额持有人

基金份额持有人就是基金的投资者。

(二)证券投资基金的投资功能

1. 集合投资

证券投资基金是将零散的资金按照原来的约定(契约型基金按照《基金招募说明书》的约定,公司型基金则按照基金章程的约定)汇集起来,由专业机构投资于各种金融工具,以谋取资产的增值。基金投资门槛较低,投资者可以根据自己的经济能力决定是否投资或者投资多少。因此,基金可以最广泛地吸收社会闲散资金,汇成规模巨大的投资资金。在参与证券投资时,基金的资本越雄厚、优势越明显,越有可能获得大额投资在降低成本上的相对优势,从而获得规模效益的好处。

2. 分散风险

在投资活动中,风险和收益总是并存的。因此,"不能将所有的鸡蛋都放在一个篮子里",这是证券投资的箴言。但是,要实现投资资产的多样化,需要一定的资金实力,小额投资者很难做到这一点,而基金可以凭借其雄厚的资金,在法律规定的投资范围内,选择各类金融资产,形成投资组合。由于金融市场中存在系统性风险和非系统性风险,基金的投资组合可能将市场中的非系统性风险降到最低,使得在风险相同的情况下争取收益最大,在收益相同的情况下力求风险最低。

3. 专业理财

基金的专业理财功能至少体现在以下几方面:① 优秀的专家团队管理基金投资。通常,基金经理是金融行业的资深研究人员或者丰富投资经历的专业人士,持有专业资格证书,掌握金融理论、投资分析技术,有优良的投资业绩。同时,基金还拥有投资决策委员会,成员由投资专业人士、行业研究人士等构成。② 我国的基金投资管理体系严密。基金管理公司通常设置内控、合规、风控等部门,保障基金在严格的监督下独立运行,维护投资者利益。③ 高质量的智力支持。例如基金购买金融信息服务供应商的数据终端,可以查阅和分析实时的金融市场数据,并可以通过这类系统进行金融投资交易。④ 专门的投资交易技术。基金有能力采用最新投资交易技术,提升投资业绩。例如,近年来流行的量化投资技术,是指通过数量化方式及电脑程序化发出买卖指令,以获取稳定收益为目的的投资交易技术。这类技术在海外的发展已有30多年的历史,其操作技术比较成熟,得到了越来越多投资者认可。个人投资者很少具备这样的投资交易能力。

三、契约型基金与公司型基金

这是按照证券投资基金的组织方式进行的分类。

(一) 契约型基金

契约型基金是基于契约原理而组织起来的代理投资行为的基金。这类基金没有基金章程,也没有董事会,通过基金契约(即《基金招募说明书》)来规范三方当事人的行为。它由投资者、管理人、托管人三方构成。管理人是基金投资的设定人,即设定、组织基金的类型、发行基金份额,把所筹资金交由受托者管理,同时对所筹资金进行具体的投资运用。投资者,也是受益者,即基金份额的持有人,是普通投资者,其购入基金份额,参加基金投资,成为契约的当事人之一,享有投资收益。托管人一般为信托公司或银行,根据信托契约规定,具体办理证券、现金管理及其他有关的代理业务和会计核算业务。契约型基金起源于英国,后在新加坡、印度尼西亚、香港等国家和地区流行。2003年10月28日通过的《中华人民共和国证券投资基金法》规定,我国的证券投资基金是契约型基金。

(二) 公司型基金

公司型基金是指基金本身为一家股份有限公司,公司通过发行股票或受益凭证的方式来筹集资金。投资者购买了该公司的股票,就成为该公司的股东,也就是该基金的投资者,享有股东权利,凭股票获取股息或红利,承担股东的有限责任。公司型基金在法律上是具有独立法人地位的股份有限公司,依据基金公司章程设立,公司设有董事会,代表投资者的利益行使职权,管理基金日常的投资业务。公司型基金在形式上类似于一般股份公司,但又有所不同。公司型基金,由公司法人自行或委托基金管理公司管理投资业务,

不销售产品和服务。公司型基金仅在美国比较流行。公司型基金有如下特点:

(1) 公司型基金的形态为股份公司,但其业务集中于证券投资信托,为公司股东提供投资收益(或者损失)。该类公司不向市场提供产品或者服务,这是与一般上市公司最大的不同点。

(2) 公司型基金的资金为公司法人的资本,即股份。

(3) 公司型基金的结构同一般的股份公司一样,设有董事会和股东大会。基金资产由公司拥有,投资者是这家公司的股东,也是该基金资产的最终持有人。股东按其所拥有的股份大小行使股东权利。

(4) 依据公司章程,董事会对基金资产负有安全增值的责任。为管理方便,公司型基金往往设定基金管理人和托管人。基金管理人负责基金资产的投资管理,托管人负责对基金管理人的投资活动进行监督。托管人可以(非必须)在银行开设户头,以自己的名义为基金资产注册。为明确双方的权利和义务,基金公司与托管人之间有契约关系,托管人的职责列明在其与基金公司签订的托管人协议上。

四、封闭式基金与开放式基金

这是按证券投资基金运作方式进行的分类。

(一) 封闭式基金

封闭式基金又称为固定型投资基金,是指基金的发起人在设立基金时,限定了基金单位的发行总量,筹集到这个总量后,基金即宣告成立,并进行封闭运作。封闭式基金在一定时期内不再新增投资。同时,由于封闭式基金不存在赎回风险,基金管理不用像开放式基金那样追逐短期利益,可以全力投入运作,按照基金管理的投资理念,进行较长期的投资运作。基金单位的交易方式与股票相似,也可以在证券交易所上市,通过证券经纪机构在二级市场上进行竞价交易和转让。

(1) 封闭式基金的折价率,即封闭式基金的基金份额净值和单位市价之差与基金份额净值的比率。在我国,封闭式基金一般是折价交易。封闭式基金折价幅度的大小会影响封闭式基金的投资价值。除了投资目标和管理水平外,封闭式基金的折价率是评估封闭式基金的一个重要因素,对投资者来说高折价率的封闭式基金存在一定的投资机会。

(2) 封闭式基金的期限,即基金的存续期,是基金从成立到终止之间的时间。决定基金期限长短的因素主要有:① 自身投资目标。如果基金目标是进行中长期投资(如创业基金),其存续期就可长一些;如果是短期投资(如货币市场基金),其存续期则可短一些。② 宏观经济形势等。如果经济稳定增长,基金存续期可长一些;若经济增长率起伏不定,则相对短一些。③ 基金发起人和众多投资者的投资需要。基金期限届满即为基金终止,管理人应组织清算小组对基金资金进行清产核资,并将清产核资后的基金净资产按照投资者的出资比例进行公正合理的分配。

如果在基金运行过程中,因为某些特殊的情况,使得基金的运作无法进行,报经主管部门批准,可以提前终止。提前终止的一般情况有:① 国家法律和政策的改变使得该基金的继续存在为非法或者不适宜;② 管理人因故退任或被撤换,无新的管理人承继;③ 托管人因故退任或被撤换,无新的托管人承继;④ 基金持有人大会上通过提前终止基金的决议。

(3) 封闭式基金到期后的处理。在我国,基金封闭的期限不能少于 5 年,一般的封闭式基金的期限是 15 年。到期之后,封闭式基金有三种处理方式:① 清盘,即按基金净值扣除一定费用后退还给投资者;② 转为开放式基金,即常说的"封转开";③ 延长到期期限,这种方式很少应用。

(二) 开放式基金

开放式基金是指基金管理公司在设立基金时,发行基金单位的总量规模不固定,视投资者的需求,随时变动基金发行规模。而且,基金单位的资产净值也不固定,由未来基金资产的市值高低来决定。投资者也根据市场状况和各自的投资决策,向发行机构申购或赎回进而增持或减持基金单位份额。为了应付投资者赎回基金份额的需求,开放式基金一般都保留一定比例的现金资产,并不是全额投资。虽然会因此影响基金的盈利水平,但这是维持开放式基金流动性所必需的。基金业绩、市场排名等基金市场竞争因素都会影响投资者申购或赎回的决定,进而也决定了某一个基金发行规模的扩大、缩小甚至存续与否。因此,巨大的市场竞争压力,推动基金管理公司竭力提升基金业绩,有利于投资者获得更高收益。

开放式基金已成为国际基金市场的主流品种,我国内地、香港以及美国、英国等基金市场,90%以上是开放式基金。相对于封闭式基金,开放式基金在激励约束机制、流动性、透明度和投资便利程度等方面都具有较大的优势。

开放式基金可以分成不同的类别。根据能不能在证券交易所挂牌交易,开放式基金可分为上市交易型开放式基金和契约型开放式基金。上市交易型开放式基金,是指基金单位在证券交易所挂牌交易的证券投资基金,这类基金的交易双方是投资者,比如交易型开放式指数基金(ETF)、上市型开放式基金(LOF)。契约型开放式基金,是指基金单位不在证券交易所挂牌交易,而是在场外市场交易的证券投资基金。在场外市场,基金通过申购、赎回来进行交易,一般是"T+3"(在我国基金市场)回转交易方式。

五、基金的其他分类

(一) 根据投资对象不同对证券投资基金进行分类

1. 债券基金

债券基金,又称债券型基金,是指专门投资于债券的基金,基金的资产配置中,债券比例须在 80%以上。债券品种包括:由政府、金融机构、工商企业等机构向市场发行的政府债券、金融债券、公司债券等。债券的面值利率一般是固定的,因而这类基金的风险较低,适合于稳健型投资者。通常,债券基金收益受货币市场利率的影响,当市场利率下调时,其债券价格就会上升;反之,若市场利率上调,债券价格将会下降。这些变化,将会影响债券基金的价差收益。此外,如果基金管理人将国际债券配置到基金的投资组合中,那么汇率也会影响债券基金的收益。

2. 股票基金

股票基金是以股票为主要投资对象的基金,股票比例须在80%以上。股票基金可依投资标的产业的不同,分为某种产业型基金;可依股票发行的不同区域,分为国内基金、国外基金等。股票基金的投资目标侧重于追求资本利得和长期资本增值。基金管理人拟定投资组合,将资金投放到不同行业、不同地区的股票市场,以达到分散投资、降低非系统性风险的目的。投资者之所以钟爱股票基金,原因在于可以通过不同行业、不同地区的股票构建投资组合,避免单一行业、单一地区投资所带来的风险。此外,股票基金还具有变现性强、流动性强等优点,因而在证券投资市场中是一个主力品种。

3. 货币市场基金

货币市场基金(简称MMF)是指投资于货币市场上的短期(1年以内,平均期限120天)有价证券的基金,通常被认为是无风险或低风险的证券投资基金。具体而言,该类基金主要投资于短期货币工具如国库券、大额可转让存款存单、银行承兑汇票、商业票据等短期有价证券。货币市场基金只有一种分红方式——红利转投资。货币市场基金每份单位始终保持在1元,超过1元后的收益会按时自动转化为基金份额,拥有多少基金份额即拥有多少资产。而其他开放式基金是份额固定不变、单位净值累加的,投资者只能依靠基金每年的分红来实现收益。通常,货币市场基金的收益会随着市场利率的下跌而降低,与债券基金正好相反。

4. 混合型基金

混合型基金,主要从资产配置的角度看,即为股票、债券和货币市场产品等构成的投资组合。具体而言,该类基金在投资组合中既有成长型股票、收益型股票,又有债券等固定收益投资的资产配置。混合型基金,就是让投资者通过选择一款基金品种就能实现投资品种的多元化,而无须分别购买风格不同的股票基金、债券基金和货币市场基金。混合型基金会同时使用激进和保守的投资策略,其回报和风险要低于股票基金,但高于债券基金和货币市场基金,是一种风险适中的理财产品。一些运作良好的混合型基金回报甚至会超过股票基金。

(二)根据投资目标不同对证券投资基金进行分类

1. 成长型基金

成长型基金是基金市场的主流品种。该类基金以基金资产的长期成长为投资目标,一般投资于信誉好、长期有盈利或者有长期成长前景的上市公司股票,追求资产稳定、持续的长期增值,有一定的投资风险。有些成长型基金投资范围很广,包括很多行业;有些投资范围相对集中,比如集中投资于某一类行业的股票或价值被低估的股票。例如,近年来,随着居民的家庭财富快速增长,对个人健康、医疗相关需求也大幅度上升,医药类上市公司股价走强,医药类基金也因成长潜力大受到投资者的青睐。医药类基金,就是成长型基金的一例。成长型基金价格波动一般比保守的收益型基金或货币市场基金要大,但收益一般也较高。一些成长型基金也衍生出新的类型,例如资金成长型基金,其主要目标是争取资金的快速增长,有时甚至是短期内的最大增值,一般投资于新兴产业公司等。这类基金往往有很强的投机性,因此基金价格波动也比较大。成长型基金又可分为稳健成长型基金和积极成长型基金,后者常常以中小市值的、高科技的或者热点行业的上市公司股票为投资对象,成长性更好,但投资风险相对较高。

2. 收入型基金

收入型基金是主要投资于可带来现金收入的有价证券的基金,以获取当期的最大收入为目的,其投资对象主要是那些绩优股票、债券、大额可转让存单等收入比较稳定的有价证券。收入型基金资产成长的潜力较小,投资风险相对也较低,一般可分为固定收入型基金和股票收入型基金。固定收入型基金的主要投资对象是债券和优先股,因而尽管其收益率比银行存款的要高些,但长期成长的潜力很小,而且当市场利率波动时,基金净值容易受到影响。股票收入型基金的成长潜力比固定收入型基金要大,但易受股市波动的影响,投资风险相对高一些。收入型基金一般把所得的利息、红利都分配给投资者。这类基金虽然成长性较弱,但风险相应也较低,适合保守的投资者。

3. 平衡型基金

平衡型基金是将资产分别投资于固定收入型和股权型的证券上,或分别投资于各类债券、优先股、普通股及其他证券上,以达到证券组合中收益性与增值性相对平衡的投资基金。平衡型基金的主要目的是从其投资组合的债券中得到适当的利息收益,与此同时又可以获得普通股的升值收益。投资者既可获得当期收入,又可得到资金的长期增值,通常是把资金分散投资于股票和债券。平衡型基金,其投资风险比成长型基金低,比收入型基金高;成长潜力高于收入型基金,低于成长型基金。因此,其受到追求资产增值和有稳定收益的投资者的欢迎。

(三) 根据资本来源和流向对证券投资基金进行分类

1. 国内基金

国内基金是指由一国国内金融机构发行的基金,在国内注册,以国内投资者为销售对象,受到国内的相关法律监督的基金。国内基金的主要投资品种是股票、债券和现金。

2. 国际基金

国际基金是对国际资本市场上大量存在的公募、私募性质的基金管理公司的泛称。国际基金是基金资本来源于国内,但投资于境外金融市场,通常以欧美日等地为主要区域的投资基金。由于各国经济和金融市场发展的不平衡性,经济周期也不同步,因而同一时期、不同国家会有不同的投资回报。该类基金的特色在于,可以在不同时期配置不同国家的资产,充分挖掘各国股市上升的潜力,而且能够达到分散投资风险的目的。由于国际资本流动的税费、汇率兑换的价值损耗以及研究、信息等费用的上升,国际基金的投资成本和费用一般也较高。国际基金可以进一步分为国际股票基金、国际债券基金和全球商品基金等。

3. 离岸基金

离岸基金是指一国的证券基金公司在他国发行证券基金份额,并将募集的资金投资于本国或第三国证券市场的证券投资基金。这种基金的受托人或保管人,通常是较大的跨国财团,或为银行,或为实力雄厚的投资机构。其设备先进、通信手段广泛而投资风格灵活。离岸基金的特点是,两头在外,规避国内单一市场的风险,进行全球化的资产配置。尤其是当投资者所在国出现政治或经济政策的变化时,投资者的资金不会被冻结。为了吸引全球投资者的资金,离岸基金一般都在素有"避税天堂"之称的地方注册,如卢森堡、开曼群岛、百慕大等,因为这些国家和地区对个人投资的资本利得、利息和股息收入实行免税或者低税政策。

根据基金发行公司注册地以及计价币种的不同,离岸基金可以分为:由国外的基金公司发行、募集,通过在国内成立的投资顾问公司引进、由国内投资者申购的基金,这类基金注册地在国外,特别是一些"避税天堂",如英属维尔京群岛、巴哈马、百慕大、开曼群岛、马恩岛、都柏林和卢森堡等地区和国家,计价币种也是各种外币。还有由国内基金公司发行、募集资金,赴国外投资的基金。如果投资者有移民或子女有出国留学的打算,想把部分财产转移到国外,离岸基金将是一种合适的财务工具。因为贸然把资金汇到国外,可能会引发意想不到的后果。不少国家的税率很高(40%—50%非常普遍),一旦资金进入国外的银行,将来做任何事都会涉及纳税的问题。所以,最好先将资金放在离岸基金上,可以方便投资者作全球的资金调配并实现最佳的避税效果。

(四) 其他特殊类型

1. 指数基金

指数基金,属于被动型基金,是指按照某种指数(如沪深300指数、标普500指数、纳斯达克100指数、日经225指数等)构成的股票种类和权重,购买该指数包含的全部或者一部分证券的基金,其目的在于达到与该指数同样的收益水平,实现与市场同步成长。这是一种被动式投资管理策略,基金管理无须按照金融投资理论和投资技巧,也不用支付市场研究的相关费用,仅仅按照指数来配置投资品种,并选择入场时机。

指数基金是20世纪70年代出现的新的基金品种。为了使投资者能获取与市场平均收益相接近的投资回报,产生了一种功能上近似或等于某种证券市场价格指数的基金。指数基金的优势是:① 费用低廉。采用被动投资,无须高薪聘请专家针对选股、择时等方面进行研究等,基金管理费一般较低;指数基金采取持有策略,不经常换股,交易佣金等费用远远低于积极管理型基金。② 风险相对较小。该类基金投资品种非常分散,最大可能消除投资组合的非系统性风险,而且可以避免其他类型基金由于其持股集中带来的流动性风险。另一方面,由于指数基金所盯住的指数一般都追踪了较长的时间,对指数的波动特性有一定的掌握。因此,在一定程度上指数基金的风险是可以预测的。此外,由于采取被动跟踪指数成分股的投资策略,也能有效降低非系统性风险和基金管理人的道德风险。③ 基金业绩可预测。在市场行情企稳并逐步走高的情况下,指数基金获取收益的概率比较高;当市场行情逐波下跌时,指数基金亏损则是大概率事件。④ 指数基金可以作为套利或者套期保值的工具。虽然机构投资者也可以选择股指期货进行套利和套期保值,但对于投资者尤其是机构投资者来说,指数基金是他们避险套利的重要工具。指数基金由于其收益率的稳定性和投资的分散性,特别适用于社保基金等数额较大、风险承受能力较低的资金投资。

2. ETF

ETF(Exchange Traded Fund),即交易型开放式指数基金,属于开放式基金的一种特殊类型,它综合了封闭式基金和开放式基金的优点,投资者既可以向基金管理公司申购或赎回基金份额,同时,又可以像投资封闭式基金一样在证券市场上按市场价格买卖这类基金的份额。不过,申购或赎回必须以一揽子股票换取基金份额或者以基金份额换回一揽子股票。由于同时存在证券市场交易和申购赎回机制,投资者可以在ETF市场价格与基金单位净值之间存在差价时进行套利交易。套利机制的存在,使得ETF避免了封闭式基金普遍存在的折价问题。

3. LOF

LOF(Listed Open-Ended Fund),即上市型开放式基金,是指上市型开放式基金发行结束后,投资者既可以在指定网点申购与赎回基金份额,也可以在交易所买卖的基金。不过,投资者如果是在指定网点申购的基金份额,想要上网抛售,须办理一定的转托管手续;同样,如果是在交易所网上买进的基金份额,想要在指定网点赎回,也要办理一定的转托管手续。该类基金的主要特点是:① 本质上仍是开放式基金,基金份额总额不固定,基金份额可以在基金合同约定的时间和场所申购、赎回。② 发售结合了银行等代销机构与深交所交易网络两者的销售优势。银行等代销机构网点仍沿用现行的营业柜台销售方式,深交所交易系统则采用通行的新股上网定价发行方式。③ 基金获准在证交所上市交易后,投资者既可以选择在银行等代销机构按当日收市的基金份额净值申购、赎回基金份额,也可以选择在证交所各证券营业部按撮合成交价买卖基金份额。基金在银行等代销机构的申购、赎回操作程序与普通开放式基金相同。上市开放式基金在证交所的交易方式和程序则与封闭式基金基本一致。

4. QDII

QDII(Qualified Domestic Institutional Investor),意为"合格境内机构投资者",是指在人民币资本项目不可兑换、资本市场未开放的条件下,在我国境内设立,经有关部门批准,有控制地允许境内机构投资境外资本市场的股票、债券等有价证券的一项制度安排。设立该制度的直接目的是进一步开放资本账户,以创造更多外汇需求,使人民币汇率更加平衡、更加市场化,并鼓励更多国内企业走出国门,从而减少贸易顺差和资本项目盈余,直接表现为让国内投资者直接参与国外的市场,并获取全球市场收益。

5. 衍生证券基金

衍生证券基金是指以衍生证券为投资对象的证券投资基金,主要包括期货基金、期权基金和认购权证基金。由于衍生证券一般是高风险的投资品种,因此,投资这种基金的风险较大,但预期的收益水平比较高。

除了上述几种类型的基金,证券投资基金还可以按募集对象不同分为公募基金和私募基金;按投资货币种类不同分为美元基金、英镑基金、日元基金等;按收费与否分为收费基金和不收费基金;按投资规划可变更性分为固定型基金、半固定型基金、融通型基金;还有专门支持高科技企业、中小企业的风险基金等。

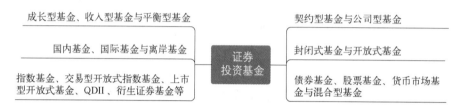

图 2-3　证券投资基金的分类

第四节　证券衍生工具

金融衍生工具是与金融基础工具相对应的一个概念。从本质上来说,金融衍生工具是一种金融合约,其价值取决于一种或多种基础资产(如债券、股票、银行定期存款单等等)或基础变量(例如利率、汇率、各类价格指数、通货膨胀率甚至天气指数等),合约的基本种类包括远期、期货、掉期(互换)、期权等四大类。金融衍生品还包括具有远期、期货、掉期(互换)和期权中一种或多种特征的混合金融工具。证券衍生工具是金融衍生工具的一个分支,包括证券市场交易的股价指数期货、国债期货等品种。这里主要介绍我国市场上的证券衍生工具。

一、股价指数期货

股价指数期货(Share Price Index Futures,SPIF),也称为股指期货或期指,是指以股价指数为标的物的标准化金融期货合约。交易时,股价指数期货合约的价值是用指数的点数乘以事先规定的单位金额来加以计算的,如标准普尔指数规定每点代表 500 美元,香港恒生指数每点为 50 港元等。作为期货交易的一种类型,股价指数期货交易与普通商品期货交易具有基本相同的特征和流程。下面介绍中国金融期货交易所(简称中金所)上市的股价指数期货的品种和功能。

(一) 我国股价指数期货的品种

1. 沪深 300 股指期货

沪深 300 股指期货(合约乘数:每点 300 元人民币)是以沪深 300 指数作为标的物的期货品种,2010 年 4 月 16 日由中国金融期货交易所推出。

该期货合约的标的——沪深 300 指数,是由中证指数公司编制的,于 2005 年 4 月 8 日正式发布。沪深 300 指数以 2004 年 12 月 31 日为基日,基日点位 1 000 点;是由上海和深圳证券市场中市值大、流动性好的 300 只 A 股作为样本编制而成的成分股指数,样本覆盖了沪深市场六成左右的市值,具有良好的市场代表性。按照中证指数公司的规定,指数定期调样,依据样本稳定性和动态跟踪相结合的原则,每半年审核一次沪深 300 指数样本,并根据审核结果调整指数样本。沪深 300 指数是沪深证券交易所第一次联合发布的反映 A 股市场整体走势的指数。该指数的推出,丰富了市场现有的指数体系,增加了一项用于观察市场走势的指标,有利于投资者全面把握市场运行状况,也进一步为指数投资产品的创新和发展提供了基础条件。

2. 中证 500 股指期货

中证 500 股指期货(合约乘数:每点 200 元人民币)是以中证 500 指数作为标的物的期货品种,2015 年 4 月 16 日由中国金融期货交易所推出。

中证 500 指数,是中证指数有限公司所开发的指数中的一种,挑选沪深证券市场内具有代表性的中小市值公司组成样本股,以便综合反映沪深证券市场内中小市值公司的股价表现。其样本空间内股票,扣除沪深 300 指数样本股及最近一年日均总市值排名前 300 名的股票,剩余股票按照最近一年(新股为上市以来)的日均成交金额由高到低排名,剔除排名后 20% 的股票,然后将剩余股票按照日均总市值由高到低进行排名,选取排名在前 500 名的股票作为中证 500 指数样本股。

3. 上证 50 股指期货

上证 50 股指期货(合约乘数:每点 300 元人民币)是以上证 50 指数作为标的物的期货品种,2015 年 4 月 16 日由中国金融期货交易所推出。

上证 50 指数,挑选上海证券市场规模大、流动性好的最具代表性的 50 只股票组成样本股,以便综合反映上海证券市场的一批龙头企业的整体状况。上证 50 指数于 2004 年 1 月 2 日正式发布。其目标是建立一个成交活跃、规模较大、主要作为衍生金融工具基础的投资指数。从上证 50 成分股的情况看,在编制指数的考察期具有如下特征:① 成分股占全部 A 股的比例高。上证 50 成分股,其净利润与利润总额,占同期全部 A 股的比例分别达到 42.06% 与 43.05%,是优质蓝筹股的突出代表。② 流动性好。整体相比而言,上证 50 成分股较上证 180 成分股具有更好的流动性,并且能够更准确地反映优质大盘蓝筹股的市场表现。③ 市场表现差异大。考察期的市场表现,50 只成分股平均涨幅 28.86%,涨幅最大的为上海汽车(108.19%),涨幅最小的为哈飞股份(-34.96%),个股市场表现的差异仍然较大。④ 基金持仓重点。在 50 只成分股中,被基金重仓持有的股票达到 35 只,占70%。可以说,上证50将成为价值蓝筹股的代名词,成为反映主流机构持仓的风向标。

(二)股价指数期货的功能

股价指数期货交易的实质,是投资者将其对整个股票市场价格指数的预期风险转移至期货市场的过程,其风险是通过对股市走势持不同判断的投资者的买卖操作来相互抵销的。股价指数期货交易的对象是股价指数,以股价指数的变动为标准,以现金结算盈亏,交易双方都没有实际股票的买卖,买卖的只是股价指数期货合约,而且采用"T+0"证券交易与结算制度。股价指数期货的主要功能包括以下三个方面:

1. 风险规避功能

风险规避功能是通过套期保值来实现的。投资者可以通过在股票市场和股指期货市场反向操作达到规避风险的目的。股市风险包括非系统性风险和系统性风险。对于非系统性风险,通常可以采取分散化投资的方式,将其影响降到最低程度。而对于系统性风险,则难以通过分散投资的方法加以规避。股指期货有做空机制,是市场对冲风险的重要金融工具。担心股市下跌的投资者,可通过卖出股指期货合约对冲股市整体下跌的风险,以利于减轻集体性抛售对股市造成的影响。

2. 价格发现功能

价格发现功能是期货市场一个重要的经济功能,也是期货市场存在和发展的基础,是指买卖双方在给定的时间和地点,对一种商品的质量和数量达成交易价格的过程。在这一过程中,众多投资者在公开、高效的期货市场中竞价,有利于形成更能反映股票真实价值的股价。期货市场之所以具有价格发现的功能,是因为:① 期货交易的参与者众多,有助于价格的形成;② 期货价格实际上反映了大多数人的预测,因而能够比较接近地代表供求变动趋势;③ 期货交易的透明度高,竞争公开化、公平化,有助于形成公正的价格。

3. 资产配置功能

资产配置功能是指根据投资需求将投资资金在不同资产类别之间进行分配,通常是将资产在低风险、低收益证券与高风险、高收益证券之间进行分配。股指期货采用保证金交易,交易成本很低,财务杠杆比例高,因此被机构投资者广泛用来作为套期保值、对冲风险甚至投机的手段,效率较高。例如,一位以债券为主要投资对象的机构投资者认为近期股市可能出现大幅上涨,其可以利用少量资金参与股指期货的投机交易。股指期货为投资组合中的高风险、高收益资产。

二、股票类期权

中国股市的股票类期权有两大类——股票期权和股价指数期权,分别在上海证券交易所和中国金融期货交易所上市交易。

(一)股票期权合约

股票期权合约,即为上交所统一制定的、规定买方有权在将来特定时间、以特定价格买入或卖出约定股票或者跟踪股价指数的交易型开放式指数基金(ETF)等标的物的标准化合约。期权是交易双方关于未来买卖权利达成的合约。就股票期权来说,期权的买方(权利方)通过向卖方(义务方)支付一定的费用(权利金),获得一种权利,即有权在约定的时间以约定的价格向期权卖方买入或卖出约定数量的特定股票或ETF。当然,买方(权利方)也可以选择放弃行使权利。如果买方决定行使权利,卖方就有义务配合。目前,上交所有两种股票期权合约,分别是沪深300ETF期权合约和上证50ETF期权合约。

(二) 股价指数期权

股价指数期权是合约持有者在合约有效期限内有权利按一定的协定价格买卖某种股价指数的一种期权形式。它的交易方式与普通期权类似,所不同的是在股价指数期权交易中,价格用股价指数点来表示,股价指数点数乘以合约乘数得到期权合约的货币价值,以现金方式结算盈亏。最早的股价指数期权交易,是1983年在美国芝加哥期货交易所开始进行的标准普尔100股指期权交易,该产品也是到目前为止最成功的股价指数期权合约。与普通期权交易一样,在股市行情与预期相反的情况下,合约持有者也可以放弃行使期权而仅损失期权费。股价指数期权分为美国式和欧洲式两种,在期权市场上占有重要地位,是目前发展最为迅速的期权交易形式。

中国金融期货交易所的股指期权合约,以沪深300股指为期权合约的标的,合约乘数为每点100元人民币。

三、国债期货

国债期货是指通过交易场所交易确定买卖价格,并于未来特定时间内进行交割的国债衍生交易方式。与其他金融期货一样,国债期货也属于期货交易的一种,与普通商品期货交易具有基本相同的特征和流程。它是在20世纪70年代美国金融市场不稳定的背景下,为满足投资者规避利率风险的需求而产生的。美国国债期货是全球成交最活跃的金融期货品种之一。2013年9月6日,国债期货正式在中国金融期货交易所上市交易,目前有如下几个品种:

(一) 2年期国债期货合约

2年期国债期货合约是以面值为200万元人民币、票面利率为3%的名义中短期国债为合约标的的国债期货品种。2年期国债期货采取实物交割,可交割国债为发行期限不高于5年、合约到期月份首日剩余期限为1.5—2.25年的记账式附息国债。

(二) 5年期国债期货合约

5年期国债期货合约是以面值为100万元人民币、票面利率为3%的名义中期国债为合约标的的国债期货品种。可交割国债为发行期限不高于7年、合约到期月份首日剩余期限为4—5.25年的记账式附息国债。

(三) 10年期国债期货合约

10年期国债期货合约是以面值为100万元人民币、票面利率为3%的名义长期国债为合约标的的国债期货品种。可交割国债为发行期限不高于10年、合约到期月份首日剩余期限不低于6.5年的记账式附息国债。

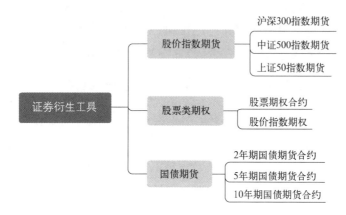

图 2-4　证券衍生工具的种类及相关产品

本 章 小 结

债券是一种金融契约,是政府、金融机构、企业等通过金融市场直接向社会借债筹资金时向投资者(即债券购买者、或债券持有人)发行,同时承诺按一定利率支付利息并依约定条件偿还本金的债权债务凭证。债券上必须记载的基本内容包括债券面值、偿还期限、付息期限、票面利率和发行人名称,这是明确债权人和债务人权利与义务的主要约定。债券具有偿还性、流动性、安全性、收益性等特征。债券一般包括政府债券、金融债券和公司(企业)债券三种类型。

股票是股份公司为了筹集资金而发行给股东作为持股凭证并借以取得股息和红利的一种有价证券,按照股息分配是否具有优先权,可以分为普通股和优先股。普通股按照不同的划分标准可以有多种分类,例如:按照投资主体的不同可以分为国家股、法人股和个人股;按照发行对象和上市地区的不同可以分为A股、B股、H股、N股、S股等。优先股按照不同的划分标准也可以有多种分类,例如按照是否可以转换成普通股或者公司债券可以分为可转换优先股和不可转换优先股。

证券投资基金是指通过发售基金份额,募集资金,形成独立的基金财产,由基金管理人管理投资操作、基金托管人托管基金财产,主体包括基金发起人、基金托管人、基金管理人和基金份额持有人。证券投资基金按照不同的划分标准可以有多种分类,例如:按照基金的组织方式不同可以分为契约型基金和公司型基金;按照基金的运作方式不同可以分为封闭式基金和开放式基金。

证券衍生工具是金融衍生工具的一个分支,包括证券市场交易的股价指数期货、国债期货等品种。其中,股价指数期货是指以股价指数为标的物的标准化金融期货合约。目前我国主要的股价指数期货包括沪深 300 指数期货、中证 500 指数期货和上证 50 指数期货。股票类期权包括股票期权合约、股价指数期权等品种。国债期货包括 2 年期国债期货合约、5 年期国债期货合约、10 年期国债期货合约等品种。

思考与练习

一、单选题

1. 债券的发行人是（　　）。
   A. 投资者　　　　　B. 债权人　　　　　C. 债务人　　　　　D. 代理发行者
2. 由银行或者证券公司发行的债券是（　　）。
   A. 公司债券　　　　　　　　　　　　　B. 金融债券
   C. 可转换公司债券　　　　　　　　　　D. 抵押债券
3. 下列属于优先股股东权利的是（　　）。
   A. 选举权　　　　　B. 被选举权　　　　C. 股东索偿权　　　D. 经营管理权
4. 证券投资基金发起人以基金的方式将投资者的资金集中起来交由（　　）直接管理与运用。
   A. 基金托管人　　　B. 基金承销公司　　C. 基金管理人　　　D. 基金投资顾问
5. 我国目前的证券投资基金以（　　）为主。
   A. 封闭式基金　　　B. 公司型基金　　　C. 契约型基金　　　D. 共同基金

二、思考题

1. 简述债券的概念和基本要素。
2. 根据利息的支付方式，金融债券可以分为哪几种类型？
3. 普通股和优先股有何区别？
4. 开放式基金和封闭式基金有何不同？
5. 我国股价指数期货有哪几个品种？

拓 展 学 习

拓展学习项目：开通证券交易账户

通过线下或线上渠道，开通证券交易账户，并将资金由银行划拨到证券交易账户（不建议同学投入资金参与证券交易操作，鼓励同学参与模拟交易）。

写成操作报告，详细记录每个步骤的操作要点。

第三章

证券发行市场

 本章教学目标

通过本章的学习,学生应当了解证券发行市场的功能与特点;掌握股票发行的概念、制度类型、发行方式;掌握债券发行的主体、目的、方式;掌握债券信用评级。

 本章核心概念

证券发行市场;股票发行;债券发行;债券信用评级

 导入

2018年11月5日,习近平总书记在首届中国国际进口博览会开幕式上宣布,将设立科创板并试点注册制。2019年7月22日,首批科创板上市公司挂牌交易。随后党中央、国务院进一步推进创业板注册制改革。在此期间,全国人大加快完成《证券法》修订进程,确立了证券发行注册制度。

(1)证券发行市场有哪几种发行制度?

(2)这几种发行制度各有哪些利弊?

为了达到筹集资金目的,需要发行各类证券,也就产生了证券发行市场。证券发行市场是新证券以包销或者承购等方式易手的市场,是确定证券发行的条件、方式、价格等的市场,也是对证券进行评级以满足投资者和中介机构选择证券需要的市场。证券发行市场,又称一级市场、初级市场,与二级市场相区别。

第一节 证券发行市场的功能与特点

一、证券发行市场的功能

证券市场是市场经济发展到一定阶段的产物,是为融通资金、资产配置和投资获利等目的而产生的市场。而证券发行市场能够促进融资的规范化和高效率,规范证券发行,推动证券交易市场的发展。证券发行市场具有如下基本功能:

(一) 筹资

证券发行市场是资金需求者(包括工商企业、金融机构以及政府机构)融资的场所。资金需求者通过一级市场向投资者(包括机构、个人)发行股票、债券等,筹集所需的资金。证券发行市场提供直接融资的场所。

(二) 实现储蓄向投资的转向

证券发行市场为资金供应者提供投资机会,满足投资者谋求证券投资收益的需求,实现储蓄向投资的转向。由于证券发行过程是证券初次进入市场,故一级市场又称初级市场。证券发行不仅能够扩大一级市场的规模,同时也能够推进证券交易市场的发展。

(三) 资源配置

证券发行市场形成资金流动的收益导向机制,促进资源配置的不断优化。证券发行市场以市场方式确定证券发行的条件、方式、价格等,规范证券发行的程序,从而优化资源配置。

二、证券发行市场的特点

证券发行市场是整个证券市场的基础和运行的起点,它的内容和发展决定着证券交易市场的内容和发展方向。证券发行市场具有以下特点:

(一) 发行的证券是其第一次交易

证券发行是证券发行人将某种证券首次出售给投资者的行为,属于第一次交易。证券发行市场具有证券创设功能,任何权利凭证若要进入证券市场并实现流通,必须首先取得合法的证券形式,证券发行是使证券得以转让和流通的前提。证券发行包括如下三种情况:

(1) 从未发行过证券的发行人创设证券,例如首次公开募股(IPO)。

(2) 证券发行人在前次发行后增加发行新证券(简称"增发")。

(3) 因证券拆细(例如上市公司年终向股东送股)或合并等行为而发行证券。我国目前最常见的是企业通过股份制改造并发行新股票,或上市公司为了增加股本以送股或配股等方式发行新股票。

上述情况都具有创设新证券的性质,属于证券发行活动。本书侧重于讨论新股发行和原上市公司的增发股份,对于第三种情况,涉及较少。

(二) 证券发行是直接融资的实现形式

证券发行市场的功能就是联结资金需求者和资金供给者,证券发行人通过销售证券向社会招募资金,而认购人通过购买其发行的证券为其提供资金,将社会闲散资金转化为生产建设资金,实现直接融资的目标。

(三) 证券发行人是证券发行市场的主体

创设证券,在本质上是证券发行人向投资者募集资金的筹资行为,往往要借助专业机构或人员参与,在现行法律法规的框架下,以市场方式运作,在证券发行人的主持下完成。

(四）证券发行市场主要是无形市场

证券发行市场，通常不存在具体形式的固定场所，也不需要专业设备和设施，新发行证券的认购和销售不是在有组织的固定场所内进行，而是由众多证券承销商分散进行的，因而是一个抽象的、观念上的市场。

(五）证券发行市场的证券具有不可逆转性

在证券发行市场上，证券只能由发行人流向认购人，资金只能由认购人流向发行人，而不能反向，这是证券发行市场与证券交易市场的一个重要区别。

证券发行人（即未来的上市公司）可以直接向公众投资者（即股民）或特定范围的投资者（即投资机构）发售证券以募集资金，也可以通过中介机构向社会投资者或特定范围的证券认购机构募集资金。在国外，证券发行市场的形态比较复杂。证券发行人在中介机构的协助下进行证券发行的准备工作；初步准备工作完成后，证券承销商会向潜在投资者提供招募文件，采取路演等方式宣传将要发行的证券；投资者填制认购文件并交付证券承销商后，承销商会根据证券认购情况与证券发行人商定包销数量及发行价格，并从证券发行人处领取应向投资者交付的证券。上述行为可以在许多地方陆续进行，且无固定场所和法定设施。我国证券公开发行，多借助沪深证券交易所的场内交易系统，通过摇号确定新股中签者，然后股民缴款认购。虽然证券发行准备工作与国外做法相似，但交付证券主要通过证券交易所进行。

三、证券发行和交易的"三公"原则

证券的发行、交易活动，必须实行公开、公平和公正的原则，即"三公"原则。

(一）公开原则

公开原则是证券法的核心和精髓所在，是政府主管部门对公司发行证券的审核和管理制度之一。公开原则也称为信息披露制度，是指证券公司在证券的发行、上市与交易过程中依法应当向社会公众披露相关信息，包括初始信息公开和持续信息公开。

初始信息是发行人在证券发行阶段披露的信息，持续信息则是指发行人的证券上市交易后依法披露的信息。初始信息披露，即发行人在发行证券以前必须向主管机关申请注册并提交公开说明书、公司章程以及经注册会计师审核的财务报表等文件，经证券主管机关审核债券方可发行的一种制度。在证券发行注册中，公开说明书是主要组成部分，其内容必须真实并完全公开，否则发行人要负民事或刑事责任。这样规定的目的主要是保护投资者的合法权益。根据证券法的公开原则，公司和有关单位所披露的信息必须做到真实、准确、完整、充分、及时和可利用，不得有任何虚假记载、误导性陈述或重大遗漏。

公开的过程包括发行公开、上市公开、上市后其信息持续公开。信息公开的基本原则是完整性、真实准确性、及时性。

公开的内容主要包括公司招股说明书、公司债券募集办法、财务会计报告及经营状况和其他影响交易的重大事件。

(二) 公平原则

公平原则是一个民商法的概念,在证券法领域,公平原则是指提供给每一个投资者的参与机会公平,即在证券发行和证券交易中,双方当事人的法律地位平等、法律待遇平等、法律保护平等,以及所有市场参与者的机会平等。

首先,在证券发行和交易活动中,机会平等极为重要,它体现为公平的市场准入和市场规则,每个当事人的机会和条件都应当是相同的。其次,投资者享有平等的主体地位与平等待遇,即在法律上平等享有权利、平等地承担义务,权利与义务应当一致。最后,投资者同等地受法律保护。证券交易中的"价格优先、时间优先"就是公平原则的具体体现。

(三) 公正原则

公正原则是指在证券发行中应制定和遵守公正的规则,证券监管机关和司法机关应公正地适用法律,对当事人应公正平等地对待,不偏袒任何一方。根据公正原则,首先要求立法者制定公正的规则,以实现市场各主体之间的利益平衡;其次要求执法者与司法者在法律范围内,公正地执行法律,解决利益冲突与纠纷。

> **探究与发现 3-1**
> "三公"原则中哪个是核心?如何理解证券法的"三公"原则?

第二节 股票发行市场

一、股票发行概念

股票发行指符合条件的发行人以筹资或实施股利分配为目的,按照法定的程序向资本市场投资者或公司原股东出售股份或无偿提供股份的行为。新股票一经发行(出售),经中介机构或径自进入投资者之手,投资者认购、持有股票,即成为股东。发行股票,便于筹措新资本、促进股权流通转让、确定公司价值。而且,发行股票还有利于调整公司的财务结构、进行资产重组、维护股东利益等。

二、股票发行制度类型

股票发行制度是发行人在申请发行股票时必须遵循的一系列程序化的规范,股票发行制度主要有三种,即审批制、核准制和注册制,每一种发行监管制度都对应一定的市场发展阶段。在股票市场逐渐由不成熟向成熟发展的过程中,股票发行制度也应该做出相应调整,以适应市场发展需求。其中,审批制是完全计划股票发行的模式,核准制是从审批制向注册制过渡的中间模式,注册制则是目前成熟股票市场普遍采用的发行制度。

（一）审批制

审批制指上市公司股票申请上市须经过审批的股票发行管理制度，按规划发行模式发行股票，实行"额度控制"。在股票市场的发展初期，市场尚未充分发展，审批制是一种政府主导下的股票发行制度。这种制度，采用行政和规划的办法分配股票发行的指标和额度，由地方政府或行业主管部门根据指标推荐企业发行股票。为了更好地实施审批制，在制度的每个环节都需要强化政府管理。拟发行公司在申请公开发行股票时，要经过地方政府或中央企业主管部门向所属证券管理部门提出发行股票申请；经证券管理部门受理并审核同意转报证券监管机构核准发行额度后，可提出上市申请；经审核、复审，由证监会出具批准发行的有关文件，方可发行。证券监管部门凭借行政权力行使实质性审批职能，证券中介机构的主要职能是进行技术指导。从1990年至2000年，中国股票发行采取此种行政制度，它是适合中国股市发展初期的模式，为中国股市的发展打下了基础。

（二）注册制

注册制，又称股票发行注册制，也称发行登记制，是在市场化程度较高的成熟股票市场普遍采用的一种发行制度。证券监管部门公布股票发行的必要条件，只要符合所公布条件要求的企业，即可发行股票。具体而言，注册制是指股票发行公司在公开募集和发行股票之前，必须依法向证券监管部门按照法定程序申请注册登记，需要同时依法提供与发行证券有关的所有资料，并对所提供资料的真实性、可靠性承担法律责任。证券监管机构只对申报文件是否全面和准确做形式审查，不对发行人的资质进行实质性审核和价值判断，将发行公司股票的良莠留给市场来决定。同时配套有中介机构即券商对预备上市公司进行考查，对作弊中介商加强处罚，还配套有降低退市门槛的规则。采用这类发行制度的代表国家是美国和日本。这种制度的市场化程度最高。2020年8月24日，我国科创板注册制正式落地，标志着我国证券发行市场的发展进入新的、更高的阶段。

（三）核准制

核准制，即股票发行核准制，又称为"准则制"或"实质审查制"，是上市公司股票申请上市须经过核准的证券发行管理制度。发行人在申请发行股票时，不仅要充分公开企业的真实情况，而且必须符合有关法律和证券监管机构规定的必要条件。证券主管机关有权依照公司法、证券交易法的规定，对发行人提出的申请以及有关材料进行实质性审查。具体而言，即对申报文件的全面性、准确性、真实性和及时性做审查，还对发行人的营业性质、财务状况、经营能力、发展前景、发行数量和发行价格等条件进行实质性审查，并据此做出发行人是否符合发行条件的价值判断和是否核准申请的决定。发行人得到批准以后才可以发行证券。核准制要求主承销商对发行人进行一年的辅导后，再向证监会申请发行股票。根据核准制的相关规定，企业只要符合条件就可以上市。新西兰、瑞典和瑞士的证券监管体制具有相当程度的核准制特点。

核准制是介于注册制和审批制之间的一种形式，是强制性信息公开披露和合规性管理相结合的原则。其理念是"买者自行小心"和"卖者自行小心"并行，目的在于禁止质量差的证券公开发行。它一方面取消了政府的指标和额度管理,并引进证券中介机构的责任,判断企业是否达到股票发行的条件;另一方面证券监管机构同时对股票发行的合规性和适销性条件进行实质性审查,并有权否决股票发行的申请。在核准制下,证券发行者不仅必须公开有关所发行证券的真实情况,而且所发行的证券必须遵守公司法和证券法中规定的若干实质性条件,证券监管机关有权否决不符合实质条件证券的发行申请。

核准制有利于新兴市场的健康发展,适合证券市场尚不完善、投资服务机构的道德水准和业务水平不高、投资者缺乏经验和信息判断能力的地区。这些地区的投资风险是比较高的。

2004年2月1日,我国开始推行核准制下的保荐制度。保荐人依法对发行文件进行核查,向中国证监会出具保荐意见。上市后,保荐机构和保荐人仍负有持续督导责任。保荐制度、发行审核委员会(简称发审委)制度、询价制度构成我国股票发行监管的制度基础。

表 3-1 审批制、注册制和核准制的异同

比较内容	审批制	注册制	核准制
发行指标和额度	有	无	无
发行上市程序	有	有	有
主要推(保)荐人	地方政府或行业主管部门	中介机构	中介机构
对发行做出实质判断的主体	证监会	中介机构	中介机构、证监会
发行监管性制度	证监会实质性审核	证监会审核中介机构,实质审核	中介机构和证监会分担实质性审核职责
市场化程度	行政体制	完全市场化	逐步市场化

> **探究与发现 3-2**
> 与核准制相比,注册制有哪些进步?

三、股票发行方式的类型

按照不同的分类标准,可以将股票发行方式划分为以下类型:

(一) 按股票发行是否通过中介机构分类,分为直接发行与间接发行

直接发行是指由股份有限公司自己承担发行股票的责任和风险,不通过股票的发行中介机构而直接将股票出售给股票认购者的发行方式,故也称为自营发行或自销。

间接发行是指股份有限公司委托中介机构代为发行股票,再由中介机构将股票销售给股票认购者的发行方式,故也称为委托发行或代理发行。根据中介机构承担的责任和风险,间接发行又分为包销和代销。

(二) 按是否向特定的资本市场投资者发行分类,分为公开发行与不公开发行

公开发行是指股份有限公司依据公司法及证券交易法的有关规定,办理有关发行审核手续,向不特定的投资者发行股票的发行方式。股份有限公司若采用募集设立的方式则属于公开发行股票。我国股市在发展过程中创造出多种公开发行的形式,例如发售认购表、存款挂钩、上网竞价、上网定价等。

不公开发行是指股份有限公司不办理公开发行的审核手续,股票只向特定的对象出售的发行方式。股份有限公司若采用发起设立的方式则属于不公开发行股票。内部认购就是不公开发行的一种,也是直接发行方式。它是指向发行人内部职工及特定的关系人发售股票的方式。该方式曾一度适用于我国证券市场起步期,为最早进行股份制改造的企业首次发行股票所普遍采用。如1984年发行的新中国成立后的第一只股票"飞乐音响"以及最早采用平价试点发行的股票,均基本采用内部认购方式。

(三) 按股票发行目的不同分类,分为首次发行与增资发行

1. 首次发行

首次发行是指新组建股份公司时,或原非股份制企业改制为股份公司时,或原私人持股公司要转为公众持股公司时,公司首次发行股票。其中,前两种情形又称为设立发行,第三种情形又称为首次公开发行。首次公开发行,一般都是发行人在满足发行人必须具备的条件并经证券主管部门核准或注册后,通过证券承销机构面向社会公众公开发行股票。通过首次发行,发行人不仅募集到所需资本,而且完成了股份有限公司的设立或转制。证监会对公开首次发行有许多明确的规定和要求,包括主体资格、独立性、规范运行等方面需要满足的条件。

2. 增资发行

增资发行是指股份有限公司成立后,在运营过程中,随着公司的发展、业务的扩大,公司为达到增加资本的目的而再次发行股票的行为。按照取得股票时是否缴纳股金,增资发行又可分为有偿增资发行、无偿增资发行和混合增资发行。

(1) 有偿增资发行,是指股票的投资者以一定的价格向股份有限公司购买股票,从而使公司实现增资。一般情况下,增发价低于当时的市场价,以吸引投资者参与增发股票的认购。有偿增发又分为:① 股东配股是以股东已持有的股票数为基准,按一定的比率给予认购新股的优先权,它是应用最广泛的增资方法;② 特定人配股,即给予某一范围的特定人(如公司员工、股东等)以优先认购新股的权利;③ 公开发行,是社会公众以平等的方式认购新股,而不限定在某些指定范围之内;④ 股东配股+公开发行混合的增发方式。

(2) 无偿增资发行,是指股东无须缴付股款而取得新股的增资方式。通常这类股票增发是赠送给公司原股东,其目的并非直接筹资,而是调整资本结构或把积累资本化。

(3) 混合增资发行,是指公司对原股东发行新股票时按一定比例同时进行有偿和无偿增资：一部分由公司的公积金转增股本,这部分增资是无偿的;一部分由原股东以现金认购,这部分增资是有偿的,增资分配按原股东的持股比例进行。这种方式一方面可促使股东认购新股,迅速完成增资规划;另一方面也是对原股东的优惠,使他们对公司的前途充满信心。

四、股票发行的条件

股票发行条件是股票发行者在以股票形式筹集资金时必须考虑并满足的因素,通常包括首次发行条件、增资发行条件和配股发行条件等。股票发行核准制下,一国的法律法规对股票发行规定若干实质性的条件,这些条件因股票发行的不同类型而有所区别。我国《公司法》《证券法》和相关的法规对首次公开发行股票,上市公司配股、增发、发行可转换债券、公开发行股票、非公开发行股票,以及首次公开发行股票并在创业板上市的条件分别做出了规定。

根据《证券法》《股票发行与交易管理暂行条例》和《首次公开发行股票并上市管理办法》的有关规定,首次公开发行股票并上市的有关条件与具体要求如下[1]

(一) 首次公开发行股票的条件[2]

1. 主体资格

(1) 发行人应当是依法设立且合法存续的股份有限公司;

(2) 发行人自股份有限公司成立后,持续经营时间应当在3年以上;

(3) 发行人的注册资本已足额缴纳,发起人或者股东用作出资的资产的财产权转移手续已办理完毕,发行人的主要资产不存在重大权属纠纷;

(4) 发行人的生产经营符合法律、行政法规和公司章程的规定,符合国家产业政策;

(5) 发行人最近3年内主营业务和董事、高级管理人员没有发生重大变化,实际控制人没有发生变更;

(6) 发行人的股权清晰,控股股东和受控股股东、实际控制人支配的股东持有的发行人股份不存在重大权属纠纷。

2. 规范运行

(1) 发行人已经依法建立健全股东大会、董事会、监事会、独立董事、董事会秘书制度,相关机构和人员能够依法履行职责;

(2) 发行人的董事、监事和高级管理人员已经了解与股票发行上市有关的法律法规,知悉上市公司及其董事、监事和高级管理人员的法定义务和责任;

(3) 发行人的董事、监事和高级管理人员符合法律、行政法规和规章规定的任职资

---

[1] 资料来源:上海证券交易所官网,《发行上市条件及程度》,http://www.sse.com.cn/services/list/ipo/listcondition/。
[2] 资料来源:《首次公开发行股票并上市管理办法》(根据2022年4月8日中国证券监督管理委员会《关于修改〈首次公开发行股票并上市管理办法〉的决定》第四次修正)。

格,且不得有证监会禁止、谴责和立案调查的事项;

(4) 发行人的内部控制制度健全且被有效执行,能够合理保证财务报告的可靠性、生产经营的合法性、营运的效率与效果;

(5) 发行人有严格的资金管理制度,不得有资金被控股股东、实际控制人及其控制的其他企业以借款、代偿债务、代垫款项或者其他方式占用的情形,等等。

3. 财务与会计条件

(1) 最近3个会计年度净利润均为正数且累计超过人民币3 000万元,净利润以扣除非经常性损益前后较低者为计算依据;

(2) 最近3个会计年度经营活动产生的现金流量净额累计超过人民币5 000万元;或者最近3个会计年度营业收入累计超过人民币3亿元;

(3) 发行前股本总额不少于人民币3 000万元;

(4) 最近一期末无形资产(扣除土地使用权、水面养殖权和采矿权等后)占净资产的比例不高于20%;

(5) 最近一期末不存在未弥补亏损。

(二) 发行程序[①]

(1) 发行人董事会应当依法就本次股票发行的具体方案、本次募集资金使用的可行性及其他必须明确的事项做出决议,并提请股东大会批准。

(2) 发行人股东大会就本次发行股票做出的决议,至少应当包括下列事项:① 本次发行股票的种类和数量;② 发行对象;③ 价格区间或者定价方式;④ 募集资金用途;⑤ 发行前滚存利润的分配方案;⑥ 决议的有效期;⑦ 对董事会办理本次发行具体事宜的授权;⑧ 其他必须明确的事项。

(3) 发行人应当按照中国证监会的有关规定制作申请文件,由保荐人保荐并向中国证监会申报。特定行业的发行人应当提供管理部门的相关意见。

(4) 中国证监会收到申请文件后,在5个工作日内做出是否受理的决定。

(5) 中国证监会受理申请文件后,由相关职能部门对发行人的申请文件进行初审,并由发行审核委员会审核。

(6) 中国证监会在初审过程中,将征求发行人注册地省级人民政府是否同意发行人发行股票的意见。

(7) 中国证监会依照法定条件对发行人的发行申请做出予以核准或者不予核准的决定,并出具相关文件。自中国证监会核准发行之日起,发行人应在6个月内发行股票;超过6个月未发行的,核准文件失效,须重新经中国证监会核准后方可发行。

(8) 发行申请核准后、股票发行结束前,发行人发生重大事项的,应当暂缓或者暂停

---

① 资料来源:《首次公开发行股票并上市管理办法》(根据2022年4月8日中国证券监督管理委员会《关于修改〈首次公开发行股票并上市管理办法〉的决定》第四次修正)。

发行,并及时报告中国证监会,同时履行信息披露义务。影响发行条件的,应当重新履行核准程序。

(9) 股票发行申请未获核准的,自中国证监会做出不予核准决定之日起 6 个月后,发行人可再次提出股票发行申请。

五、股票发行价格

股票发行价格是指股份有限公司出售新股票的价格。股票发行价格的高低取决于公司的投资价值,受市场机制的影响。

(一) 股票发行价格的类型

当公司规划发行股票时,就需要根据不同情况确定为市场所接受也体现公司价值的股票发行价格。一般而言,股票发行价格有如下类型:

1. 面值发行

面值发行即以股票的票面金额为发行价格。采用股东分摊的发行方式发行时,一般按面值发行,不考虑或者少考虑股票市场行情。由于股票市价往往高于股票的面值,因此以面值为发行价格,能够使认购者得到价差收益。面值发行,股东乐于认购,也保证了公司顺利地实现筹集股金的目的。

2. 时价发行

按照市场机制,股价随行就市,由市场按照公司的投资价值和市场行情定价。时价发行股票,其价格常常高于股票的面值,大概率属于溢价发行,溢价带来的收益归该股份公司所有。时价发行,能使发行者以相对少的股份筹集到相对多的资本;对投资者来说也未必吃亏,高溢价股票常常因为市场对公司未来发展有很高预期,低溢价股票的公司未来不被市场看好。至于过度溢价股票,投资者的风险大于收益,而溢价不充分,则投资者所持股票的成长空间较大。因此,投资者不仅应该有承担风险的准备,还应该培养识别、管控风险的能力。

3. 中间价发行

中间价发行即股票的发行价格取票面面值和市场价格的中间值。这种价格通常在时价高于面值,公司需要增资但又需要照顾原有股东的情况下采用。中间价格发行对象一般为原股东,在时价和面值之间采取一个折中的价格发行,实际上是将差价收益一部分归原股东所有,一部分归公司所有,用于扩大经营。因此,在进行股东分摊时要按比例配股,不改变原来的股东构成。

4. 折价发行

折价发行即发行价格低于票面面值,是打了折扣的。折价发行有两种情况:

(1) 优惠性的发行价格,通过折价使认购者分享权益。例如,公司为了充分体现对现有股东优惠而采取搭配增资方式时,新股票的发行价格就为面值的某一折扣,折价不足面值的部分由公司的公积金抵补。现有股东所享受的优先购买和价格优惠的权利就叫作优先认购权。若股东自己不执行该期权,其可以将该期权在期权到期日前卖出,获得收益。

(2) 市场行情较差时的折价发行价。整个股市行情不佳,发行股票存在一定困难,发行者与证券承销商共同议定一个折扣率,以吸引潜在的投资者认购。由于各国相关法律都规定股票发行价格不得低于面值,因此,这种折扣发行需经过许可方能实行。

(二) 股票发行价格的确定方法

1. 市盈率定价法

市盈率定价法(P/E Pricing Method)是参照拟发新股所在行业的平均市盈率,结合拟发新股的收益、净资产、成长性、发行数量、市场状况以及可比上市公司二级市场表现来确定新股发行价的方法:

$$发行价格 = 每股收益 \times 发行市盈率 \qquad 3-1$$

市盈率是衡量股票投资价值的重要指标之一。公司的价值取决于它的盈利能力,而市盈率指标在一定程度上反映了价格和盈利能力的关系。市盈率定价法作为近年的主要新股发行定价方法在市场化定价趋势中具有不可替代的作用。这种定价方式由于考虑到发行风险,因此定价时通常会留有一定的空间。然而,一些业绩太差甚至亏损、流通股市盈率已经低于合理市盈率或在该定价方式下国有股价格低于每股净资产等的公司,不适合采用此法。

2. 净资产倍率法

净资产倍率法又称资产净值法,是指通过资产评估和相关会计手段,确定发行公司拟募股的每股净资产值,然后根据当时的市场状况将每股净资产值乘以适宜的倍率,以此确定股票发行价格的方法:

$$发行价格 = 每股净资产值 \times 溢价倍数 \qquad 3-2$$

3. 竞价确定法

竞价确定法是指在股票交易过程中由各股票承销商或者投资者以投标方式相互竞争确定股票发行价格的方法。发行底价由发行公司和承销商根据发行公司的经营业绩、盈利预测、项目投资的规模、市盈率、发行市场与股票交易市场上同类股票的价格及影响发行价格的其他因素的共同影响确定。用此种方法定价,机构大户易于操纵发行价格,因此此方法经试验后即停止使用了。在具体实施过程中,竞价确定法有以下几种形式:网上竞价、机构投资者(法人)竞价、券商竞价等等。

(三) 确定股票发行价格应考虑的因素

股市上,在确定一种新股发行价时,一般要考虑如下因素:

(1) 主要发起人经评估确认的净资产。这是定价的重要参考。

(2) 经营业绩。公司税后利润水平,直接反映了一个公司的经营能力和上市时的价值,税后利润的高低直接关系到股票发行价格。在总股本和市盈率既定的前提下,税后利润越高,发行价格越高。

(3) 发展潜力。公司经营的增长率(特别是盈利的增长率)和盈利预测是关系股票发行价格的又一重要因素。在总股本和税后利润量既定的前提下,公司的发展潜力越大,未来盈利趋势越确定,市场所接受的发行市盈率越高,发行价格也就越高。

(4) 发行规模。若股票发行规模大,吸纳市场资金就比较多。为了确保股票顺利发行,发行价格应适当定得低一些;若发行量小,价格可定得高一些。

(5) 行业特点。拟发行股票公司所处行业的发展前景,会影响公众对该公司发展前景的预期。同行业上市公司的股价水平,剔除不可比因素以后,也可以客观地反映该公司与其他公司相比的优劣程度。如果该公司各方面均优于同行业其他上市公司,则发行价格可定得高一些;反之,则应定得低一些。

(6) 股市行情。二级市场行情好坏、股价水平高低直接关系到发行市场的股票发行价格。在制定发行价格时,要考虑到二级市场行情在发行期内的变动情况,若股市处于"熊市",定价太高则无人问津,使新股销售困难,因此股票发行价要定得低一些;若股市处于"牛市",价格太低会使发行公司受损,股票发行后易出现投机现象,因此股票发行价可以定得高一些。同时,发行价格的确定要给二级市场的运作留有余地,以免股票上市后在二级市场的定位发生困难,影响公司的声誉。

六、股票发行程序

这里将讨论两类股票发行的程序:首次公募发行程序和增发程序。

(一) 首次公募发行的程序

该股票发行程序是拟上市公司从着手准备发行股票开始,经历"拟定新股发行规划"等步骤,最终成功上市,发行股票的过程。

1. 拟定新股发行规划

新股发行规划包括三个内容:发行目标;对发行目标进行可行性分析;拟定股票种类和发行价格。公司所发行的股票的类型以及价格,必须根据投资者的投资需求和风险偏好、股票市场价格走势、公司的控制权等因素确定。

2. 形成董事会决议

决议内容包括新股发行目的、新股种类和数量、新股的发行价格、认购新股的申请期限和股款缴纳日期、办理申请和股金交纳的机构、零股和失权股的处理方法等等。董事会应有三分之二以上董事出席,其决议才具有法律效力。决议经投票表决,半数以上通过方能生效,是必不可少的股票发行程序。

3. 进入申请审核流程[①]

申请审核流程,由中国证监会规定,是首次公募发行程序中最关键、历时最长的环节。

(1) 受理和预先披露。中国证监会根据相关法律、法规,依法受理首发申请文件,按

---

① 根据上海证券交易所官网、深圳证券交易所官网的相关内容编写。

程序安排预先披露,并将申请文件分发至证监会相关部门。相关部门根据发行人的行业、公务回避的有关要求以及审核人员的工作量等确定审核人员。

(2) 反馈会。审核人员审阅申请文件,从非财务和财务两个角度撰写审核报告,提交反馈会讨论。反馈会主要讨论初步审核中关注的主要问题,确定需要发行人补充披露以及需要中介机构进一步核查说明的问题。发行人及时回复并补充、修改相关材料。初审工作结束后,将形成的初审报告(初稿)提交初审会讨论。

(3) 预先披露更新。相关部门对发行人申请文件无异议的,将安排预先披露更新。

(4) 初审会。初审会由审核人员汇报发行人的基本情况、初步审核中发现的主要问题及反馈意见回复情况。根据初审会讨论情况,审核人员修改、完善初审报告,履行内部程序后与申请材料一并提交发审会;对于暂不提交发审会审核的,将再次发出书面反馈意见。

(5) 发审会。发行审核委员会制度是发行审核中的专家决策机制。

(6) 封卷。发行人的首发申请通过发审会审核后,需要进行封卷工作,即将申请文件原件重新归类后存档备查。

(7) 会后事项。这是指发行人首发申请通过发审会审核后、招股说明书刊登前发生的可能影响本次发行上市及对投资者做出投资决策有重大影响的应予披露的事项。

(8) 核准发行。发行人领取核准发行批文后,无重大会后事项或已履行完会后事项程序的,可按相关规定启动招股说明书刊登工作。

4. 签订证券承销协议

股份有限公司与证券经营机构签订证券承销协议,由证券经营机构承销股票。《证券法》规定,公开发行的股票应当由证券经营机构承销。

5. 股票发售

向社会公布招股说明书及发行股票的通知,进行股票发售工作。招股说明书一般要在股票发售之前刊登在证监会指定的全国性证券报刊上。发行股票的通知也要在报刊上公开发布。通知中应当列明发行股票的数量、价格、发行时间以及发行方法。

(二) 增发股票的程序

(1) 董事会做出决议。董事会就上市公司申请发行证券做出的决议应当包括下列事项:① 本次增发股票的发行方案;② 本次募集资金使用的可行性报告;③ 前次募集资金使用的报告;④ 其他必须明确的事项。

(2) 提请股东大会批准。股东大会就发行股票做出的决定,至少应当包括下列事项:① 本次发行证券的种类和数量;② 发行方式、发行对象及向原股东配售的安排;③ 定价方式或价格区间;④ 募集资金用途;⑤ 决议的有效期;⑥ 对董事会办理本次发行具体事宜的授权;⑦ 其他必须明确的事项。股东大会就发行事项做出决议,必须经出席会议的股东所持表决权的三分之二以上通过。

向本公司特定的股东及其关联人发行的,股东大会就发行方案进行表决时,关联股东应当回避。上市公司就增发股票事项召开股东大会,应当提供网络或者以其他方式为股东参加股东大会提供便利。

(3) 由保荐人保荐,并向中国证监会申报,保荐人应当按照中国证监会的有关规定编制和报送发行申请文件。

(4) 中国证监会依照有关程序审核,并决定核准或不核准增发股票的申请。中国证监会审核发行证券的申请程序为:收到申请文件后 5 个工作日内决定是否受理;受理后对申请文件进行初审;由发行审核委员会审核申请文件;做出核准或者不予核准的决定。

(5) 上市公司发行股票。自中国证监会核准发行之日起,上市公司应在 6 个月内发行股票;超过 6 个月未发行的,核准文件失效,须重新经中国证监会核准后方可发行。证券发行申请未获核准的上市公司,自中国证监会做出不予核准的决定之日起 6 个月后,可再次提出证券发行申请。

上市公司发行证券前发生重大事项的,应暂缓发行并及时报告中国证监会。该事项对本次发行条件构成重大影响的,发行证券的申请应重新经过中国证监会核准。

(6) 上市公司发行股票,应当由证券公司承销,承销的有关规定参照前述首次发行股票并上市部分所述内容;非公开发行股票,发行对象均属于原前 10 名股东的,可以由上市公司自行销售。

七、股票的承销

股票的承销是对公司发行股票的承担和协助销售。股票承销业务由政府指定的金融管理部门批准的、可经营股票业务的证券、信托等类的机构承担。股票承销一般可采取全额包销、余额包销和代销三种方式。证券承销机构与发行人应签订股票承销合同,规定合同当事人各自享有的权利和应承担的责任,并可根据承销风险的大小,按承销总额的一定比例收取承销手续费。

(一) 股票的承销方式

1. 全额包销

全额包销是指证券承销商接受公司的全权委托,承担将本次发行的股票全部发售出去的职责。由于是全额包销,一般由承销商一次性将所发行的股票全部买下(买入价低于发售价),然后再将这些股票转手发售给社会公众。若向社会公众售出的数量少于公司委托发行的数量,余额则由承销商全部承购。实行全额包销方式,承销商实际上是为公司预付了股款,同时又承担了股票发行中的全部风险。因此,承销商通常要求公司支付较高的佣金,佣金主要来源于股票的购销差价。

2. 余额包销

余额包销是指证券承销商接受公司的委托,代理上市公司发行股票,并认购股票发售剩下的全部余额。采用余额包销方式,承销商始终是以公司的名义按既定的发行价格代理公司发行股票;发售期满仍有剩余股票,则由承销商买入余额部分股票。由于承销商不为公司预付股款,大部分股票又是按发行价格发售,所以承销商的佣金来源于手续费收入。

3. 代销

代销是指证券承销商接受公司的委托,承担代理上市公司发售本次股票的职责。采用这种方式,承销商只是以公司的名义按既定的发行价格代理公司发行股票,不承担认购未发售出去的股票的职责,也不承担公司股票发行失败的责任。实行代销方式,股票发行的全部风险由发行公司承担。所以,承销商获得报酬按实际发售的股票金额和预先确定的费率计算。1992—1994年,我国不少定向募集上市公司采取代销方式承销股票。

(二) 股票承销的程序

1. 提出承销建议

拟承销股票的承销商(由证券公司担任)在对发行人的资金需求量、财务状况、盈利能力等进行调查研究的基础上,在权衡诸多因素后,就股票发行的种类、时间、条件等对发行人提出建议,说明承销规划和承销条件等,初步确定承销股票发行的条款。

2. 签订承销协议

在发行人确定了发行股票的种类和发行条件并经证券主管机关批准后,发行人要与承销商签订承销协议,确定承销的方式和双方的责任。

3. 组织承销团

对于一次发行量特别大的证券,例如国债或者大宗股票发行,仅一家承销机构往往无力单独承担发行风险,这时组织一个承销团,由多家机构共同担任承销人比较合适,有利于分散风险。承销团的成员确定后,主承销商应负责与其他承销商签订分销协议,明确承销团各个成员的权利和义务(包括各成员推销证券的数量和获得的报酬)以及承销团及其协议的终止期限等。

4. 制作和申报股票发行审查材料

股票发行审查材料由主承销商组织会计师事务所、资产评估机构、律师事务所等中介机构制作,并向中国证监会申报,按中国证监会的要求进行修改和补充。

5. 组织股票的发行

在股票发行前,做好相应的宣传、推介工作。在取得中国证监会关于公开发行股票的复审批文及发行方式的批复之后,协助发行人刊登招股说明书和股票发行公告,说明本次股票发行的基本情况、发行方式、发行时间、发行价格等事项,并按确定的发行时间和发行方式组织股票的发行。

> **探究与发现 3-3**
>
> 我国证券发行市场经过了怎样的发展历程?

第三节 债券发行市场

债券发行市场,又称债券一级市场,是发行单位首次出售新债券的市场。政府、金融机构或者股份公司等为了筹集资金,通过债券发行市场向社会公众发行债券。

一、债券发行的主体及目的

(一) 债券发行的主体

债券的发行主体是债券的发行者,包括政府、金融机构、股份公司等。根据发行主体的不同,债券可分为政府债券、金融债券和公司债券。

(1) 政府债券的发行主体是政府。中央政府发行的债券称为"国债",地方政府发行的债券称为"市政债券",主要用途都是解决政府投资的公共设施或者重点建设项目的资金需要和弥补国家财政赤字。

(2) 金融债券的发行主体是银行或非银行金融机构,期限一般为3—5年,其利率略高于同期定期存款利率。金融债券能够较有效地解决银行等金融机构的资金来源不足和期限不匹配的矛盾。一般来说,银行等金融机构的资金有三个来源,即吸收存款、向其他金融机构借款和发行债券。发行债券则是金融机构的主动负债。

(3) 公司债券的发行主体是具有发行公司债券资格的公司,包括股份有限公司、国有独资公司等。

(二) 债券发行的目的

发行债券是为了筹措资金以达到某种目的。对于政府来说,是为了筹措资金以弥补财政赤字和扩大公共投资;对于金融机构来说,是为了增加资金以扩大贷款规模;而对企业来说,发行债券的目的则是多方面的,主要包括:

(1) 扩大资金来源。企业的资金来源,除了自身资本积累外,还有取得银行贷款、发行股票和债券等途径。银行贷款资金的使用,必须接受银行的严格监管;发行股票,程序复杂、严格,难以多次发行;公司债券发行程序比股票发行程序相对简单,债券的资金使用相对灵活。

(2) 降低资金成本。与银行贷款相比,公司债券的条件相对宽松;与股票相比,公司债券发行程序相对简单。大公司债券安全性好,其价格波动比较平缓,投资者到期不仅可以收回本金,而且收益也比较稳定,风险较低。因而,安全性越好的债券,息票利率就越低。小公司一般无法发行公司债券,即使勉强发行公司债券,息票利率也会高。因此,大公司债券能以相对低的价格售出,使公司筹集资金的成本相对较低。

(3) 减少税收支出。在欧美等国,公司债券利息属于公司的一种经营费用,列支在公司经营成本项目中。因此,可以从公司应纳税项目中扣除,这样,公司发行债券就可以减少税收支出。

（4）公司发行债券既可以解决资金问题，又不会影响股权结构，大股东依然对公司保持原有的控制权。债券投资者同公司的关系是债权债务关系，他们无权过问公司管理，不会改变公司股东的结构，因而不能分散原有股东对公司的控制权。

二、债券发行的具体条款

债券发行前，需要与承销商具体商定相关的条款，主要包括发行金额、票面金额、期限、偿还方式、票面利率、付息方式、发行价格、发行费用、税收效应以及有无担保等内容。下面主要介绍发行金额、期限和偿还方式：

（一）发行金额

债券发行的金额与筹资者所需资金数量相关，也取决于筹资者的市场地位。从市场角度看，发行当初的市场资金宽裕程度、债券种类等也关系到发行金额。承购的券商将根据其专业性判断向筹资者提出建议，事先确定发行金额。

（二）期限

债券的期限，是指从债券的发行日起到还本付息日止的时间。筹资者在决定债券的期限时，要考虑的因素主要有：筹资者的资金需求情况、对未来市场利率走势的预期、债券市场交投活跃程度等。如果债券市场交投活跃，则债券变现容易，期限相对较长，也不影响投资者的信心。

（三）偿还方式

债券的偿还方式一般有还本、债券替换和转换股票三种方式。还本方式又分为期满还本、期中还本、滞后还本三种。而期中还本又包括强制性赎回、选择性赎回、提前赎回、定期偿还等方式。债券替换指用一种到期日较迟的债券来替换到期日较早的债券。一般是以新发债券兑换未到期或已经到期的旧债券，目的在于减轻举债者负担。转换股票指举债公司用自己的股票来兑换债券持有人的可转换公司债券。

值得注意的是，偿还方式是事先订立在债券发行的条款中的。

三、债券的发行方式

债券的发行可分为私募发行和公募发行两种方式。

（一）私募发行

私募发行，又称不公开发行或内部发行，是指面向"少数的""特定的"投资者发行债券的方式。私募发行的对象大致有两类：一类是个人投资者，例如公司老股东或发行机构的员工，或是使用发行单位产品的用户等；另一类是机构投资者，如大的金融机构或与发行人有密切往来关系的企业等。私募发行有确定的投资者，发行一般多采取直接销售的方式，不经过证券发行中介机构，不必向证券管理机关办理发行注册手续，可以节省承销费用和注册费用，手续比较简便。私募发行的不足之处是投资者数量有限，流通性较差，而且也不利于提高发行人的社会信誉。

(二) 公募发行

公募发行,即公开向"数量众多的""不特定的"投资者发行债券。公募债券发行者必须向证券管理机关办理发行注册手续。由于发行数额一般较大,通常要委托证券公司等中介机构承销。公募债券信用度高,可以上市转让,因而其发行利率一般比私募债券低。

西方国家以公募方式发行政府债券,一般采取招标投标的办法进行。投标又分竞争性投标和非竞争性投标。竞争性投标是先由投资者(大多是投资银行和大券商)主动投标,然后由政府按照投资者自报的价格和利率,或是从高价开始,或是从低利开始,依次确定中标者名单和配额,直到完成预定发行额为止。非竞争性投标,是政府预先规定债券的发行利率和价格,由投资者申请购买数量,政府按照投资者认购的时间顺序确定他们各自的认购数额,直到完成预定发行额为止。

四、债券的信用评级

信用评级,又称资信评级,是一种社会中介服务,为社会提供资信信息或为机构自身提供决策参考。信用评级最初产生于20世纪初期的美国。1902年,穆迪公司的创始人约翰·穆迪(John Moody)开始对当时发行的铁路债券进行评级。后来,评估对象延伸到各种金融产品、公司制企业、金融机构、地方政府等。由于信用评级的对象和要求有所不同,因而信用评级的内容和方法也有较大区别。研究资信的分类,就是为了针对不同的信用评级项目探讨不同的信用评级和方法。

(一) 债券信用评级的概念

债券信用评级即以企业或经济主体发行的债券为对象进行的信用评级。债券信用评级大多是企业债券信用评级,是对具有独立法人资格的企业发行某一特定债券的按期还本付息的可靠程度进行评估,并标示其信用程度的等级。这种信用评级,是为投资者购买债券和证券市场债券的流通转让活动提供决策参考。国家财政发行的国库券和国家银行发行的金融债券,有中央政府的保证,因此不参加债券信用评级。地方政府或非国家银行金融机构发行的某些有价证券,则有必要进行评级。

(二) 债券信用评级的原因

(1) 为投资债券的投资者提供决策参考。投资者进行债券投资,将承担一定的风险:例如信用风险,即债券发行者到期不能还本付息或者延迟还本付息,投资者就会蒙受损失。由于受到时间、专业知识和债券相关信息的获得性的限制,中小投资者无法对众多债券逐一进行分析和正确的选择。专业信用评级机构利用自身的优势,对准备发行的债券还本付息的可靠程度进行规范的、专业的债券信用评级,给出一个简单明了的信用评级,以方便投资者决策。

(2) 减少信誉高的发行人的筹资成本。一般来说,资信等级越高的债券,越容易得到投资者的信任,能够以较低的利率出售;而资信等级低的债券,风险较高,只能以较高的利率发行。由第三方著名的、专业的信用评级机构给出的债券信用评级,就是债券优劣的标志。

(三) 债券评级等级

一般而言,企业、机构或国家发行债券时信用评级越高,需要付出的利息越低,融资能力越强;相反,信用评级越低,债券利息越高,融资能力越弱。

1. 全球三大评级机构

目前,国际上公认的最具权威性的信用评级机构,主要有标准普尔(Standard & Poor's)、穆迪投资者服务公司(Moody's Investors Service)和惠誉国际评级公司(Fitch Ratings Ltd.)。标准普尔由普尔(Henry Varnum Poor)创立于1860年,是普尔出版公司和标准统计公司合并而成的世界权威金融分析机构,总部位于美国纽约。1975年,美国证券交易委员会SEC认可标准普尔为"全国认定的评级组织"(NRSRO)。

穆迪投资者服务公司由穆迪于1900年创立,最初仅对铁路债券进行信用评级。1913年,穆迪开始对公用事业和工业债券进行信用评级。穆迪公司的总部设在美国纽约,其股票在纽约证券交易所上市(代码MCO)。穆迪公司是国际权威投资信用评估机构,同时也是著名的金融信息出版公司。

惠誉国际评级公司是全球三大国际评级机构之一,是唯一的欧资国际评级机构,总部设在纽约和伦敦。2020年5月,美国惠誉评级公司获准进入中国信用评级市场。

2. 债券信用评级等级符号及其含义

信用评级是征信服务的重要组成部分。它在信用风险度量、信用风险监测、信用风险预警、信用信息资源整合和利率市场化下的金融产品风险定价等方面发挥着重要作用。

标准普尔信用等级从高到低可划分为:AAA级、AA级、A级、BBB级、BB级、B级、CCC级、CC级、C级和D级。穆迪投资者服务公司信用等级从高到低可划分为:Aaa级、Aa级、A级、Baa级、Ba级、B级、Caa级、Ca级、C级。两家机构信用等级划分大同小异。前四个级别债券信誉高,风险低,是投资级债券;第五级开始的债券信誉低,是投机级债券。

(1) 长期信用。

表3-2 长期债务(偿还期限为一年以上的债务)信用等级符号和定义(标准普尔)

等级符号	等 级 定 义	导向
AAA	偿还债务能力极强,为标准普尔给予的最高评级	投资级
AA	偿还债务能力很强,与最高评级区别很微小	
A	偿还债务能力颇强,唯相对于较高评级的债项/发债人,其还债能力较易受外在环境及经济状况变动的不利因素影响	
BBB	有足够还债能力,但若在恶劣的经济条件或外在环境下其还债能力可能较脆弱	

(续表)

等级符号	等 级 定 义	导向
BB	相对于其他投机级评级,倒债的可能性最低。但持续的重大不稳定情况或恶劣的商业、金融或经济条件可能令发债人未有足够能力偿还债务	投机级
B	倒债可能性较 BB 级高,发债人仍有能力偿还债务,但恶劣的商业、金融或经济情况可能削弱发债人偿还债务的能力和意愿	
CCC	有可能倒债,发债人须依赖良好的商业、金融或经济条件才有能力偿还债务。如果商业、金融、经济条件恶化,发债人可能会倒债	投机级
CC	倒债的可能性颇高	
R	由于其财务状况正在受监察,在受监察期内,监管机构有权审定某一债务较其他债务有优先权	监察
SD/D	债务违约。当债项到期而发债人未能按期偿还债务时,纵使宽限期未届满,标准普尔亦会给予 D 评级,除非其相信债款可于宽限期内清还。此外,如正在申请破产或已做出同类行动以致债务的付款受阻,亦会给予 D 评级。当发债人有选择地对某些或某类债务违约时,会给予 SD 评级	破产

获得 BB 级、B 级、CCC 级或 CCC 级的债项或发债人一般被认为具投机成分。其中 BB 级的投机程度最低,CC 级的投机程度最高。这类债务也可能有一定的投资保障,但重大的不明朗因素或恶劣情况可能削弱这些保障的作用。

加号(+)或减号(—):AA 级至 CCC 级可加上加号和减号,以区别一等内更详细的信用状况。

NR:发债人未获得评级。

公开信息评级"pi":评级符号后标有"pi",表示该等评级是利用已公开的财务资料或其他公开信息作为分析的依据,即并未与该等机构的管理层进行深入的讨论或全面考虑其重要的非公开资料,所以这类评级所依据的资料不及全面评级的全面。公开信息评级每年根据财政报告检讨一次,但当有重大事情发生而可能影响发债人的信用素质时,也会实时对评级加以检讨。公开信息评级没有评级展望,不附有"+"或"—"号。但如果评级受到主权评级的上限限制时,"+"或"—"号有可能被附上。

(2) 短期信用。

A-1:偿还债务能力颇强,为给予的最高评级。此评级可另加"+"号,以表示发债人偿还债券的能力极强。

A-2:偿还债务能力令人满意。不过,相对于最高的评级,其还债能力较易受外在环境或经济状况变动的不利影响。

A-3:有足够能力应付债务,但若经济条件恶化或外在因素改变,其还债能力可能较脆弱。

B:偿还债务能力脆弱且投机成分相当高,发债人仍有能力偿还债务,但持续的重大不稳定因素可能会令发债人没有足够能力偿还债务。

C：有可能倒债，发债人须依赖良好的商业、金融或经济条件，才有能力偿还债务。

R：由于其财务状况正在受监察，在受监察期内，监管机构有权审定某一债务较其他债务有优先权。

本 章 小 结

证券发行市场是新证券以包销或者承购等方式易手的市场，是确定证券发行的条件、方式、价格等的市场，也是对证券进行评级以满足投资者和中介机构选择证券需要的市场。证券发行市场，又称一级市场、初级市场，与二级市场相区别。证券发行市场主要有筹资、实现储蓄向投资的转向和资源配置等功能。证券发行市场具有以下特点：发行的证券是其第一次交易，证券发行是直接融资的实现形式，证券发行人是证券发行市场的主体，证券发行市场主要是无形市场，证券发行市场的证券具有不可逆转性等。证券的发行、交易活动，必须实行公开、公平和公正的"三公"原则。

股票发行是符合条件的发行人以筹资或实施股利分配为目的，按照法定的程序，向资本市场投资者或公司原股东出售股份或无偿提供股份的行为。股票发行制度主要有三种，即审批制、注册制和核准制。股票发行方式有多种分类按股票发行是否通过中介机构，分为直接发行与间接发行；按是否向资本市场特定的投资者发行，分为公开发行与不公开发行；按股票发行目的不同，分为首次发行和增资发行。股票发行条件，包括首次发行条件、增资发行条件和配股发行条件等。股票发行价格有面值发行、时价发行、中间价发行、折价发行等类型。股票发行价格的确定方法有市盈率定价法、净资产倍率法、竞价确定法等。

首次公募发行的程序包括拟定新股发行规划、形成董事会决议、进入申请审核流程、签订证券承销协议、股票发售等步骤。增发股票的程序包括董事会做出决议；提请股东大会批准；由保荐人保荐，并向中国证监会申报；中国证监会依照有关程序审核，并决定核准或不核准增发股票的申请；上市公司发行股票；证券公司承销股票等。

股票承销方式包括全额包销、余额包销以及代销等。股票承销的程序包括提出承销建议、签订承销协议、组织承销团、制作和申报股票发行审查材料、组织股票的发行等。

债券发行市场，又称债券一级市场，是发行单位首次出售新债券的市场。债券的发行主体主要是债券的发行者，包括政府、金融机构、股份公司等。债券发行的目的包括扩大资金来源、降低资金成本、减少税收支出、保持大股东对公司原有的控制权等。债券发行的具体条款，主要包括发行金额、票面金额、期限、偿还方式、票面利率、付息方式、发行价格、发行费用、税收效应以及有无担保等内容。债券的发行方式可分为私募发行和公募发行两种。国际上公认的最具有权威的信用评级机构，主要有标准普尔、穆迪投资者服务公司和惠誉国际评级公司。

思考与练习

一、单选题

1. 股票是由( )发行的,用以证明投资者的股东身份和权益并据以获得股息和红利及其他投资者权益的可转让凭证。
   A. 个人独资企业　　　　　　　　　　B. 有限责任公司
   C. 股份有限公司　　　　　　　　　　D. 有限合伙企业

2. ( )是目前成熟股票市场普遍采用的发行制度。
   A. 审批制　　　　B. 注册制　　　　C. 核准制　　　　D. 准则制

3. 下列不符合首次公开发行股票并上市的有关要求和条件的是( )。
   A. 持续经营 3 年以上
   B. 最近 2 个年度连续盈利且累计净利润大于 3 000 万元
   C. 最近一个期末不存在未弥补亏损
   D. 股份清晰

4. 承销商与发行人之间是一种买卖关系而不是代理关系,并且由承销商承担全部发行风险的证券承销方式是( )。
   A. 全额包销　　　　B. 余额包销　　　　C. 代销　　　　D. 定额包销

5. ( )把债券信用等级从高到低划分为:AAA 级、AA 级、A 级、BBB 级、BB 级、B 级、CCC 级、CC 级、C 级和 D 级。
   A. 穆迪投资者服务公司　　　　　　　B. 标准普尔
   C. 惠誉国际评级公司　　　　　　　　D. 日本债券评级研究所

二、思考题

1. 简述证券发行市场的功能和特点。
2. 目前股票发行制度主要包括哪几种?有什么区别?
3. 确定股票发行价格时需要考虑哪些因素?
4. 股票承销方式主要包括哪几种?
5. 发行债券前,需要与承销商具体商定的具体条款包括哪些?

拓 展 学 习

拓展学习项目:了解中国证券市场

1. 浏览上海证券交易所官网,了解栏目设置。
2. 打开"服务"—"投资者服务"—"投资者教育",仔细阅读相关内容。

3. 打开"规则",阅读"法律法规""部门规章""本所业务规则"以及"本所业务指南与流程"相关内容,了解证券交易相关法律法规。
4. 打开"产品",浏览"股票与存托凭证""基金""股票期权"等相关内容,了解交易所的上市品种。
5. 浏览深圳证券交易所、全国中小企业股份转让系统以及北京证券交易所的官网,了解上述相关内容。
6. 写成学习报告。

第四章

证券交易市场

 本章教学目标

通过本章的学习,学生应当了解证券交易市场的特点以及场内市场、场外市场的内涵;掌握证券交易程序以及证券交易的形式。

 本章核心概念

证券交易;证券交易程序;港股通;融资融券;股指期货;权证

 导入

上海证券交易所,经国务院授权、中国人民银行批准,于1990年11月26日正式宣布成立,1990年12月19日正式开市营业。这是新中国成立以来中国大陆诞生的第一家证券交易所。目前,上海证券交易所是国际证监会组织、亚洲暨大洋洲交易所联合会、世界交易所联合会的成员。截至2021年末,沪市上市公司已达2 037家,总市值52万亿元,上海证券交易所已经成为全球第三大证券交易所和全球最活跃的证券交易所之一。

(1) 证券交易所在证券交易市场中处于什么地位?

(2) 证券交易有哪些类型? 各有什么风险?

证券发行后,在各个投资阶段,一些投资者有出售证券、流通变现的需求,新的投资者也有参与股市投资的需求。证券的第一次交易是在发行市场完成的,之后的所有交易都将在流通市场完成。正常流通变现,也保证了证券发行市场的持续发展。不同于一般的商品交易,证券买卖需要有一整套的交易程序和方式,并且在严密的组织下实施。为了保证证券交易的公开、公平和公正,需要有完整的证券法规进行监管,整个证券交易活动都是有序地进行的。因此,有必要了解证券市场的交易程序。

随着社会经济的发展,证券市场的功能不断完善,交易方式也在不断地变化革新。目前的证券交易形式多种多样,包括现货交易、融资融券、股指期货、权证等。不同的证券交易形式,在交易场所、合约内容、交割方式、交易费用、交割期限、交易目的、参与者资格等方面都存在一定的差异。

第一节 证券交易市场概述

证券交易是指证券持有人依照交易规则,将持有的证券转让给其他投资者的行为。证券交易是一种已经依法发行并经投资者认购的证券买卖行为,是一种具有财产价值的特定权利的买卖。证券交易的方式包括现货交易、期货交易、期权交易、信用交易和回购。证券交易形成的市场为证券的交易市场,即证券的二级市场。

证券交易市场,又称"二级市场""次级市场""证券流通市场"(以下用"证券交易市场"或者"交易市场"),是为已经发行的证券提供交易转让的市场。交易市场,为满足证券持有者变现需求、为新的投资者进入证券市场提供投资机会。证券公司是重要的金融中介机构,投资者通过证券公司参与市场交易。证券交易市场有场内交易市场和场外交易市场两种:① 证券交易所即场内交易市场。证券交易所是高度组织化的市场,是证券市场的主体与核心。② 除证券交易所外的、分散的、非组织化的市场即为场外交易市场,它们是证券交易所市场的必要补充。

一、证券交易市场的特点

(一)证券交易市场以证券投资者为主要参与者

证券投资者包括证券持有人和准备购买证券的货币资金持有人;投资者包括个人投资者,也有机构投资者。证券发行人(上市公司)、证券中介机构也是证券交易市场的参与者。证券发行人因减持或者增持本公司的股票而参与交易市场活动;证券中介机构除了向投资者提供证券交易通道(中介服务)以外,因开展自营业务而动用自身的资金参与股市交易,获得投资收益并承担投资风险。

(二)证券交易市场包括场内交易市场与场外交易市场

场内交易市场(即有形市场)是场外交易市场(即无形市场)的对称。证券交易所即场内交易市场,有固定的场所、设施和专业人员,在规定的时间,按照规定的程序组织证券交易活动。除了证券交易所以外的市场都是场外交易市场。在场外交易市场中,借助证券公司柜台,往往采用分散交易的形式,通过交易网络完成证券交易,纳斯达克(NASDAQ)就是最著名的场外交易市场。

(三)证券发行市场与证券交易市场相互依赖

证券发行市场是证券交易市场的前提,没有发行市场,交易市场是无源之水,无本之木;而交易市场则是发行市场的延续,已发行证券进入交易市场流通变现,这也支持着发行市场持续发展。我国股票的公开发行常常借助于证券交易所的交易网络,采取"网上发行"方式,也就是说,证券交易市场为证券发行提供了发行新股票和债券的渠道。

二、场内交易市场

证券的场内交易市场是指各种证券交易所。在我国,场内交易市场包括主板、中小板、创业板、新三板等。

证券交易所即有固定的交易场所和时间以及规范的交易规则的证券交易场所。证券交易所按拍卖市场的程序进行交易:证券持有人拟出售证券时,可以通过电话或网络终端下达交易指令;指令信息输入交易所撮合主机,按照"价格优先,时间优先"原则撮合成交。价格较高的买方报价与价格较低的卖方报价优先于其他一切报价成交,此即"价格优先"原则。在以相同的价格申报时,应该与最早报出该价格的一方成交,此即"时间优先"原则。证券交易所通过网络形成全国性的证券市场、区域国际化市场甚至全球化市场。

证券交易所是为证券集中交易提供场所和设施、组织和监督证券交易、实行自律管理的法人。从世界各国的情况看,证券交易所有公司制的营利性法人和会员制的非营利性法人等形式。目前,上海证券交易所和深圳证券交易所都采用会员制。

(一)证券交易所的分类

1. 公司制证券交易所

公司制证券交易所是指由投资者组织起来的股份有限公司性质的证券交易所。该类证券交易所只提供场地、设备、人员等,在政府主管机关的管理与监督下,吸收各类券商在集中交易市场内自由地买卖并集中交割,收取发行公司的"上市费"、证券成交的"经手费",但不参与本交易所内上市证券的买卖。这种公司制的交易所自负盈亏,实际上是以营利为目的的企业,通常也是上市公司。

公司制证券交易所是以向券商提供服务为主要业务的企业,因此其组织结构与股份公司极其类似,通常设有股东大会、董事会、监事会、董事长和总经理等机构和职位。同时,因为证券交易所的特殊业务要求,其机构设置也要反映证券交易活动的实际需要,常设有业务部、财务部、仲裁部、研究部和文秘部,分别提供与证券交易有关的各环节服务。美国纽约证券交易所就是一家公司制的证券交易所。

2. 会员制证券交易所

会员制证券交易所是由多家证券公司共同依法自愿设立、旨在提供证券集中交易服务的非营利性法人。在这种交易所内,会员自治自律、互相约束,可以参加证券买卖与交割。目前,世界上还有不少著名的证券交易所采取会员制形式,我国上海证券交易所和深圳证券交易所都是实行自律管理的会员制法人。

随着金融科技的发展,各大证券交易所之间的竞争日益加剧,全球主要证券交易所开始从传统的会员制机构转向公司制企业。通过将证券交易所转变为上市公司,获得更多资金并将其投入交易所的建设中,采用最新技术,升级交易所系统,提升交易所硬件和软件的竞争力,巩固交易所在证券市场中的"轴心"地位,欧美大交易所兼并重组方兴未艾。因此,会员制证券交易所向公司制证券交易所转型、上市,已经成为一种发展趋势。

(二)证券交易所的功能

1. 提供证券交易场所

证券买卖双方有集中的交易场所,可以随时把所持有的证券转让变现,保证证券流通持续不断。

2. 制定交易规则

只有公平的交易规则才能达成公平的交易结果。交易规则主要包括上市退市规则、报价竞价规则、信息披露规则、交割结算规则等等。不同交易所之间的主要区别在于交易规则的差异,同一交易所也可能采用多种交易规则,从而形成细分市场,如纳斯达克按照不同的上市条件细分为全球精选市场、全球市场和资本市场。

3. 维护交易秩序

任何交易规则都可能存在瑕疵,交易规则的有效执行也是非常重要的。因此,证券交易所监管各种违反公平原则和交易规则的行为,处罚和纠正这类行为,也成为证券交易所维护交易公平有序进行的重要功能。

4. 提供交易信息(包括上市公司的信息和证券交易信息)

证券交易所对上市公司信息的提供负有督促和适当审查的责任,也承担即时公布交易行情的义务。证券交易行情,是交易所内完成的证券交易,表现为各种证券的价格(例如开盘价、收盘价等)。由于证券的买卖是集中、公开进行的,采用双边竞价的方式达成交易,其价格在理论上是近似公平与合理的。这种价格被即时、连续、动态地向社会公布,并被作为各种相关经济活动决策的重要依据。

5. 引导资金入市,降低交易成本,优化资源配置

证券交易所引导各类社会资金参与投资。随着交易所上市股票的日趋增多,成交数量日益增大,影响不断上升,进而将广泛的资金吸引到股票市场,配置到那些前景好的上市公司,优化资源配置。证券交易所作为集中交易市场,可以增加交易机会、提高交易效率、降低信息不对称、增强交易信用,从而可以有效地降低交易成本。

(三)证券交易所的成员

1. 会员

证券交易所的会员包括股票经纪人、证券自营商及专业会员。

(1)股票经纪人,主要是指佣金经纪人,即专门替客户买卖股票并收取佣金的经纪人。在我国,股票经纪人就是从事经纪业务的券商,他们不代客户买卖股票和债券,而是为客户提供交易通道,买卖指令由客户自己下达。

(2)证券自营商,即证券业内以本金买卖证券而非代理买卖证券的券商。证券自营商的利润或损失来自同一证券的买卖价差。在不同时期,同一个证券公司可能会既充当经纪商又充当自营商的角色。证券自营商可以分为:① 标准自营商。指每笔买卖单位都是整数,如交易 100 股(即一手),作为机构,标准自营商通过预测行情的变动趋势,低价购入,高价售出,这有利于促进证券供求稳定。但由于他们处于有利地位,其交易活动对整个市场影

响很大,有关管理部门一直对其活动有所限制,规定他们必须公开自己的所有交易。② 零股自营商。每笔交易额不足 100 股的小额交易或大宗交易中不足 100 股部分的交易称为零股交易。在美国,专做零股交易的证券自营商称为零股交易商。纽约证券交易所零股自营商不能直接在市场买卖股票,必须通过经纪人在证券交易所进行交易,或调整各种证券存货。其他证券交易所,如美国证券交易所及区域性证券交易所,零数交易由专业会员兼营。

(3)专业会员,是指在证券交易所大厅专门买卖一种或多种股票的交易所会员,其职责是就有关股票保持一个自由的、连续的市场。在股票交易实践中,专业会员即可以经纪人身份也可以自营商身份参与股票的买卖业务,但不能同时身兼二职参加股票买卖。专业会员的交易对象的其他经纪人,按规定不能直接与公众买卖证券。

2. 交易人

交易人进入证券交易所后,就被分为特种经纪人和场内经纪人。

(1)特种经纪人是交易所大厅的中心人物。每位特种经纪人都身兼数职,主要有:充当其他股票经纪人的代理人;直接参与交易,以轧平买卖双方的价格差距,促成交易;在大宗股票交易中扮演拍卖人的角色,负责对其他经纪人的出价和开价进行评估,确定一个公平的价格;负责本区域交易,促其成交;向其他经纪人提供各种信息。

(2)场内经纪人,主要有独立经纪人和佣金经纪人。独立经纪人主要是指一些独立的个体户。一个公司如果没有自己的经纪人,就可以成为独立经纪人的客户,每做一笔交易,该公司向其支付一笔佣金。在实践中,独立经纪人都会竭力按公司要求进行股票买卖,以获取良好的信誉和丰厚的报酬。

(四)各类场内交易市场

1. 主板市场

主板市场也称为一板市场,指传统意义上的证券市场(通常指股票市场),是一个国家或地区证券发行、上市及交易的主要场所。主板市场对发行人的营业期限、股本大小、盈利水平、最低市值等方面的要求较高,上市公司多为大型成熟企业,具有较大的资本规模以及稳定的盈利能力。主板市场是资本市场中最重要的组成部分,很大程度上能够反映经济发展状况,有"国民经济晴雨表"之称。

2. 创业板市场

创业板市场又称二板市场,即第二股票交易市场,是与主板市场不同的一类证券市场,专为暂时无法在主板市场上市的创业型企业提供融资途径和成长空间。创业板市场是对主板市场的重要补充,在资本市场占有重要的位置。中国创业板上市公司股票代码以"300"开头,参与投资的股民需要通过风险承受能力的测试。与主板市场相比,创业板市场对公司的上市要求较为宽松,它们可能成立时间较短,资本规模较小,业绩也不突出,但这些公司有很大的成长空间。创业板市场最大的特点就是低门槛进入、严要求运作,给予有潜力的中小企业获得融资的机会,也是一个孵化创业型、中小型企业的摇篮。一般而言,与主板市场相比,该市场股票风险相对较大,成长性相对较好。

2009年10月23日,中国创业板举行开板启动仪式。2009年10月30日,中国创业板正式上市。2020年8月24日,创业板注册制首批企业挂牌上市,宣告资本市场正式进入全面改革的"深水区",创业板2.0扬帆起航。

3. 新三板市场

新三板市场,原指中关村科技园区非上市股份有限公司进入代办股份系统进行转让试点,因挂牌企业均为高科技企业,而不同于原转让系统内的退市企业及原STAQ、NET系统的挂牌公司,故被形象地称为"新三板"。

新三板的交易平台是"全国中小企业股份转让系统"(简称全国股份转让系统,俗称"新三板"),是经国务院批准,依据相关法律法规设立的,继上交所、深交所之后的第三家全国性证券交易所,也是我国第一家公司制运营的证券交易所。2013年12月14日,国务院发布《关于全国中小企业股份转让系统有关问题的决定》(国发〔2013〕49号),进一步巩固了全国股份转让系统作为全国性公开证券市场的法制基础,明确全国股份转让系统主要为创新型、创业型、成长型中小微企业发展服务。境内符合条件的股份公司均可通过主办券商申请挂牌,公开转让股份,进行股权融资、债权融资、资产重组等。

2015年7月31日,中国证券业协会发布的《场外证券业务备案管理办法》明确定义:"场外证券业务指的是在上海、深圳证券交易所、期货交易所和全国中小企业股份转让系统以外开展的证券业务。"至此,新三板正式成为与中小板和创业板并驾齐驱的场内市场。

新三板是全国性的非上市股份有限公司股权交易平台,主要针对的是中小微型企业。2020年4月,公募基金投资新三板指引细则落地,对公募投资新三板的参与主体、投资范围、流动性风险管理等方面做出详细规定。

2021年9月3日成立的北京证券交易所(简称北交所),坚守"一个定位",即坚持服务创新型中小企业的市场定位。北交所将处理好"两个关系":一是坚持与沪深交易所、区域性股权市场错位发展、互联互通,发挥好转板上市功能;二是坚持与新三板现有创新层、基础层统筹协调、制度联动,维护市场结构平衡。北交所未来将实现"三个目标":一是构建一套契合创新型中小企业特点的涵盖发行上市、交易、退市、持续监管、投资者适当性管理等基础制度安排,提升多层次资本市场发展普惠金融的能力;二是畅通北交所在多层次资本市场的纽带作用,形成相互补充、相互促进的中小企业直接融资成长路径;三是培育一批专精特新中小企业,形成创新创业热情高涨、合格投资者踊跃参与、中介机构归位尽责的良性市场生态。

> **探究与发现 4-1**
>
> 上海证券交易所实行会员制还是公司制?

三、场外交易市场

场外交易市场作为最古老的证券交易场所,已有数百年的发展历史。现今,场外交易市场被广泛地认为是指除证券交易所以外的一切证券交易场所,包括券商的营业柜台及以此为基础发展起来的各种报价、交易和清算系统等,是一个由投资者通过券商的营业柜台或无形的电子交易网络完成其证券交易活动的分散的、无固定场所的无形市场,场内交易市场和场外交易市场的物理界限逐渐模糊。

场内市场和场外市场的概念演变为风险分层管理的概念,即场内、场外市场分属于不同层次的市场。按照上市品种的风险大小,对上市或挂牌条件、信息披露制度、交易结算制度、证券产品设计以及投资者约束条件等做出差异化安排,实现了资本市场交易产品的风险纵向分层。2013年新三板正式揭牌运营以后,我国对资本市场的层次经过了多次分层调整,各省份地方股权托管交易中心(俗称"四板")也相继设立,它们与新三板相互呼应,互联互通,形成转板机制。我国的场外交易市场主要是在各地设立的股权托管交易中心。我国多层次资本市场已基本形成,这为中小企业形象展示、股权转让和股权并购提供了极大的便利,同时也为国内不同规模企业的股权挂牌与股权转让提供了不同平台,从而很大程度提升了我国资本市场的规范性、开放性和包容性。

探究与发现 4-2

我国场外交易市场在哪里?中国证券业协会的《场外交易市场》(https://www.sac.net.cn/tzzyd/scjs/scyx/201209/t20120914_59758.html)一文,对此做了很好的解释。请阅读中国证券业协会的相关文章。

第二节 证券交易程序

证券交易所挂牌的大部分品种通过券商渠道交易。证券投资基金还可以通过商业银行或者其他金融服务机构提供的渠道进行交易。这里主要讨论通过券商进行证券交易的操作程序,包括开户、委托交易、竞价与成交、清算交割与过户等步骤。

一、开户

(一) 开设证券交易账户

证券投资一般是通过托管交易的方式实现的。因此,参与证券交易的投资者必须向证券公司营业部申请开设证券账户。沪深股市分别有沪A股、深A股账户和沪B股、深B股账户,在A股账户中,有股票与存托凭证、基金、债券以及股票期权等四大类型品种,投资者可以选择一家券商办理开户手续,接受风险测试,开通相关交易权限。

(二) 开设资金账户

投资者还需要开设资金账户。将银行资金转入、转出该账户,用来记载和反映投资者买卖证券的货币收付和结存数额。具体开设方式：投资者在证券公司办理开户手续以后,在该证券公司认可的多家第三方存管银行中选择一家,前往该银行开设活期存款账户(如果之前投资者已经在该银行有活期存款账户,则不用另外开设),同时由银行工作人员将银行账户与证券账户对接。之后,投资者就可以将资金存入银行活期账户,然后通过证券公司的客户端将银行资金转入资金账户,用于买入证券;在股票卖出结算以后,将资金转出资金账户,使其回到银行账户。

(三) 开户手续

1. 线下开户手续

(1) 投资者携带本人身份证原件及银行卡于交易时间,选择一家证券公司办理开户。

(2) 投资者在证券公司营业部填写开户相关表格,接受风险承受能力的问卷测试。

(3) 由证券公司的工作人员办理开户手续,投资者自己设定初始的交易密码和资金转账密码。

(4) 投资者选择股票交易的资金托管银行,到银行柜台办理银行第三方存管,需填写《投资者交易结算资金第三方存管协议》。

(5) 投资者回到证券公司,将从银行带回来的票据交给工作人员,由其完成后续手续。

(6) 工作人员将所有的文件整理好之后,指导投资者下载该公司的股票交易操作软件并按照示范安装使用。

2. 线上开户手续

投资者通过证券公司网上开户系统操作,并经证券公司审核、回访确认后完成账户开立。投资者须凭借证券公司认可的合法机构颁发的个人数字证书并拥有与证券公司建立了第三方存管关系的银行储蓄卡方可进行网上开户。

二、委托交易

委托交易,指证券商接受投资者委托,代理投资者买卖证券,从中收取佣金的交易行为。目前,投资者通过券商提供的交易渠道自行完成交易,并向券商缴纳佣金。

(一) 委托数量

(1) 整数委托是指投资者下单买进或卖出的证券数量,是以一个交易单位为起点或是一个交易单位的整数倍。一个交易单位称为"一手"。如上交所、深交所规定：A股、B股以每100股为一手;基金以每1 000基金单位为一手;债券以100元面值为一张,10张即1 000元为一手。开放式基金,不同品种,规定的最低交易金额不同,有些开放式证券投资基金的最低交易金额为10元人民币。因此,在参与交易不同的证券品种的时候,需要专门了解交易金额等规定。

(2) 零股委托是指委托买卖的证券数量不足一个交易单位。若以一手等于100股为一个交易单位,则1—99股便为零股。一般规定,允许零股委托卖出,不支持零股委托买入,买入仅支持整数交易单位委托。

(二) 委托的价格

1. 市价委托

市价委托又称市价订单,仅指定交易数量而不给出具体的交易价格,但要求按该委托进入交易大厅或交易撮合系统时以市场上最容易成交的价格进行交易。市价委托的好处在于它能保证即时成交,成交速度快。

市价委托一般在投资者急于买卖股票时使用,以便迅速成交。特别是在"追涨杀跌"的时候,市价委托特别有效。一般情况下,股价波动相对比较平缓,宜采用限价委托。在大盘行情出现大幅拉升或者股价急跌时,考虑用"市价委托"应对,即"追涨杀跌",能够帮助调整股市投资方向,跟上股市的节奏。

但是,市价委托指令运用不当,也会带来巨大的风险。据报道,自2006年下半年开始,南京一股民动用了账户上1万元资金,挂出了海尔等10个认沽权证品种、价格为1厘钱/单位权证的买单。2007年3月某日,该股民以1厘钱/单位权证的价格,用820元买到82万单位的海尔认沽权证,收盘时候权证上涨到0.70元/单位海尔认沽权证。这是春节后的第二个交易日,创造了股市有史以来的一大奇迹:一天之内获得了近700倍的收益,820元资金翻成了56万元资产。显然,卖出方遭到较大损失。当时,权证交易不设定涨跌停限制;卖家急于脱手权证,采用市价委托指令下单[①]。

2. 限价委托

限价委托又称限价定单,是按客户确定的价格或履约时间的价格进行证券合同买卖的定单。它是证券交易定单中经常使用的定单,规定了买者愿意买的最高价格或卖者愿意卖的最低价格。

在现实中,限价委托并不都完全按照客户的指令执行。在客户下达限价委托后,买入限价委托,系统只要低于限价买入股票,或者卖出限价委托,系统只要高于限价卖出股票,都被认为满足客户的要求。

(三) 委托方式

(1) 柜台递单委托,是指投资者持身份证和账户卡,在券商柜台填写买进或卖出证券的委托书,交由柜台工作人员审核执行。

(2) 电话自动委托,是指投资者用电话拨号的方式,通过券商提供的电话委托交易系统,用电话机上的数字和符号键输入委托指令,完成下单的工作。

(3) 券商营业部电脑委托,是指投资者用券商在营业部或专户室设置的柜台电脑终端下达买进或卖出的指令。

(4) 远程终端委托,是指下载券商提供的交易软件,安装在投资者自己的电脑或者手

---

① 资料来源:《1厘钱买到82万权证 南京股民820元一天变56万》,https://news.sina.com.cn/c/2007-03-02/083311322285s.shtml。

机上,然后通过交易软件下达买入或者卖出指令。

目前,柜台递单委托、电话自动委托只能在证券投资的教科书上见到,券商营业部电脑委托也很少用到。大多数投资者直接用手机交易软件查看交易行情,下单交易。

三、竞价与成交

竞价交易是指在证券交易所,买方或卖方交易系统按照"价格优先、时间优先"规则,在规定时间内以最高买价或最低卖价成交并通过交易市场签订电子买卖合同,按合同约定进行股票与资金的交割的交易方式。

(一)申报竞价的方式

从证券交易发展的过程来看,申报竞价的方式一般有口头竞价、牌板竞价、书面竞价和电脑终端申报竞价等几种。

1. 口头竞价

口头竞价是指场内交易员在交易柜台或指定区域内大声喊出自己买入、卖出证券的价格、数量,同时辅以手势,以手指变动表示不同的数字(掌心向内表示买进,掌心向外表示卖出),直至成交。

2. 牌板竞价

牌板竞价是指买方的出价和卖方的要价都书写在交易牌板上,中介经纪人通过牌板竞价直至成交。

3. 书面竞价

书面竞价是场内交易员将买卖要求填写在买卖登记单上交给交易所的中介人,通过中介人撮合成交。

4. 电脑终端申报竞价

电脑终端申报竞价是指证券公司交易员在电脑终端将买卖报价输入交易所的电脑主机,然后由电脑主机配对成交。电脑终端申报竞价是目前世界各国证券交易所采用的主要竞价方式。

(二)竞价成交的原则

1. 价格优先原则

价格优先原则是指较高买进申报优先满足于较低买进申报,较低卖出申报优先满足于较高卖出申报;同价位申报,先申报者优先满足。采用电脑终端申报竞价和牌板竞价时,除上述的优先原则外,市价买卖优先满足于限价买卖。

2. 时间优先原则

时间优先原则也称为成交时间优先顺序原则,是指同价位申报,申报时间较早的申报者优先满足于申报时间较晚的申报者;在口头竞价时,按中介经纪人听到信息的顺序排列;在电脑终端申报竞价时,按电脑主机收到指令的时间顺序排列;在牌板竞价时,按中介经纪人看到牌板的顺序排列。在无法区分先后时,由中介经纪人组织抽签决定。同价位申报,客户委托申报优先于券商自营买卖申报。

3. 成交的决定原则

在口头竞价时,最高买进申报与最低卖出申报的价位相同,即为成交。在电脑终端申报竞价时,除前项规定外,如买(卖)方的申报价格高(低)于卖(买)方的申报价格,采用双方申报价格的平均中间价位;如买卖双方只有市价申报而无限价申报,采用当日最近一次成交价或当时显示价格的价位。

投资者委托的买卖一旦成交,则不得反悔。在未成交以前,也可以撤单,撤单程序与买卖委托的过程基本相同。

(三) 竞价交易制度

证券交易所在不同的交易时段上分别采用集合竞价和连续竞价的竞价交易制度。

1. 集合竞价交易制度

集合竞价交易制度是指对一段时间内接收的买卖申报一次性集中撮合的竞价方式。以我国竞价交易制度为例,集合竞价时成交价格的确定原则是:① 在有效价格范围内选取成交量最大的价位;② 高于成交价格的买进申报与低于成交价格的卖出申报全部成交;③ 与成交价格相同的买方或卖方至少一方全部成交。

上海证券交易所规定,两个以上价位符合上述条件的,取未成交量最小的申报价格为成交价格;若仍有两个以上申报价格符合条件,取其中间价为成交价格。深圳证券交易所取距前收盘价最近的价位为成交价。集合竞价的所有交易以同一价格成交。集合竞价未成交的部分,自动进入连续竞价。

集合竞价时间的规定:上交所、深交所定在每周一至周五的 9:15—9:25 为早盘集合竞价时间;上交所每周一至周五的 14:57—15:00、深交所每周一至周五的 14:45—15:00 为收盘集合竞价时间。值得注意的是,并不是所有股票都能在集合竞价期间有成交,是否通过集合竞价成交可以反映出该股票是否活跃。

2. 连续竞价交易制度

连续竞价交易制度是指对买卖申报逐笔连续撮合的竞价方式。集合竞价结束后,证券交易所开始当天的正式交易,交易系统按照"价格优先、时间优先"的原则确定每笔证券交易的具体价格。

连续竞价时间的规定:上交所、深交所每周一至周五的 9:30—11:30、上交所每周一至周五的 13:00—14:57、深交所每周一至周五的 13:00—14:45 采用连续竞价方式,接受申报进行撮合成交。

> **探究与发现 4-3**
>
> 有一位投资者在工作日上午 9:10 下单买入股票,9:26 该投资者发现他的委托没成交,这个时候他能撤销委托吗?

探究与发现 4-3

参考答案

四、清算交割与过户

(一) 清算

清算是将买卖股票的数量和金额分别予以抵消,然后通过证券交易所交割净差额股票或价款的一种程序。具体操作:证交所的清算业务按"净额交收"的原则办理,即每一券商在一个清算期(每一开市日为一清算期)中,证交所清算部首先要核对场内成交单有无错误,为每一券商填写清算单。对买卖价款的清算,其应收、应付价款相抵后,只计轧差后的净余额。

(二) 交割

交割就是卖方向买方交付股票而买方向卖方支付价款的程序。股票清算后即办理交割手续。

(三) 过户

所谓过户,即股票从卖方转给(卖给)买方表示着原股东拥有权利的转让,新的股票持有者则成为公司的新股东,老股东(原有的股东,即卖主)丧失了他们卖出的那部分股票所代表的权利,新股东则获得了其所买进那部分股票所代表的权利。然而,由于原股东的姓名及持股情况均记录于股东名簿上,因而必须变更股东名簿上相应的内容,即办理过户手续。

实践中,清算、交割和过户均由券商完成,并向委托人(投资者)提交清算交割单。委托人在证券交易成交后,券商应当在次日向委托人传达证券成交通知书。通知书一般应当载明如下事项:成交日期及时间、成交数量、证券名称;完成委托的证券交易所;成交价格和金额;过户费;利息;佣金;税金;应收或应付金额;交割日期;其他事项。

在我国的证券交易中,实行"T+1"交易制度,直接决定了证券的清算、交割和过户的程序。自1995年1月1日起,为了保证股票市场的稳定,防止过度投机,沪深股市实行"T+1"交易制度。当日买进的股票,要到下一个交易日才能卖出。目前沪深A股和B股的清算、交割制度均采用"T+1"方式。对资金仍然实行"T+0"方式,当天卖出股票后,资金回到投资者交易账户上,当天即可用来买入股票。但是,资金当天不能转入存管银行的账户,也不能马上提取,必须到第二个交易日才能将资金转入存管银行账户,提取现金。因此,资金是实行"T+1"方式转到银行账户的。

五、交易费税

(一) 印花税

印花税是根据国家税法规定,在股票(包括A股和B股)成交后对买卖双方投资者按照规定的税率分别征收的税金。印花税的缴纳由证券经营机构在同投资者交割中代为扣收,然后在证券经营机构同证券交易所或登记结算机构的清算交割中集中结算,最后由登记结算机构统一向征税机关缴纳。其标准是按A股成交金额的1‰进行单项收取,基金、债券等均无此项费用。

（二）过户费

过户费是指投资者委托买卖的股票、基金成交后买卖双方为变更股权登记所支付的费用。这笔收入属于证券登记清算机构的收入，由证券经营机构在同投资者清算交割时代为扣收。

（三）佣金

佣金是指投资者在委托买卖证券成交之后按成交金额的一定比例支付给券商的费用。此项费用一般由券商的经纪佣金、证券交易所交易经手费及管理机构的监管费等构成。

（四）其他费用

其他费用包括证管费、证券交易经手费等。

第三节　证券交易的形式

一、证券现货交易

证券现货交易，包括股票、债券、证券投资基金等的现货交易，是指证券买卖双方在成交后即办理交收手续，买入者付出资金并得到证券，卖出者交付证券并得到资金。现货交易双方分别为持券待售者和持币待购者。持券待售者意欲将所持证券转变为现金，持币待购者则希望将所持货币转变为证券。

现货交易最初是在成交后即时交割证券和钱款，为"一手交钱、一手交货"的典型形式。当今世界各国的证券交易中，证券成交与交割之间通常都有一定的时间间隔，时间间隔长短依证券交易所规定的交割日期确定。证券成交与交割日期可在同一日，也可不在同一日。我国沪深证券交易所，采用"T+1"交割规则，证券经纪机构与投资者之间应在成交后的下一个营业日办理完毕交割事宜。如果该下一营业日正逢法定休假日，则交割日期顺延至该法定休假日开始后的第一个营业日。证券现货交易具有以下特点：

（一）最古老的证券交易方式

证券的现货交易是最早出现的证券交易，同时也是存在时间最长的交易方式，并且是一种在实践过程中不断创新、灵活变化的交易方式，至今仍然是证券交易最重要的交易方式，在信用制度相对落后和交易规则相对简单的社会环境中也容易开展。随着社会的发展，证券现货交易的样式、渠道、流程等都发生了巨大的变化。当今的证券现货交易，以电脑撮合交易、互联网远程传送信息等技术为主要特征。

（二）交易风险相对较低

证券现货交易的流程、方法相对简单，容易理解和掌握，操作风险较小。在证券现货交易中，卖方必须持有证券，买方必须持有相应的货币资金，成交日期与交割日期相对比较接近,交割风险较低。而且,证券现货交易中,没有财务杠杆,价格波动不会导致爆仓,持有现货证券的风险较低。

(三) 现货交易涵盖的证券种类多

衍生证券交易技术要求高,因此能选作衍生证券的基础资产就受到一定的限制,只有少数证券能作为衍生证券的交易对象。由于现货交易简单,限制较少,适合于绝大部分证券交易。而且,绝大部分证券诞生的时候就是以现货交易方式呈现的。证券现货交易有场内交易和场外交易等交易形式,有股票、债券、证券投资基金等各类品种。投资者除了通过券商参与交易以外,还可以通过银行以及能够提供场外交易服务的机构参与场外交易,买卖证券投资基金等。

二、港股通

港股通包括沪港通和深港通,这里主要讨论沪港通。沪港通,即"沪港股票市场交易互联互通机制试点"的简称,是指上海证券交易所、香港联合交易所有限公司(简称联交所)建立技术连接,使内地和香港投资者可以通过当地证券公司或经纪商买卖规定范围内的对方交易所上市的股票。沪港通包括沪股通和沪港通下的港股通两部分。其中,沪股通是给予香港居民经由联交所投资上交所股票的投资通道,具体指投资者委托香港经纪商,经由联交所在上海设立的证券交易服务公司,向上交所进行申报,买卖沪港通规定范围内的上交所上市股票。沪港通下的港股通则是给予内地居民经由上交所投资联交所股票的投资通道,具体指投资者委托内地证券公司,通过上交所在香港设立的证券交易服务公司,向联交所进行申报,买卖沪港通规定范围内的联交所上市股票。

(一) 沪港通的主要特点

(1) 充分借鉴了两个经济体市场互联互通的国际经验,采用较为成熟的订单路由技术和跨境结算安排,为投资者提供便捷、高效的证券交易服务。

(2) 实行双向开放,内地及香港的两地投资者可以通过沪港通下的港股通、沪股通买卖规定范围内联交所、上交所上市的股票。

(3) 实行双向人民币交收制度,内地投资者买卖以港币报价的沪港通下的港股通股票并以人民币交收,香港投资者买卖沪股通股票并以人民币报价和交易。有关监管机构对沪港通交收货币另有规定的,从其规定。

(4) 实行额度控制,即投资者买入沪港通下的港股通、沪股通股票均有每日额度限制。

(5) 实行品种控制,两地投资者通过沪港通可以买卖的对方市场股票限于规定的范围。

(二) 沪港通的交易

1. 交易订单类型

沪港通仅向双方投资者提供限价类型订单。具体而言,内地投资者参与联交所自动对盘系统交易沪港通下的港股通股票时,在开市前时段以及收市竞价交易时段内均应当采用竞价限价盘委托;在持续交易时段应当采用增强限价盘委托。

2. 交易单位

在香港证券市场术语中,"手"即一个买卖单位。不同于内地 A 股市场每买卖单位为 100 股,在香港,每只上市证券的买卖单位由各发行人自行决定,可以是每手 100 股、500 股或 1 000 股等。投资者如果想了解某只证券的买卖单位,可以登录联交所网站(www.hkex.com.hk),在"投资服务中心"栏目内选择"公司/证券资料",输入股份代号或上市公司名称查询。

3. 额度控制

沪港通下的港股通业务设置每日额度限制,每日额度为 420 亿元人民币,略低于沪股通的每日额度 520 亿元人民币。交易期间,上交所证券交易服务公司在上交所网站(www.sse.com.cn)暂定每分钟更新当日额度余额显示信息。如果沪港通下的港股通当日额度余额使用完毕而停止买入申报,上交所证券交易服务公司将在上交所网站予以披露。投资者应关注网站登载的相关额度余额信息。

三、融资融券

融资融券交易又称信用交易,是指投资者向证券公司提供担保物,借入资金买入标的证券或借入标的证券并卖出的行为。与现有证券现货交易形式相比,融资融券交易形式下的投资者可以通过向证券公司融资融券,扩大交易筹码,具有一定的财务杠杆效应。

(一) 主要模式

融资融券交易是海外证券市场普遍实施的一项成熟交易制度,但是其具体的模式也各不相同。根据自身金融体系和信用环境的特点,不同资本市场采用适合自身实际情况的融资融券业务模式,包括市场化模式、集中授信模式和双轨制模式。

1. 市场化模式

市场化模式下,投资者进行信用交易时,向证券公司申请融资融券,证券公司直接对投资者提供信用。而当证券公司自身资金或者证券不足时,证券公司则向银行申请贷款或者回购融资,向非银行金融机构借入短缺的证券。采用市场化模式的融资融券交易,需要比较完备的信用体系,而且货币市场与资本市场是联通的。这样,证券公司才能够根据客户需求,顺利、方便地从银行、非银行金融机构调剂资金和证券头寸,并迅速将融入资金或借入的证券配置给需要的投资者。这种模式以美国为代表,我国香港市场也采用类似的模式。

2. 集中授信模式

集中授信模式下,券商对投资者提供融资融券,同时设立半官方的、有一定垄断性质的证券金融公司为证券公司提供资金和证券的转融通,以此来调控流入和流出证券市场的信用资金和证券量,对证券市场信用交易活动进行机动灵活的管理。这种模式以日本、韩国为代表。

3. 双轨制模式

在证券公司中,只有一部分拥有直接融资融券许可证的公司可以向客户提供融资融券服务,然后再从证券金融公司转融通。那些没有融资融券许可证的证券公司只能接受客户的委托,代理客户向证券金融公司的融资融券申请,再由证券金融公司来完成直接融资融券的服务。这就是双轨制模式。

上述三种模式各具特色,在各国(地区)的信用交易中发挥了重要作用。选择哪种信用交易模式,很大程度上取决于金融市场的发育程度、金融机构的风险意识和内部控制水平等因素。

(二) 管理机制

各国(或地区)主要从以下几方面建立一整套管理机制,控制信用交易中的各种风险。

1. 标的证券

不同证券,因其质量和价格波动性差异较大,将直接影响到信用交易的风险水平。融资融券主要选择那些股价波动性较小、流动性较好的证券作为标的证券,即那些主营业务稳定、行业波动性较小、法人治理结构完善、流通股本较大的股票和那些在沪深交易所上市交易,并经交易所认可,可作为投资者融资买入和融券卖出的证券。证券公司在交易所确定的标的证券范围内,确定适用于证券公司的标的证券。

2. 融资融券保证金比例

保证金是指投资者向证券公司融入资金或证券时,证券公司向投资者收取的一定比例的担保资金或证券。保证金可以用证券公司认可的证券充抵,证券公司认可的证券范围应符合证券交易所的规定。

其一,融资保证金比例,指投资者融资买入时交付的保证金与融资交易金额的比例,计算公式为:

$$融资保证金比例 = \frac{保证金}{融资买入证券数量 \times 买入价格} \times 100\% \qquad 4-1$$

其二,融券保证金比例,指投资者融券卖出时交付的保证金与融券交易金额的比例,计算公式为:

$$融券保证金比例 = \frac{保证金}{融券卖出证券数量 \times 卖出价格} \times 100\% \qquad 4-2$$

3. 对融资融券的限额管理

券商对投资者融资融券的总额不应该超过净资本的一定限度,对于券商在单个证券上的融资和融券额度与其净资本的比率、券商对单个客户的融资和融券额度与其净资本的比率也有规定。

4. 单只股票的信用额度管理制度

对单只股票的信用额度管理是为了防止股票被过度融资融券而导致风险增加或被操

纵。参照海外市场的经验,当一只股票的融资融券额达到其流通股本的25%时,交易所应停止融资买进或融券卖出,当比率下降到20%以下时再恢复交易;当融券额超过融资额时,应停止融券交易,直到恢复平衡后再重新开始交易。

(三) 融资融券的基本条件

1. 参与者的条件

根据中国证监会《证券公司融资融券业务管理办法》的规定,投资者参与融资融券交易前,证券公司应当了解该投资者的身份、财产与收入状况、证券投资经验和风险偏好、诚信合规记录等情况。对未按照要求提供有关情况、从事证券交易时间不足半年、缺乏风险承担能力、最近20个交易日日均证券类资产低于50万元或者有重大违约记录的客户,以及本公司的股东、关联人,证券公司不得为其开立信用账户。专业机构投资者参与融资、融券,可不受上述从事证券交易时间及证券类资产条件限制。上述所称股东不包括仅持有上市证券公司5%以下上市流通股份的股东。

2. 可以开展融资融券业务的证券公司的条件

根据中国证监会《证券公司融资融券业务管理办法》的规定,证券公司开展融资融券业务,必须经中国证监会批准。未经证监会批准,任何证券公司不得向客户融资、融券,也不得为客户与客户、客户与他人之间的融资融券活动提供任何便利和服务。

(四) 融资融券交易

1. 投资者开始融资融券交易的条件

在投资者开始进行第一笔融资融券交易前,需要提交一定比例的资金或证券担保物作为投资者融资或融券交易的保证金。

2. 投资者可以在信用账户交易的种类

投资者可以通过交易终端在其信用账户内进行四种交易,分别为:

(1) 普通买入,即投资者使用信用账户内的资金买入指定担保物范围内的证券。

(2) 普通卖出,即投资者卖出其信用账户内的担保证券。

(3) 融资买入。投资者通过信用账户,以现金或证券的形式向证券公司交付一定比例的保证金后,向证券公司借入资金买入标的证券,但借入资金不可用于标的证券的配股、增发及可转换公司债券的配售等权益的行使。

(4) 融券卖出。投资者通过信用账户,以现金或证券的形式向证券公司交付一定比例的保证金后,向证券公司借入标的证券卖出。投资者进行融券卖出时,报价不得低于最近成交价,而且融券卖出所得资金只能用于买券还券及现金补偿,在了结融券交易的债务前不得用于其他交易。

四、股指期货

所谓股指期货就是以某种股价指数为标的的资产化的期货合约。买卖双方报出的价格是一定时期后的股价指数水平。在合约到期后,股指期货通过现金结算差价的方式来进行交割。

（一）股指期货交易与股票现货交易的区别

（1）股指期货合约有到期日，不能无限期持有。股票买入后正常情况下可以一直持有，除非股票所属的上市公司破产倒闭，但股指期货合约有确定的到期日。因此，股指期货交易必须注意合约到期日，以决定是提前平仓了结还是等待合约到期进行现金交割，结算盈亏。

（2）股指期货采用保证金交易，即在进行股指期货交易时，投资者不需支付合约价值的全额资金，只需支付一定比例的资金作为履约保证，而我国股票的现货交易则需要支付股票价值的全部金额。由于股指期货是保证金交易，具有较大的财务杠杆效应，需要防范投资风险。

（3）在交易方向上，股指期货可以双向交易，可以买空卖空。既可以先买后卖，也可以先卖后买。股票现货市场上，股票只能先买后卖，不允许卖空，此时股票交易是单向交易，在融资融券交易中可以双向交易。

（4）结算方式不同，股指期货交易采用当日无负债结算制度。证券交易所当日要对交易保证金进行结算，如果账户保证金余额不足，必须在规定的时间内补足，否则可能会被强行平仓。而股票交易（不包括股票的融资融券交易）采取全额交易，并不需要投资者追加资金。对于买入股票持有期间，账面盈亏都不用实时结算盈亏。

（二）股指期货市场

1. 股指期货投资者的类型

根据进入股指期货市场的目的不同，投资者可以分为三大类：套期保值者、套利者和投机者。

（1）套期保值者是指通过在股指期货市场上买卖与现货价值相等、交易方向相反的期货合约来规避现货价格波动风险的机构或个人。

（2）套利者是指利用股指期货市场和股票现货市场（期现套利）、不同的股指期货市场（跨市套利）、同种股指期货不同交割月份（跨期套利）之间出现的价格不合理关系，通过同时买进卖出以赚取价差收益的机构或个人。

（3）投机者是指那些专门在股指期货市场上买卖股指期货合约获利的机构或个人，即看涨时买进、看跌时卖出，然后获利对冲了结交易的机构或个人。

2. 影响股指期货价格的因素

股指期货的价格主要由股价指数决定。由于股价指数要受到很多因素的影响，因此，股指期货的价格走势同样也会受到这些因素的影响。这些因素包括：

（1）宏观经济数据，例如国内生产总值（GDP）、工业生产增加值、通货膨胀率、利率走势、货币供给与需求等。

（2）宏观经济政策，例如货币政策、汇率政策等。

（3）与成分股企业相关的各种信息，例如权重较大的成分股上市、增发、分红派息等。

（4）国际金融市场走势，例如纽约证券交易所的道琼斯指数的变动、国际原油期货市场价格变动等。

（5）股指期货合约到期日。例如，某种股指期货合约的价格会受到该种合约到期时间长短的影响，临近合约到期日，该股指期货将会有大量的对冲盘涌出，导致价格波动加大。

五、权证

权证又称"认股证"或"认股权证"，在香港又译作"窝轮"，是一种以约定的价格和时间（或在权证协议里列明的一系列期间内分别以相应价格）购买或者出售标的资产的期权。在证券市场上，权证是指一种具有到期日及行使价或其他执行条件的金融衍生工具。

（一）权证的种类

根据不同的划分标准，权证有不同的分类：

（1）按买卖方向分类，权证分为认购权证和认沽权证。认购权证持有人有权按约定价格在特定期限内或到期日向发行人买入标的证券，认沽权证持有人则有权卖出标的证券。

（2）按权利行使期限分类，权证分为欧式权证、美式权证、百慕大式权证。欧式权证的持有人只可以在权证到期日当日行使其权利；美式权证的持有人在权证到期日前的任何交易时间均可行使其权利；百慕大式权证的持有人。在规定的一段行权期间内行权。

（3）按发行人不同分类，权证分为股本权证和备兑权证。股本权证一般由上市公司发行；备兑权证由上市公司以外的第三方发行，例如由证券公司等金融机构发行。

（4）按权证行使价格是否高于标的证券收盘价格分类，权证分为价内权证、价平权证和价外权证，具体如表4-1所示。

表4-1 按权证行使价格是否高于标的证券收盘价格的分类

标　　准	认购权证类型	认沽权证类型
权证行使价格高于标的证券收盘价格	价外权证	价内权证
权证行使价格等于标的证券收盘价格	价平权证	价平权证
权证行使价格低于标的证券收盘价格	价内权证	价外权证

（5）按结算方式分类，权证分为证券给付结算型权证和现金结算型权证。权证如果采用证券给付方式进行结算，其标的证券的所有权发生转移；如采用现金结算方式，则仅按照结算差价进行现金兑付，标的证券所有权不发生转移。

(二)影响权证价格的因素

(1) 标的资产价格。由于权证是以标的资产为基础而产生的衍生产品,标的资产价格成为确定权证发行价格及其交易价格走势的最主要因素。标的资产价格越高,意味着认购(沽)权证持有人执行权证所获收益越大(小)。因此标的资产价格越高的认购(沽)权证,其发行或交易价格往往越高(低)。

(2) 权证执行价格。与标的资产价格相反,所约定的执行价格越高的认购(沽)权证,其发行或交易价格往往越低(高)。

(3) 权证有效期。权证有效期越长,权证的时间价值越高,因此权证发行价格或交易价格一般也就越高。

(4) 标的资产价格的波动性。标的资产价格的波动性越大,标的资产价格出现异常高(低)的可能性越大,权证处于价内的机会就越大。因此,权证发行价格或交易价格一般也就越高。

(5) 无风险利率。无风险利率的高低决定着标的资产投资成本的大小。无风险利率越高,投资于标的资产的成本越大,因而认购权证变得较具吸引力,而认沽权证的吸引力则相应变小,故认购(沽)权证的发行或交易价格就会越高(低)。

(6) 预期股息。如果标的派息不调整权证行权价,则派息将降低认购权证价值,增加认沽权证价值。但我国权证管理办法规定,标的派息将调整行权价,调整公式为:

$$新行权价格 = 原行权价格 \times \frac{标的股票除息价}{除息前一日标的股票收盘价} \qquad 4-3$$

在这种情况下,标的派息不仅导致认购权证价值下降,认沽权证的价值也将出现下降。

(7) 影响权证价格的其他因素。权证理论价值建立在标的和权证均可无限卖空的基础之上。在标的不可卖空、权证卖空(创设相当于卖空)受到严格限制的情况下,权证交易价格与市场供求密切相关,在权证供不应求的情况下,权证交易价格将会大幅高于理论价值。权证交易价格高低不仅与理论价值有关,还与权证流通份额大小、是否允许创设及创设数量多少有关。需要指出的是,由于标的不可卖空,对那些到期后价值几乎为零的权证来说,在到期前会出现实际交易价格低于理论价值的情况。

(三)权证买卖使用的账户

投资者可以使用 A 股证券账户进行权证的认购、交易和行权申报。投资者如果已经开立 A 股证券账户就不需要重新开户。

本 章 小 结

证券交易市场,又称"二级市场""次级市场""证券流通市场",是为已经发行的证券提供交易转让的市场。证券交易市场的特点包括：证券交易市场以证券投资者为主要参与者；证券交易市场包括场内交易市场和场外交易市场（即无形市场）；证券发行市场与证券交易市场相互依赖。证券的场内交易市场即证券交易所。在我国，场内交易市场包括主板市场、创业板市场以及新三板市场。场外交易市场被广泛地认为是指除证券交易所以外的一切证券交易场所，包括券商的营业柜台及以此为基础发展起来的各种报价、交易和清算系统等，是一个由投资者通过券商的营业柜台或无形的电子交易网络完成其证券交易活动的分散的、无固定场所的无形市场。

证券交易程序主要包括开户、委托交易、竞价与成交、清算交割与过户等步骤。证券交易的形式有以下几种：① 证券现货交易，包括股票、债券、证券投资基金等，是指证券买卖双方在成交后即办理交收手续，买入者付出资金并得到证券，卖出者交付证券并得到资金。② 港股通，包含沪港通和深港通。其中，沪港通包括沪股通和沪港通下的港股通两部分。③ 融资融券交易，又称信用交易，是指投资者向证券公司提供担保物，借入资金买入标的证券或借入标的证券并卖出的行为。融资融券业务的主要模式有市场化模式、集中授信模式和双轨制模式。④ 股指期货，就是以某种股价指数为标的的资产化的期货合约。⑤ 权证，是指一种具有到期日及行使价或其他执行条件的金融衍生工具，指一种以约定的价格和时间（或在权证协议里列明的一系列期间内分别以相应价格）购买或者出售标的资产的期权。

思考与练习

一、单选题

1. 在很大程度上能够反映经济发展状况，有"国民经济晴雨表"之称的场内交易市场是（　　）。
   A. 主板市场　　　　B. 创业板市场　　　C. 新三板市场　　　D. 中小板市场
2. 在我国进行股票买卖时，一般以一个交易单位"一手"为起点，"一手"代表（　　）股。
   A. 1　　　　　　　B. 10　　　　　　　C. 100　　　　　　D. 1 000
3. 上交所和深交所每周一至周五早盘集合竞价时间为（　　）。
   A. 9:10—9:20　　 B. 9:15—9:25　　　C. 9:00—9:15　　　D. 9:15—9:30
4. 目前我国沪深A股和B股清算交收制度均采用"（　　）"方式。
   A. T+0　　　　　 B. T+1　　　　　　C. T+2　　　　　　D. T+3
5. 只能在到期日行使权利的权证是（　　）。
   A. 欧式权证　　　 B. 美式权证　　　　C. 百慕大式权证　　D. 日式权证

二、思考题

1. 简述我国证券交易市场的特点和类型。

2. 投资者进行证券交易的操作程序主要有哪些?
3. 竞价交易的原则是什么?
4. 融资融券的业务模式有哪些?
5. 股指期货交易与现货交易有何区别?

拓 展 学 习

拓展学习项目：证券行情软件使用初步

1. 下载安装免费证券行情软件,例如根据开户的证券公司提供的免费证券交易软件或者免费版的其他软件。
2. 熟悉证券软件的使用,例如设置"自选股"板块,查找自己关注的股票加入"自选股",研究个股的基本面(F10 的使用和相关内容)等。
3. 写成操作报告,记录每一步骤的详细要点。

第五章

证券价格

 本章教学目标

通过本章的学习,学生应当掌握股票理论价格和股票市场价格的概念以及种类;掌握债券的理论价格模型以及债券市场价格的概念和种类;掌握封闭式基金和开放式基金的价格类型;掌握股价指数的概念和计算方法;了解世界主要的股价指数以及中国的股价指数。

 本章核心概念

股票价格;债券价格;证券投资基金价格;股价指数计算

 导入

2021年7月2日,海泰科在深圳证券交易所创业板上市,公司证券代码为301022,发行价格为32.29元/股,发行市盈率为34.82倍。

投资者参与股市投资,从了解股市信息开始。

(1) 股市价格有哪几类?

(2) 什么是市盈率?

第一节 股 票 价 格

一、股票价格的概念

股票价格即股票在股票市场上买卖的价格。

股票代表的是持有者的股东权。这种股东权的直接经济利益由股息、红利收入即股票的预期收益来体现。与股票市场价格相对应的是股票理论价格,理论价格为预测股票市场价格的变动趋势提供重要依据,也是股票市场价格形成的一个基础性因素。

二、股票价格的种类

(一) 股票的理论价格

股票的理论价格是指从理论上计算得到的股价,也称为股票价值。股票价格由其价值决定,是为获得预期收益的请求权而付出的代价,是预期收益资本化的表现。静态地看,股息收入与利息收入具有同样的意义。投资者是把资金投资于股票还是存于银行,这首先取决于哪一种投资的收益率高。如果股息率高于利息率,人们对股票的需求就会增加,股票价格就会上涨,从而股息率就会下降,一直降到与市场利率大体一致为止,由此得出股票的理论价格公式为:

$$股票的理论价格 = \frac{预期收益(即股息红利收益)}{市场利率} \qquad 5-1$$

式 5-1 中,股息红利收益是投资者购买普通股票后未来每一单位时间(如 1 年)预计应派发的每股股息红利;市场利率是金融市场上不同期限、不同风险的债券金融工具在未来每一单位时间(1 年)的平均利率,我国证券市场通常以银行 1 年期定期存款利率为计算依据。当然,这个公式没有考虑风险所带来的影响。

(二) 面值

股票的面值即股份公司在所发行的股票上标明的票面金额,它以元/股为单位,其作用是用来表明每一张股票所包含的资本数额。股票的面值一般都印在股票的正面且基本都是整数,如 100 元、10 元、1 元等。上海股市的"老八股"面值尚未统一,如"飞乐音响"面值 50 元,"豫园商城"面值 100 元。

> **探究与发现 5-1**
> 上网了解上海飞乐音响股票的样本及面值。

我国股市步入规范化发展以后,沪深证券交易所流通的股票,其面值都统一定为 1 元人民币,即每股 1 元。规定股票面值的最初目的是保证股票持有者在退股之时能够收回票面所标明的资产。随着证券市场的发展,购买股票后将不能再退股,所以股票面值的作用表现为:第一,表明股票的认购者在股份公司投资中所占的比例,作为确认股东权利的根据。如某上市公司的总股本为 1 000 万元,持有 1 股股票就表示在该股份公司所占的股份为千万分之一。第二,在首次发行股票时,将股票的面值作为发行定价的一个依据,用来表明每一张股票所包含的资本数额,是公司股本的基本构成单位,也是股东领取股息红利的依据。

一般来说,股票的发行价格都将会高于面值。当股票进入二级市场流通后,股票的价格就与股票的面值相分离了,彼此之间并没有什么直接的联系,股民可以将它炒到很高,如沪市的"贵州茅台",市场价格超过 2 600 元/股,面值也仅仅为 1 元/股。

(三) 每股净资产

每股净资产又称为股票的净值,也称为账面价值,指的是用会计的方法计算出来的每股股票所包含的资产净值。其由两大部分组成:一是企业开办当初投入的资本,包括溢价部分;二是企业在经营之中创造的(包括接受捐赠的)资产,属于所有者权益。其计算方法是将公司的注册资本加上各种公积金、累积盈余,也就是通常所说的股东权益,将净资产再除以总股本就是每股的净值。股票的账面价值是股份公司剔除了一切债务后的实际资产,是股份公司的净资产。

由于每股净资产是财会计算结果,其数据准确程度较高,可信度较强,所以它是股票投资者评估和分析上市公司经营实力的重要依据之一。在股票投资基本分析的各种技巧和方法中,净资产与市盈率、市净率、市销率、净资产收益率等指标一样,都是最常用的参考指标。在股票市场中,投资者除了要关注股份公司的经营状况和盈利水平外,还需特别注意股票的净资产含量。股份公司的账面价值高,则股东实际所拥有的财产就多;反之,股票的账面价值低,股东拥有的财产就少。股票的账面价值虽然只是一个会计概念,但它对于投资者进行投资分析具有较大的参考作用,也是产生股价的直接依据。净资产含量越高,公司自己所拥有的本钱就越多,抗拒各种风险的能力也就越强。

(四) 股票的清算价格

股票的清算价格即股份公司破产或倒闭后进行清算时每股股票所代表的实际价值,是资产评估的价格。如果公司在清算时资产的实际销售金额与财务报表上的账面价值一致,扣掉一定量的清算成本,那么每股普通股的清算价格就会接近其账面价值。清算价格与公司清算时的股票账面价值有密切的联系,但两者并不相同。在大多数情况下,股票清算价格小于账面价值,其中原因除了需要扣除清算成本之外,主要的是公司清算时通常要以比较低的价格才能售出其资产。股票的清算价格只是在股份公司因破产或因其他原因丧失法人资格而进行清算时才被作为确定股价的依据,在股票发行和流通过程中没有什么意义。

(五) 股票的市场价格

股票市场价格即股票在市场上达成交易的价格。股票市场可分为股票发行市场和股票流通市场,因而股票市场价格分为股票发行价格和股票流通价格。股票发行价格就是发行公司与证券承销商议定并被投资者接受的价格。股票流通价格则是在交易市场上股票流通交易的价格。

三、股票的市场价格

(一) 开盘价和收盘价

(1) 开盘价,又称开市价,是指某种证券在证券交易所每个交易日开市后的第一笔股票买卖的成交价格。沪深股市通常采用集合竞价确定开盘价。如果当日没有形成集合竞价,则采用前一日收盘价为当日的开盘价。世界上大多数证券交易所都采用成交额最大原则来确定开盘价。如果开市后半小时内无成交,则取前一日收盘价为当日之开盘价;如果前一日或连续几日无成交价格,则由交易所经纪商根据客户对股票买卖的走势提出指导价格,促使成交后作为开盘价。如开盘价高于前一个收盘价常常预示着开市看涨,反之则预示着开市看跌。

(2) 收盘价,也称收市价,为当日该证券最后一笔交易前一分钟所有交易(含最后一笔交易)的成交量加权平均价。目前,沪深股市的收盘价通过集合竞价的方式产生。收盘集合竞价不能产生收盘价的,以当日该证券最后一笔交易前一分钟所有交易(含最后一笔交易)的成交量加权平均价为收盘价。当日无成交的,以前一日收盘价为当日收盘价。如今日收盘价高于前日收盘价,表示今日行情较前日上涨,反之则行情下跌。

(二) 最高价和最低价

(1) 最高价是指当日某种股票的最高成交价。

(2) 最低价是指当日某种股票的最低成交价。

(三) 买入价和卖出价

(1) 买入价是投资者根据股市行情所申报或成交的购入股价。

(2) 卖出价是投资者根据股市行情所申报或成交的卖出股价。

(四) 除息价与除权价

年终,上市公司一般会根据经营状况,给股东分红派息、送股等。派发股息后,对股票进行除息,也即除去交易中股票股息的权利,反映在股价上就是除息价;当送红股或配新股时,就要对股票进行除权,也即除去送股、配股的权利,反映在股价上,就是除权价。

(1) 除息价。上市公司进行年终(或者年中,有些股票甚至每月)分红派息时,需要事先进行核对股东名册、召开股东会议等多种准备工作,因此规定以某日在册股东名单为准,该日就是股东登记日,股息红利直接发放给登记在册的股东(进行股票投资的股东无须办理任何手续,系统会确认)。股息红利发放以后,该股票就已经"除息",股票交易的价格就是"除息价"。

$$除息价 = 除息日前一日收盘价 - 现金股息 \qquad 5-2$$

(2) 除权价,即上市公司向股东赠送红股以后的除权价。通常,上市公司在年终分红派息的时候,除了派发现金股利以外,还常常给股东送股。送股,就是一种股票拆细的行为。送股,不用花现金,股东也乐意,因为持有的股票数量增加了。送股、除权以后,除权价将低于前一日的收盘价,股东持有的股票总额增加,所以资产总额不变。如果这是一家被投资者看好的上市公司,那么较低的除权价将吸引新的投资者加入,股价又会被慢慢推高,恢复到甚至超过除权前的价格。老股东因为一波"填权"行情而盈利。送股除权价的计算公式为:

$$送股除权价 = \frac{除权日前一日收盘价}{1 + 送股比例} \qquad 5-3$$

探究与发现 5-2

上海证券交易所挂牌股票恒瑞医药(600276),2020 年度分红方案为 10 送 2 派 2.00 元。股权登记日为 2021 年 6 月 9 日,除权除息日为 2021 年 6 月 10 日,红股上市日为 2021 年 6 月 11 日。相关价格如下表所示。请计算其除息价和送股除权价。

探究与
发现 5-2
参考答案

日 期	开盘价(元)	最高价(元)	最低价(元)	收盘价(元)
2021/6/9	83.09	84.50	83.09	84.15
2021/6/10	71.01	75.46	70.12	73.00
2021/6/11	73.10	73.45	71.10	72.96

第二节 债 券 价 格

一、债券理论价格

债券理论价格是指投资者为获得债券在未来一定时期内的利息收入而在理论上应支付的价格,就是债券内在价值的估算值。与股票相比,债券的理论价格能够更加接近债券的内在价值。债券理论价格主要有以下几种:

(一) 按年支付利息、到期一次还本债券的理论价格

按年支付利息、到期一次还本的债券通常称为附息票债券。持有者在债券期限内,每年可按票面利率和面值获取固定利息额;债券到期时,按票面金额收回本金。这里,息票支付每年进行一次;下一次息票支付恰好是 12 个月之后收到。债券期限内,息票利息是固定不变的。该类债券价格的计算公式如下:

$$V = \frac{C_1}{(1+i)^1} + \frac{C_2}{(1+i)^2} + \cdots + \frac{C_n}{(1+i)^n} + \frac{M_n}{(1+i)^n}$$
$$= \sum_{t=1}^{n} \frac{C_t}{(1+i)^t} + \frac{M_n}{(1+i)^n} \qquad 5-4$$

式 5-4 中,V 表示债券价格;C_t 表示第 t 期债券的利息收入;i 表示折现率;M_n 表示债券到期日价格;n 表示至债券到期日所余期数。

该公式也是债券理论价格模型、债券内在价值的估算模型。

(二) 零息债券价格

零息债券不进行任何周期性息票支付,是一次性到期还本付息的债券。该类债券价格的计算公式为:

$$V=\frac{M}{(1+i)^n} \qquad 5-5$$

式 5-5 中，V 表示债券价格；M 表示债券到期日价格；i 表示折现率；n 表示至债券到期日所余期限(通常为年)。

二、债券市场价格

债券市场价格即投资者在债券市场上债券达成交易的价格，有发行价格和交易价格。如果忽略市场因素，债券的面值就是它的发行价格。实际上，由于发行者考虑种种因素，例如资金市场上供求关系、利息率的变化，债券的市场价格常常脱离它的面值，有时高于面值，有时低于面值。也就是说，债券的面值是固定的，但它的发行价格却是经常变化的。发行者计息还本，是以债券的面值为依据，而不是以其价格为依据的。

债券市场价格除以上两种之外，还有债券开盘价、收盘价、最高价、最低价、买入价和卖出价，其含义与股票的同类价格基本相似。

第三节　证券投资基金价格

证券投资基金的价格可分发行价格和交易价格两种形式。

一、证券投资基金的发行价格

证券投资基金的发行价格是指基金发行时的实际价格。在证券投资基金设立的场合，基金发行价格一般由基金面值加一定百分比(通常为 3%—7%)的手续费构成。手续费包括基金的发起与招募费用(2%—5%)以及基金的销售费用(1%—4%)。投资于本国金融市场上的基金收取的手续费低，而投资于国外金融市场上的基金收取的手续费则较高。有些新设立基金，在首次发行时往往以优惠价格吸引投资者，即少收或不收手续费。对于基金的具体费率，投资者在购买基金的时候，需要查询基金发行的相关公告。

二、证券投资基金的交易价格

证券投资基金的交易价格是指基金在二级市场进行流通的价格，分为开放型基金交易价格和封闭型基金交易价格。

(一) 开放型基金交易价格

实际上开放型基金只有一种价格，没有发行价格与交易价格之分。开放型基金可以随时买卖，其报价分买入价格和赎回(投资者卖出基金份额)价格两种。买入价格是投资者认购基金单位的价格，其构成为基金单位净值加认购手续费。赎回价格是基金公司赎回基金份额的价格(即投资者卖出基金份额的价格)，其构成为基金单位净值减赎回手续费。

开放型基金价格由于手续费率基本固定(为了鼓励投资者购买基金,一段时间内会降低手续费率。不同的机构,费率也不一样),所以其价格主要是由基金资产净值来决定的。

资产净值是某一时点上某证券投资基金每一单位实际代表的价值。开放型基金的交易价格由基金单位资产净值决定,不存在溢价或折价交易现象。资产净值是基金单位价格的内在价值,不但决定了基金的交易价格,同时也是投资者衡量基金业绩的主要参考指标。

$$基金的资产净值总额 = 基金资产总额 - 基金负债总额 \qquad 5-6$$

(二) 封闭型基金交易价格

封闭型基金在发行期满后即自行封闭,基金总额不再变动。投资者不得任意买进或卖出基金,基金公司不办理基金份额的赎回。投资者可以在证券市场卖出、买入基金份额(如股票买卖一样),契税、交易佣金按照相关规定缴纳。此时,封闭型基金的交易价格与基金净值常常不一致,更多的是交易价格高于基金净值(即溢价交易)。

按照封闭型基金买卖标的具体形式,封闭型基股价格有面值、净值和市价三种。

1. 面值

面值作为基金价格的形式主要在基金的发行阶段采用。按照基金单位面值直接出售,这种形式称为平价发行,投资者不需负担有关的发行费和销售费。

2. 净值

基金发行期满后至基金上市日之前,基金的价格是以资产净值计算的。这一阶段的基金并不能在市场上流通,其净值作为投资者资产的参考价格。

3. 市价

封闭型基金的交易价格由二级市场供求决定,存在溢价或折价交易现象。溢价即基金的交易价格高于基金净值的现象。在一些新兴市场中,可供投资者选择的基金不多,而投资热潮高涨,基金供不应求,所以多以溢价方式交易。折价即基金的交易价格低于基金净值的现象。在美国,封闭型基金较少,大多数是开放型的。封闭基金相对保守,公众对其了解较少,所以封闭基金常以折价方式交易。

探究与发现 5-3

2021 年 9 月 7 日(工作日)交易时间,某股票型基金的估值为 3.646 4 元/单位份额;当日晚间,该基金公布的净值为 3.640 0 元/单位份额;9 月 8 日交易时间,该基金估值为 3.580 0 元/单位份额;当日晚间,该基金净值为 3.500 0 元/单位份额。

某投资者如果 9 月 7 日 14:30 购买该基金,或者 9 月 7 日 15:30 购买该基金,分别应该以哪种价格结算?

探究与发现 5-3

参考答案

第四节 股价指数

一、股价指数的概念和作用

(一) 股价指数的概念

股价指数或股票指数,是由证券交易所或金融服务机构编制的、表明股票市场大盘行情变动的一种相对数形式的分析指标,供投资者参考。由于证券市场上股票种类繁多,各种股票涨跌不一,没有股价指数作为参考,投资者无法判断大盘和个股的涨跌程度。一些金融服务机构利用自己的专业优势,编制出股价指数,公开发布,将其作为市场价格变动的指标,为投资者提供决策依据。投资者据此就可以检验自己投资的效果,并用以预测股票市场的动向。新闻界、企业负责人乃至政界领导人也以此为参考指标来观察、预测社会政治、经济发展形势。

股价指数的编制,通常采用股价平均值(算术平均值或加权平均值),以某年某月某日为基期,设定基期的股价平均值为100(或1 000),用以后各时期的股价和基期价格做比较,计算出升降的百分比,这就是该时刻的股价指数。投资者根据指数的升降,可以判断出股价的变动趋势。为了能实时向投资者反映股市的动向,股市几乎都在股价变化的同时即时公布股价指数。

计算股价指数,要考虑三个方面:一是采用抽样指数还是全样本指数。如果是抽样指数,那么纳入样本的股票有什么要求、需要抽取多少个样本等,需要根据股价指数定位

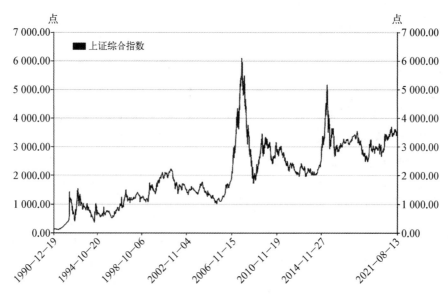

图 5-1 上证综合指数

(数据来源:Wind)

的具体要求来确定。例如,上交所有上证50、上证180、上证380等指数,在选择样本时应根据股价指数自身的定位,综合考虑其行业分布、市场影响力、适当数量等因素。二是采用简单算术平均指数还是加权指数。如果采用简单算术平均指数,简单易行,但无法反映大盘股、小盘股等对股票市场价格波动的影响;采用加权指数,则能反映大盘股、小盘股票对市场价格走势的不同影响,但其权重设定较为复杂。三是基期的选取。这是股价指数的起点,基期应有较好的均衡性和代表性。总之,股价指数的计算方法应具有高度的适应性,能根据不断变化的股市行情做出相应的调整或修正,使股价指数或平均数有较好的敏感性。而且,股价指数的计算要有科学的计算依据和手段。计算依据的口径必须统一,一般均以收盘价为计算依据,但随着计算频率的增加,有的以每小时价格甚至更短时间间隔的价格作为计算依据。

(二) 股价指数的作用

(1) 股价指数是反映国民经济运行及其发展趋势的"晴雨表"。股价指数是国民经济运行预警的先行指标,通常在国民经济发生周期性波动之前,股票会出现大幅度的变动趋势:股价指数大幅、持续上升,表明国民经济前景看好;反之,则预示着国民经济前景不乐观。当然,股价指数也并非能与该国的国民经济运行及发展趋势完全一致。不同国家、不同时期,股价指数的运行还受到其他多种因素的影响。

(2) 股价指数是描述股票市场行情的"指示器"。股价指数是由著名的金融服务公司或金融研究机构编制的,并定期公布,反映市场上股价的变动幅度和方向。股价指数,可以揭示此时的大盘行情总体是上涨还是下跌、上涨或者下跌的幅度多大。对股价指数连续观察多日,可以帮助投资者判断大盘的未来走势。

(3) 股价指数为投资者进行投资决策提供重要依据。它能够反映该市场总体股市价格变化及发展趋势,多种技术指标、技术分析方法可以帮助投资者研判大盘未来走势,为投资者的投资决策提供重要参考。

二、股价指数的计算方法

股价指数的计算方法主要有简单算术平均法、价格加权平均法和市值加权平均法三种。

(一) 简单算术平均法

简单算术平均法的计算公式为:

$$I = \frac{\sum p_{1i}}{\sum p_{0i}} \qquad 5-7$$

式5-7中,I表示股价指数;i表示股票样本数;p_{0i}表示基期样本股价;p_{1i}表示报告期样本股价;$\sum$表示总和。

简单算术平均法假定成分股具有相同的市值。该指数对于在指数篮子中平均分配资金的投资者来说,具有实际意义。其代表性指数为价值线算术指数(VLA)。其优点在于计算简单,需要的信息较少,但比较容易受人为操纵。

(二)价格加权平均法

价格加权平均法的计算公式为:

$$I = \frac{\sum p_{1i}q_{0i}}{\sum p_{0i}q_{0i}} \qquad 5-8$$

式5-8中,p_{0i}表示基期各样本股价;p_{1i}表示报告期各样本股价;q_{0i}表示基期各样本数量;$\sum$表示总和。价格加权平均法假定成分股数量相同,价格较高的成分股比重较高,价格较低的成分股比重较低。其代表性指数为道琼斯工业平均数(DJIA)和日经225平均数(NIKKEI225)。

(三)市值加权平均法

市值加权平均法的计算公式为:

$$I = \frac{\sum p_{1i}q_{1i}}{\sum p_{0i}q_{1i}} \qquad 5-9$$

式5-9中,p_{0i}表示基期各样本股价;p_{1i}表示报告期各样本股价;q_{1i}表示报告期各样本股票数量。市值加权平均法,以成分股的市值为权数,该指数能够体现整个成分股市场的价格综合变动。目前,国际上绝大多数股价指数都是采用市值加权平均法计算的,其也是三种股价指数计算方法中比较复杂的一种。

三、世界几种主要的股价指数

(一)道琼斯股价平均指数

道琼斯指数(Dow Jones Index)即道琼斯股价指数,也称道琼斯股价平均指数,是美国纽约证券交易所的一种重要的股价指数。该指数取名于道琼斯公司的创始人查尔斯·道和爱德华·琼斯两人的姓,是世界上历史最为悠久的股价指数。它是1884年创设、采用算术平均法编制的股价指数,1884年6月3日开始刊登在《每日通讯》上,1889年7月开始刊登在《华尔街日报》上。

1. 道琼斯股价平均指数的构成

通常所说的道琼斯指数由四种股价平均指数构成。它以在纽约证券交易所挂牌上市的一部分有代表性的公司股票作为编制对象。其中,道琼斯30种工业股价平均指数,是世界上最有影响、使用最广的股价指数。

(1)道琼斯30种工业股价平均指数,是由30种有代表性的大工商业公司的股票组成,且随经济发展而壮大,大致可以反映美国整个工商业股票的价格水平,这也就是人们通常引用该指数的原因。

(2) 道琼斯20种运输业股价平均指数选用了20种有代表性的运输公司的股票所计算的股价指数,其中包括8家铁路运输公司、8家航空公司和4家公路货运公司的股票,该指数能反映出美国运输业股价变化情况。

(3) 道琼斯15种公用事业股价平均指数,是用15家公用事业公司的股票所计算的股价指数,由代表着美国公用事业的15家煤气公司和电力公司的股票所组成。

(4) 道琼斯综合股价平均指数(Dow Jones Composite Stock Average),它是综合前三组股价平均指数的65种股票而得出的综合指数,能较好地反映出整个美国股票市场的变化情况。

2. 道琼斯股价平均指数的意义

道琼斯股价平均指数是世界上最具有权威性的股价指数。这与其自身的特点是分不开的。

(1) 代表性。该指数所选用的股票都有代表性,这些股票的发行公司都是本行业具有重要影响的著名公司,其股票行情为世界股票市场所瞩目。为了保持这一特点,道琼斯公司对其编制的股价平均指数所选用的股票持续调整,用具有活力的、更有代表性的公司的股票替代那些失去代表性的公司的股票。自1928年以来,仅用于计算道琼斯30种工业股票平均指数的30种工商业公司股票已有几十次更换,几乎每两年就有一个新公司的股票代替老公司的股票。

(2) 平台高。公布道琼斯股价平均指数的新闻载体——《华尔街日报》是世界金融界最有影响力的报纸。该报每天详尽报道其每小时计算的采样股票平均指数、百分比变动率、每种采样股票的成交数额等,并注意对股票分股后的股价平均指数进行校正。在纽约证券交易所的营业时间中,每隔半小时公布一次道琼斯股价平均指数。

(3) 历史悠久。这一股价平均指数自编制以来从未间断,可以用来比较不同时期的股票行情和经济发展情况,成为反映美国股市行情变化最敏感的股价平均指数之一,是观察市场动态和从事股票投资的主要参考。

(4) 计算方法比较简单。它原先采用算术平均法,1928年起用修正平均法编制。

随着时代的变迁,构造该指数的思路显得有些过时:首先,所选行业范围落伍,没有选择银行、金融等第三产业的公司,也没有选择化工、电子、航天等产业的公司;其次,计算方法上过于注重价格变化的可比性而忽略某种股票价值总额占市场总额比重等问题,使其代表性有所下降。

(二) 标准普尔指数

标准普尔指数(Standard and Poor's Composite Index),是美国最大的证券研究机构——标准普尔公司编制的股价指数。该公司于1923年开始编制并发表股价指数,最初采选了230种股票,编制两种股价指数。到1957年,这一股价指数的范围扩大到500种股票,分成95种组合。其中最重要的四种组合是工业股票组、铁路股票组、公用事业股票组和500种股票混合组。从1976年7月1日开始,改为400种工业股票、20种运输业股票、40种公用事业股票和40种金融业股票。几十年来,虽然入选股票更迭,但采样股总数始终保持500种。标准普尔指数以1941年至1943年抽样股票的平均市价为基期,以上市股票数为权数,按基期进行加权计算。

目前,标准普尔指数包括标准普尔500指数、标准普尔1200指数、标准普尔100指数、标准普尔400中型股指数、标准普尔600小型股指数等。

(三) 纳斯达克指数

纳斯达克指数又称美国科技指数,是美国全国证券交易商协会于1971年创建的自动报价系统名称的简称,原来是为收集和发布场外交易非上市股票的券商报价行情。纳斯达克现已成为全球最大的证券交易市场之一,目前上市公司超过5000家,又是全世界第一个采用电子交易的股市,在全球55个国家和地区设有26万多个电脑销售终端。

纳斯达克指数是反映纳斯达克证券市场行情变化的股票价格平均指数,以1971年2月8日为基准日,基本指数为100,包括软件、电脑、电信、生物技术、零售和批发贸易等行业的上市公司,成为美国"新经济"的代名词。该指数代表各工业门类,有广泛的基础,是市场价值变化的"晴雨表",相比标准普尔500指数、道琼斯30种工业股票平均指数更具有综合性。

纳斯达克已经推出了一些世界上最受关注的指数,包括纳斯达克综合指数、纳斯达克100指数、美国流动系列指数、纳斯达克生物技术指数;纳斯达克工业股指数、纳斯达克保险股指数、纳斯达克银行股指数、纳斯达克电脑股指数、纳斯达克电信股指数。除了推出交易型开放式指数证券投资基金和其他结构化产品外,纳斯达克也积极为全球资本市场开发指数和其他基于指数的衍生证券。

(四)《金融时报》股价指数

《金融时报》股价指数(FTSE Index)是由伦敦证券交易所编制、英国《金融时报》公布的反映伦敦证券交易所股价行情的指数,全称是"伦敦《金融时报》工商业普通股股价指数"。该股价指数以30家英国工商业有代表性的上市公司的普通股票为样本,是欧洲最早和最具影响力的股价指数。它以1935年7月1日作为基日,以100为基点,采用几何平均法进行计算。该股价指数以能够及时显示伦敦股票市场的情况而闻名于世。目前,《金融时报》指数由30种、100种和500种等各组股价平均数构成,范围涵盖各主要行业。其中,《金融时报》100指数是最著名的。

《金融时报》100指数(FTSE 100 Index),即伦敦《金融时报》100种股价指数,简称富时100指数,创立于1984年1月3日,是在伦敦证券交易所上市的最大的100家上市公司股票的指数,其成分股涵盖欧洲大陆的9个主要国家,以英国企业为主,还包括德国、法国、意大利、芬兰、瑞士、瑞典、荷兰及西班牙等国的企业。该指数是英国经济的"晴雨表",也是欧洲最重要的股价指数之一。富时100指数的成分每季度决定一次,目前已包括英国石油公司(BP)、荷兰皇家壳牌集团、汇丰集团、沃达丰、苏格兰皇家银行集团和葛兰素史克股份有限公司。富时100指数和法国的CAC40指数、德国的法兰克福指数并称为欧洲三大股价指数,是当前全球投资者观察欧股动向最重要的指标之一。

(五)日经道琼斯股价指数

日经道琼斯股价指数,又称为日经平均股价(Nikkei Stock Average),是反映日本股票市场价格变动情况的股价指数。该指数从1950年9月开始,由日本经济新闻社编制并公布。最初的指数称为"东证修正平均股价",根据东京证券交易所第一市场上市的225家公司的股票算出修正平均股价。1975年5月1日,日本经济新闻社向道琼斯公司买进商标,采用美国道琼斯公司的修正法计算,该股价指数也就改称为"日经道琼斯平均股价"。1985年5月1日在合同期满10年时,经两家商议,将名称改为"日经平均股价"。

按计算对象的采样数不同,日经平均股价分为两种:一种是日经225种平均股价。其所选样本均为在东京证券交易所第一市场上市的股票,样本选定后原则上不再更改。1981年纳入样本的股票包括制造业企业、建筑业企业、水产业企业、矿业企业、商业企业、路运及海运企业、金融保险业企业、不动产业企业、仓库业、电力和煤气企业、服务业企业等。由于日经225种平均股价从1950年一直延续下来,因而其连续性及可比性较好,成为考察和分析日本股票市场长期演变及动态的最常用和最可靠指标。另一种是日经500种平均股价,其从1982年1月4日起开始编制。由于其样本股包括500种股票,其代表性相对更为广泛,但它的样本是不固定的,每年4月份要根据上市公司的经营状况、成交量和成交金额、市价总值等因素对样本进行更新。

(六)恒生指数

恒生指数是我国香港股市价格的重要指标。该指数由香港恒生银行全资附属的恒生指数服务有限公司编制,以从香港500多家上市公司中挑选出来的33家有代表性且经济实力雄厚的大公司股票作为成分股,分为四大类:4种金融业股票、6种公用事业股票、9种地产业股票和14种其他工商业(包括航空和酒店)股票。该指数是以其发行量为权数的加权平均股价指数。这些样本股票占香港股票市值的63.8%,涉及香港的各个行业,具有较强的代表性,是最能反映香港股价波动趋势、最具影响力的一种股价指数。

恒生指数于1969年11月24日首次公开发布,基期为1964年7月31日,基期指数定为100。由于恒生股价指数所选择的基期适当,因此,不论股价狂升或猛跌,还是处于正常交易水平,恒生股价指数基本上能反映整个股价波动的情况。自1969年恒生股价指数发布以来,已经过多次调整。由于1980年8月香港当局通过立法,将香港证券交易所、远东交易所、金银证券交易所和九龙证券所合并为香港联合证券交易所。目前,在香港股市只有恒生指数与新产生的香港指数并存,其他股价指数不复存在。

国企指数,又称H股指数,全称是恒生中国企业指数,也是由香港恒生指数服务有限公司编制和发布的。该指数以所有在香港联交所上市的中国H股公司股票为成分股,计算得出加权平均股价指数。国企指数于1994年8月8日首次公布,以上市H股公司数目达到10家的日期即1994年7月8日为基日,以基日当日的收市指数(基期)为1000点。

(七)上海证券交易所股价指数

上海证券交易所股价指数系列是由上交所编制并发布的上证指数体系,反映上海证券交易所股价行情的指数,主要包括上证综合指数、上证180指数、A股指数、B股指数和分类指数。其中,最早编制的是上证综合指数。

1. 综合指数

(1)上证综合指数。上海证券交易所股价指数,简称上证综合指数,是最常用的反映上海证券交易所股市行情的指数,其前身是上海静安指数,由中国工商银行上海市分行信托投资公司静安证券业务部于1987年11月2日开始编制,于1991年7月15日公开发布,以1990年12月19日为基日(以基日指数为100点),以全部的上市股票(包括A股和B股)为样本,以报告期股票发行量为权数进行编制。1990年上海证券交易所建立后,在上海静安指数的基础上开始编制上海证券交易所综合股价指数。它以1994年12月19日为基日,以基期指数为100点,该股价指数的样本为所有在上海证券交易所挂牌上市的股票(包括A股和B股),其中新上市的股票在挂牌的当天纳入股价指数的计算范围,以股票发行量为权数编制。其公式为:

$$上海证券交易所综合股价指数 = \frac{今日市价总值}{基日市价总值} \times 100 \qquad 5-10$$

$$市价总值 = \sum_{i=1}^{n}(P_i Q_i) \qquad 5-11$$

式5-11中,P_i为股票i的收盘价;Q_i为股票i的发行量。

如遇股票扩股或新增时,做相应调整。其计算公式调整为:

$$新基准市价总值 = 修正前基日市价总值 \times \frac{修正前市价总值 + 市价总值变动额总值}{修正前市价总值}$$

$$5-12$$

$$本日股价指数 = \frac{本日市价总值}{新基准市价总值} \times 100 \qquad 5-13$$

(2)新上证综合指数。新上证综合指数,简称新综指,指数代码为000017,于2006年1月4日首次发布。新综指选择已完成股权分置改革的沪市上市公司组成样本,实施股权分置改革的股票在方案实施后的第二个交易日纳入指数。新综指是一个全市场指数,它不仅包括A股市值,对于含B股的公司,其B股市值同样计算在内。新综指以2005年12月30日为基日,以该日所有样本股票的总市值为基期,基点为1 000点。新综指采用派许加权方法,以样本股的发行股本数为权数进行加权计算,计算公式为:

$$报告期指数 = \frac{报告期成分股的总市值}{基期市值} \times 基期指数 \qquad 5-14$$

其中,报告期成分股的总市值 = $\sum$(股票市价 × 发行股数)。

新上证综指采用除数修正法修正。当成分股名单发生变化、成分股的股本结构发生变化或成分股的市值出现非交易因素变动时,采用除数修正法修正原固定除数,以保证指数的连续性。修正公式为:

$$\frac{修正前的市值}{原除数}=\frac{修正后的市值}{新除数} \qquad 5-15$$

2. 样本指数

上证成分股指数(即上证180指数),由上证30指数调整和更名而来。上证30指数样本量小、成分股调整不及时,市场代表性不足。2002年6月,上交所对原上证30指数进行调整和更名,形成了上证成分股指数。该指数以1996年1月至3月的平均流通市值为基期,基期指数定为1 000点,以所有A股中最具代表性的180种股票为样本股票,以样本股的调整股本数为权数,并做定期调整。其公式为:

$$报告期指数=\frac{报告期成分股的调整市值}{基日成分股的调整市值}\times 1\,000 \qquad 5-16$$

$$调整市值=\sum(股票市价 \times 调整股本数)$$

这里,基日成分股的调整市值亦称为除数,调整股样本数采用分级靠档的方法对成分股股本进行调整。根据国际惯例和专家委员会意见,上证成分指数的分级靠档方法如表5-1所示。比如,某股票流通股比例(流通股本/总股本)为7%,低于10%,则采用流通股本为权数;某股票流通比例为35%,落在区间(30,40]内,对应的加权比例为40%,则将总股本的40%作为权数。

表5-1 上证成分指数的分级靠档方法

流通比例(%)	≤10	(10,20]	(20,30]	(30,40]	(40,50]	(50,60]	(60,70]	(70,80]	>80
加权比例(%)	实际流通比例	20	30	40	50	60	70	80	90

3. 分类指数

上交所建立了以上证综指、上证50指数、上证180指数、上证380指数以及上证国债指数、上证企业债指数和上证基金指数为核心的上证指数体系,科学表征了上海证券市场层次丰富、行业广泛的市场结构,提高了市场流动性和有效性。上证指数体系增强了样本企业知名度,也为市场参与者提供了更多维度、更专业的交易品种和投资方式。

上交所将根据发展股票市场、债券市场、基金市场和衍生品市场的战略目标,不断丰富和完善上证指数体系,巩固上证指数的市场品牌地位,发挥上交所作为我国经济"晴雨表"的作用,积极促进中国资本市场的建设。

表 5-2 重点指数及样本表现①

指数名称	指数代码	样本数量(种)	收盘(点)	样本均价(元)	成交额(亿元)	平均股本(亿股)	总市值(万亿)	占比(%)	静态市盈率
上证指数	000001	2 179	2 974.15	9.37	2 905.34	21.66	44.23	100	12.23
科创 50	000688	50	897.34	30.88	131.15	12.91	1.99	4.510	42.62
上证 180	000010	180	7 934.37	9.81	1 104.68	138.49	24.46	55.30	9.99
上证 50	000016	50	2 545.05	11.15	598.35	270.61	15.08	34.10	10.07
上证 380	000009	380	5 425.21	10.25	628.67	19.83	7.73	17.47	13.15
上证 100	000132	100	6 179.75	13.82	140.37	13.06	1.81	4.08	14.61
上证 150	000133	150	4 699.98	15.77	113.11	3.40	0.80	1.82	28.68
B 股指数	000003	44	284.08	0.79	2.04	3.89	0.10	0.22	5.53
国债指数	000012	147	198.01	N/A	4.75	N/A	N/A	N/A	N/A
基金指数	000011	458	6 212.77	N/A	724.49	N/A	N/A	N/A	N/A

样本均价：市价总值/发行股本
平均股本(亿股)：总股本/期末样本数
静态市盈率：市价总值/上年度年报净利润(除亏损股)

(八)深圳证券交易所股价指数

1. 深证综合指数

深证综合指数是以发行量为权数来计算的,以所有在深交所上市的股票为采样股,反映深圳证券交易所行情。该指数以 1991 年 4 月 3 日作为基日,基期指数定为 100 点。当有新股上市时,在其上市后第二天纳入采样股计算;若某一采样股暂停买卖,则将其剔除于指数的计算之外。若其在交易时间内突然停牌,则取其最后成交价格计算即时指数,直至收市后再进行必要的调整,将其剔除。

$$报告期指数 = \frac{报告期现时市价总值}{基日市价总值} \times 100 \qquad 5-17$$

2. 深证成分指数

(1) 深证成分指数。深证成分指数,简称"深成指",是最常用的指数之一,于 1995 年 1 月 3 日开始编制,包括 A 股成分指数和 B 股成分指数。深证成分指数以 1994 年 7 月 20 日为基日,基期指数定为 1 000 点,从上市的股票中选取 40 只 A 股和 6 只 B 股作为成分

---

① 数据来源：上海证券交易所官网,2022 年 10 月 10 日,http://www.sse.com.cn/market/sseindex/overview/focus/。

股,以成分股的可流通股数为权数,利用派许加权法进行计算,自1995年1月23日起正式发布。其公式为:

$$深证成分股指数 = \frac{报告期成分股流通市价总值}{基日成分股流通市价总值} \times 100 \qquad 5-18$$

成分股中所有A股用于计算成分A股指数,所有B股用于计算成分B股指数。

(2) 深证100指数。深证100指数选取在深交所上市的100只A股作为成分股,以成分股的可流通A股数为权数,采用派许加权法编制,以2002年12月31日为基日,基期指数定为1 000点,从2003年第一个交易日开始编制和发布。深证100指数的编制借鉴了国际惯例,吸取了深证成分指数的编制经验,成分股选取主要考察A股上市公司流通市值和成交金额份额两项重要指标。根据市场动态跟踪和成分股稳定性的原则,深证100指数每半年调整一次成分股。

3. 分类指数

深证分类指数包括农林牧渔指数、采掘业指数、制造业指数、水电煤气指数、建筑业指数、运输仓储指数、信息技术指数、批发零售指数、金融保险指数、房地产指数、社会服务指数、传播文化指数、综企类指数共13类。其中,制造业指数又分为食品饮料指数、纺织服装指数、木材家具指数、造纸印刷指数、石化塑胶指数、电子指数、金属非金属指数、机械设备指数、医药生物指数等9类。深证分类指数以1991年4月3日为基日,基日指数设为1 000点,起始计算日为2001年7月2日。

> **探究与发现 5-4**
> 查询深圳证券交易所指数列表,了解指数代码、指数名称、基日、基日指数、起始计算日。

(九) 沪深300指数

中证指数有限公司成立于2005年8月25日,是由上海证券交易所和深圳证券交易所共同出资发起设立的一家专业从事证券指数及指数衍生产品开发服务的公司。这里,主要介绍具代表性的沪深300指数。

沪深300指数是沪深两地证券交易所于2005年4月8日联合发布的反映A股市场整体走势的指数。沪深300指数的编制目标是反映中国证券市场股价变动的概貌和运行状况,并能够作为投资业绩的评价依据,为指数化投资和指数衍生产品创新提供基础条件。中证指数有限公司成立后,两地证券交易所便将沪深300指数的经营管理及相关权益转移至中证指数有限公司。

沪深300指数简称沪深300,成分股数量为300只,指数基日为2004年12月31日,基点为1 000点。其选取规模大、流动性好的股票作为样本股。对样本空间股票在最近1年(新股为上市以来)的日均成交金额由高到低排序,剔除排序后50%的股票,然后对剩余股票再按照日均总市值由高到低进行排序,选取排在前300位的股票作为样本股。选样方法是先计算样本空间股票最近1年(新股为上市以来)的日均总市值、日均流通市值、日均流通股份数、日均成交金额和日均成交股份数5个指标,再将上述指标的比重,按2∶2∶2∶1∶1进行加权平均,然后将计算结果从高到低排序,选取排在前300位的股票。

指数计算采用派许加权方法,按照样本股的调整股本为权数加权计算。公式为:

$$报告期指数 = \frac{报告期样本股的调整市值}{基期样本股的调整市值} \times 1\,000 \qquad 5-19$$

其中,

$$调整市值 = \sum(股票市价 \times 调整股本数) \qquad 5-20$$

调整市值时,调整股本数采用分级靠档的方法确定样本股的加权股本数。具体分级靠档方法如表5-2所示。

本 章 小 结

股价,是指股票在证券市场上买卖时的价格。股价包括股票的理论价格、面值、每股净资产、清算价格、市场价格等。股票的市场价格由股票的理论价格(即内在价值)决定,但由于受诸多因素的影响,呈现出不断波动的特征。股票市场价格可分为开盘价和收盘价、最高价和最低价、买入价和卖出价,股票拆细价、除息价与除权价等。

债券价格包括理论价格和市场价格。债券的理论价格分为按年支付利息、到期一次还本债券的理论价格和零息债券价格。债券的市场价格又包括发行价格和交易价格等。

证券投资基金的价格可分为发行价格和交易价格。证券投资基金的发行价格是指基金发行时的实际价格。证券投资基金的交易价格是指基金在二级市场进行流通的价格,可分为开放型基金交易价格和封闭型基金交易价格。按照封闭型基金买卖标的具体形式,封闭型基股价格有面值、净值和市价三种;开放型基金的价格由基金单位资产净值决定。

股价指数是由证券交易所或金融服务机构编制的、表明股票市场大盘行情变动的一种相对数形式的分析指标,供投资者参考。股价指数是反映国民经济运行及其发展趋势的"晴雨表",是描述股票市场行情的"指示器",为投资者进行投资决策提供重要依据,是分析、观察企业的主要技术指标。股价指数的计算方法主要有简单算术平均法、价格加权平均法和市值加权平均法等三种。世界主要的股价指数有道琼斯股价平均指数、标准普尔指数、纳斯达克指数、《金融时报》股价指数、日经道琼斯股价指数、恒生指数、上海证券交易所股价指数、深圳证券交易所股价指数和沪深300指数等。

思考与练习

一、单选题

1. 每股净资产指的是（　　）。
   A. 股票面值　　　　B. 账面价值　　　　C. 清算价值　　　　D. 市场价格
2. 当上市公司送红股或者配新股时需要对股票进行（　　）。
   A. 除权　　　　　　B. 除息　　　　　　C. 除权除息　　　　D. 增发
3. 贴现债券到期按（　　）偿还。
   A. 本息总额　　　　B. 市场价格　　　　C. 发行价格　　　　D. 票面金额
4. 开放型基金价格主要由（　　）决定。
   A. 基金面值　　　　　　　　　　　　　B. 基金市场价格
   C. 基金资产净值　　　　　　　　　　　D. 基金资产总额
5. 将基期和报告期的股价分别相加，然后两者相比得出股价指数，这种计算股价指数的方法是（　　）。
   A. 平均法　　　　　B. 修正法　　　　　C. 综合法　　　　　D. 加权法

二、思考题

1. 简述股价指数的概念及作用。
2. 股价指数有哪些计算方法？
3. 股价平均数与股价指数有何区别？
4. 国外具有代表性的股价指数有哪些？
5. 我国主要有哪几个股价指数？它们分别是如何编制的？

拓 展 学 习

拓展学习项目：证券模拟交易比赛

1. 选择网上证券模拟交易项目，与同学组成比赛小组。
2. 根据自己的风险偏好构思投资策略（例如保守型、积极型或平衡型策略），拟写投资计划。
3. 设置模拟交易金额、比赛的时间，开始模拟交易比赛。
4. 在整个交易期间，对每笔交易都做详细记录，包括选股依据、入市时机的把握、整个交易策略和流程等。
5. 竞赛结束时，根据盈亏情况评判出获胜者。
6. 参与者交流投资笔记，请老师进行评析打分。

第六章

证券投资的收益与风险

 本章教学目标

通过本章的学习,学生应当掌握股票、债券和证券投资基金的投资收益的含义与计算;掌握证券投资风险的分类和衡量;了解证券投资收益与风险的关系。

 本章核心概念

股票投资收益;债券投资收益;证券投资基金投资收益;证券投资风险

 导入

2007年10月16日,上证指数最高达到6 124.04,当天收盘于6 092.06,成为上证指数迄今为止的最高点位。之后,上证指数一路下跌,几乎没有反弹,2008年11月5日,上证指数下探到阶段性低点,收盘于1 760.61。仅仅过去一年多,指数下跌幅度超过70%。可见,股市有风险,入市需谨慎。

(1) 各类证券的收益和风险应如何衡量?
(2) 应如何把控投资收益与投资风险?

第一节 股票投资的收益

股票投资收益包括经常收益和资本利得。具体而言,经常收益是指投资者购买股票而取得股利(或没取得股利)等收益;资本利得来自投资者买卖股票取得的价差收益(可能为正,也可能为负)。

一、股票投资收益的构成

(一) 股利

股利是指投资者以股东身份,按照持股额从公司盈利分配(如果公司经营未盈利,甚至出现亏损,则无法分配)中获得的收益,包括股息和红利。有两种结果:收益或者没收益。

股息,是指投资者定期(例如年中或年终)从股份公司中按持股比例分享的一定利润。公司发放股息前,要依法进行必要的扣除,然后才能将税后利润用于分配股息。红利是超过股息的另一部分收益,由普通股享有,优先股不能参加红利分配。红利的发放只在公司经营状况很好时才进行,红利没有固定的标准,通常是根据公司的盈利情况,并结合公司净收益扣除公积金、股息以后的剩余情况来确定红利分配的具体数额。

在实践中,股息与红利常常不做区分。

(二) 价差收益

价差收益也称为资本利得,即买卖股票的价差给投资者带来的收益(或亏损)。价差收益,一般基于投资者在持股期间的以下情况:① 公司经营业绩上升,经营状况良好,导致股价上涨。② 资本运作,导致股价上涨,例如上市公司因兼并收购,提升股票内在价值上升,导致股价上升。③ 市场操作某个概念引发投资者追捧该股票,导致股价上涨。④ 股价正常波动中,投资者抓住最佳的入市时机和离场时机,获得价差收益。

投资有风险,价差收益并不都是正的收益,还可能是损失。因此,价差收益可能有三种结果:盈利、损失和盈亏平衡。

二、股票投资收益的衡量指标

股票投资收益的衡量指标主要包括:普通股每股净收益、每股现金流量、本期股利收益率、持有期收益率、拆股后持有期收益率、市盈率、市现率、市净率等。

(一) 普通股每股净收益

普通股每股净收益(EPS),也称普通股每股利润或每股盈余,是指公司实现的税后净收益减去优先股股息后与发行在外的普通股股数的比率。

$$普通股每股净收益 = \frac{税后净收益 - 优先股股息}{发行在外的普通股股数} \quad 6-1$$

式 6-1 中,如果发行在外的普通股股数在某个会计年度里发生过变化,就应该使用以月份为基础的加权平均数。

普通股每股净收益能反映普通股每股的盈利能力,便于对每股价值的计算,因此被广泛使用。每股收益越多,说明每股盈利能力越强。影响该指标的因素有两个,即企业的盈利水平和企业的股利政策。

该指标是衡量上市公司获利能力的重要财务指标。上市公司的财务报告中,通常使用该项指标,将公司的普通股和优先股作为一个整体来分析股权资本收益率状况。虽然这两者都属于上市公司的股权资本,但其所面临的风险和拥有的权利是不一样的。在分享公司税后净收益、公司解散时分配剩余资产等方面,优先股享有优先权,普通股排序在后。普通股股东最关注净收益,想知道参与股利分配后自己能从中获得多少现金收入。

如果上市公司经营业绩好,那么普通股每股净收益比较高,收益水平可能会高于优先股,反之则不如优先股。如果税后净收益在扣除优先股股息后留存公积金,将使股价上涨,普通股股东同样也可从中获利。

(二) 每股现金流量

每股现金流量是指企业在不动用外部筹资的情况下,用自身经营活动产生的现金偿还贷款、维持生产、支付股利以及对外投资的能力,它是一个评估每股收益"含金量"的重要指标。该指标反映的是,理论上流通在外的每股普通股票平均所占有公司运营资本或现金流量的情况。每股现金流量的数值要比普通股每股净收益高,因为后者在计算过程中对不涉及现金开支的固定资产折旧、无形资产摊销及递耗资产(如石油等自然资源)的折耗已做了扣除。每股现金流量的计算公式为:

$$普通股每股现金流量 = \frac{税后净收益 + 折旧和摊销费用 - 优先股股息}{普通股股数} \qquad 6-2$$

该指标衡量公司在资本成本开支和现金股利支付等方面的决策水平。

(三) 本期股利收益率

本期股利收益率,又称股息实得率,是分析股价与股利之间关系的指标,即每股年现金股利与股票现行市价的比值。其计算公式为:

$$本期股利收益率 = \frac{年现金股利}{股票现行市价} \times 100\% \qquad 6-3$$

该指标的分母是股票现行市价,而非投资者当初购买股票时所支付的价格;分子是年现金股利,即每股1年获得的股利。该指标衡量股东持有股票所获股利的大小,以及出售股票或者放弃购买该股票而转向其他投资的机会成本。该项指标越高,表明公司股票的收益越好,收益好的股票常被称为"绩优股票"。本期股利收益率代表以现行价格投资该股票的预期收益率,其计算较为简便。但也有缺点,股利收益率只考虑了股利收入,没考虑股票投资的价差收益(资本利得)。在股市中,即便是"绩优股票",股利金额较小,多数情况下也可以忽略,大部分投资者对资本利得更感兴趣。

(四) 持有期收益率

持有期收益率是一个重要的投资效率指标。与债券不同,股票没有到期日,投资者持有股票的时间长的几年、短的几天。股票在持有期间的股利收入与买卖差价之和与购买价格的比率,即为股票持有期收益率。

$$持有期收益率 = \frac{出售价格 - 购买价格 + 持有期收到的现金股利}{购买价格} \times 100\% \qquad 6-4$$

式6-4中,没有考虑持有期的具体时间。为了使持有期收益率与债券收益率、银行存款利率等其他金融资产的收益率有可比性,将持有期收益率统一为年利率,其计算公式调整为:

$$持有期年收益率 = \frac{[(出售价格 - 购买价格)/持有年限] + 年现金股利}{购买价格} \times 100\%$$

6-5

(五)拆股后持有期收益率

拆股后持有期收益率是指投资者在买入股票后恰逢该上市公司发放股票股利或进行股票分割(即送股或拆股)的情况下,将因除权致股价下降和投资者持股数量增加,原来的持股收益率就发生了变化。因此,有必要在拆股后重新计算持有期收益率,即拆股后持有期收益率。

$$拆股后持有期收益率 = \frac{调整后资本利得 + 调整后的现金股利}{调整后的购买价格} \times 100\%$$

6-6

(六)市盈率

市盈率(P/E 或 PER),也称本益比、股价收益比率或市价盈利比率,是指股价除以每股收益的比率,其结果常以多少"倍"来表示。市盈率将分析的重点放在作为股息来源的公司纯利润或税后收益上,从流量角度分析了公司盈利能力与股价之间的关系。其计算公式为:

$$市盈率 = \frac{每股市价}{每股盈利}$$

6-7

$$每股盈利 = \frac{年终税后利润}{已发行股数}$$

6-8

> **探究与发现 6-1**
>
> 某种股票的市价为 31 元,它过去一年的每股盈利为 0.25 元,那么该股票的市盈率为多少?

市盈率反映股价的高低,表示每股盈利所承担的市场价格。如果市盈率小,说明该股价比较低,股价上涨的潜力比较大;反之,该种股价上涨的潜力就比较小。不同行业,平均市盈率水平也不同。有些行业(或者板块),市盈率普遍较高,该行业中的个股股价仍可能有上升空间。在同一行业内,经营前景良好、具有发展前途的上市公司的股票的市盈率会趋于升高;一些传统行业,市盈率普遍较低,行业中的个股股价虽然较低,但发展机会不大、经营前景暗淡的公司,其股票市盈率总是处于较低水平。

(七)市现率

市现率,即价格与每股现金流量比率(PCFR),既可以用于存续期较长的公司股票估值,也可用于新公司股票的估值,还可用于在上市公司收购兼并时对不同行业公司资产的估值。

$$价格与每股现金流量比率 = \frac{股票市场价格}{发行在外的普通股每股自有现金流量} \quad 6-9$$

式 6-9 中，发行在外的普通股每股自有现金流量＝经营现金＋公司净借入资金－固定资本投资。

市现率与市盈率相比较有以下不同：① 市盈率是从公司税后净收益的角度来分析股价的，而市现率是在企业现金流量的基础上来对股价展开分析的；② 市现率将现金流量代替了市盈率的盈利，强调的是现金流量的增长而非盈利增长，而现金流量比盈利更真实，因为它可以排除因采用不同会计政策对盈利的影响和可能的对盈利的操作。

（八）市净率

市净率（简称 P/B 或 PBR），是指每股股价与每股净资产的比率。该指标从存量角度分析上市公司的资产价值，着眼于公司解散时普通股股东取得剩余资产分配的股份价值。其计算公式为：

$$市净率 = \frac{每股市价}{每股净资产} \quad 6-10$$

$$每股净资产 = \frac{上市公司的净资产}{发行股数} \quad 6-11$$

市净率可用于投资分析。每股净资产是股票的账面价值，它是用成本计量的。而每股市价是这些资产的现在价值，是证券市场上交易的结果。市价高于账面价值时，企业资产的质量较好，有发展潜力；反之则资产质量较差，发展前景不理想。优质股票的市价都超出每股净资产许多。一般说来市净率达到 3 可以树立较好的公司形象；反之，则该公司的资产质量较差，投资风险较高，上涨潜力不大。随着时间推移，上市公司的资产包括房产、地产、机器设备及有价证券等的价值也将发生变化，因此采用恰当的会计核算原则和方法，客观反映上市公司的资产价值（例如房产、地产的升值，机器设备的折旧、价值损耗），使得公司净资产符合实际情况，是非常重要的。

三、股利的分配

（一）股利的分配形式

1. 现金股利

现金股利是支付股利的主要方式，简便易行。上市公司能否以现金形式支付股利，取决于其盈利水平、累计盈余的多少（特殊情况下可用弥补亏损后的盈余公积金支付），还取决于该公司的现金流量。为保证正常经营，上市公司在盈利中以现金形式发放股利的金额一般都有一个比率，称为付息比率，即股利与盈利之比。付息比率在各个行业、各个企业以及各个不同的时期并不一定相同，要视具体情况而定。中国证监会对上市公司现金分红做出规定，最近 3 年分红不少于年均可分配利润的 30%。

2. 股票股利

股票股利即上市公司向股东送股,代替用现金向股东发放的股息。股票股利实质上就是公司盈余的资本化,其结果是公司每股盈余的减少而公司的股本以相同的比例增加。采用这种形式分配股息,公司的权益不会因此而发生变化。然而,投资者还是欢迎这种股利政策的。投资者收到红股,除权以后该股的股价下跌,吸引投资者低价买入股票推高股价,给原来的持股者带来收益。

3. 负债股利

负债股利即上市公司通过建立一种负债,用债券或应付票据作为股利分派给股东。这些债券或应付票据,既是公司支付的股利,又确定了股东对上市公司享有的独立债权,此时亦称"票据股利"。票据股利的票据,有的带息,有的不带息,有的规定到期日,有的无到期日,有的还用临时借条的方式分派股利。这与签发期票一样,多因公司已经宣布发放股利,但又面临现金不足、处于难以支付的窘境,为顾及公司信誉而采取的权宜之计。公司若以长期债券支付股利,必须事先经股东大会讨论通过。

4. 特殊股利

特殊股利如财产股利,是指以公司所拥有的其他公司的有价证券如债券、股票作为股利支付给股东。有些公司会以本公司债券、优先股甚至本公司产品作为股利发放给股东。

一个公司采用何种形式支付股利给投资者,取决于多种因素。通常的情况是,较成熟的公司倾向于用现金支付股利,因为其现金流量较为稳定。而处在成长中的公司倾向于送股方式分配股利,因其快速扩张导致现金紧张。投资者也接受这类公司发放的股票股利,因为这类公司成长潜力大,被市场看好,除权以后的填权行情会给投资者带来一波收益。

(二)股利分配的重要时间节点

对于派发股利,各国公司法都有相关规定,要求股份公司董事会先以公告形式向股东宣告派发股利的数量和支付方式。在派发现金股利时,有四个重要时间节点需要注意:

1. 股利宣布日

股利宣布日即公司董事会决定并宣布分配股利的日期。股份公司在决定分配股利后,应当由董事会根据股利分配方案向股东宣布公司将在某个时期发放股利。宣布这一事项的日期,称为股利宣布日。一般来说,股利宣布日和正式支付股利日不会是同一天。股份公司董事会一旦宣布分配股利方案,股利支付就构成公司应当承担的一项法律责任。股利宣布日公布的股利分配方案若能给投资者带来惊喜的话,股价将会上涨;若令投资者失望的话,股价则可能下跌。

2. 股权登记日

股权登记日是董事会规定的登记股权的具体日期,股东在该日期办理股权登记才有资格领取公司派发的本期股利。上市公司股份每日都在交易市场上流通转让,股权登记日就是界定哪些股东具备参加分红或参与公司的送股、派息或配股的资格。目前,我国沪深股市的投资者无须办理股权登记手续,在股权登记日这一天仍持有或买进该公司股份的投资者,就有资格享有此次分红、配股的权利。

3. 除权除息日

除权除息日即股权登记日后的下一个交易日。这一天或以后购入该公司股票的股东,不再享有该公司此次分红、配股的资格。除权除息日当天,按照分配方案,上市公司将向股东送股派息,并除权除息,股价成为除权除息价格。除权与除息是不同的,前者涉及非现金形式的权益,后者则涉及现金股利(包括可选择收取新股代替现金的股息)。

除权(除息)股与含权(含息)股的差别就在于是否能够享受股利、股息,这也决定了两者市场价值之间存在差异。除权除息日当天开市前要根据除权除息具体情况计算得出一个剔除股权股息影响后的价格作为开盘指导价,这也称为除权(除息)基准价。

(1) 除息基准价的计算办法为:

$$除息基准价 = 股权登记日收盘价 - 每股所派现金 \quad 6-12$$

探究与发现 6-2

某股票 2020 年度分红派息方案为:10 派 3.00(即每 10 股派发人民币 3 元)。股权登记日为 2021 年 7 月 14 日,除权除息日 2021 年 7 月 15 日的收盘价为 28.2 元,每股送红利现金 0.30 元,那么次日股价应该为多少?

其次日开盘价为 27.85 元,这是以 27.9 元的除息价为基准,经过集合竞价形成的开盘价。

(2) 除权基准价的计算分为送股除权基准价的计算和配股除权基准价的计算。

$$送股除权基准价 = \frac{股权登记日收盘价}{1 + 每股送股比例} \quad 6-13$$

探究与发现 6-3

某股票股权登记日的收盘价为 24.75 元,每 10 股送 3 股,每股的送股比例为 0.3,则次日股价为多少?

$$配股除权基准价 = \frac{股权登记日收盘价 + 配股价 \times 配股比例}{1 + 每股配股比例} \quad 6-14$$

探究与发现 6-4

某股票股权登记日的收盘价为 18.00 元,每 10 股配 3 股,配股价为每股 6.00 元,则次日股价为多少?

(3) 有送红利、派息、配股的除权基准价的计算方法为:

$$除权基准价 = \frac{收盘价 + 配股比例 \times 配股价 - 每股所派现金}{1 + 送股比例 + 配股比例} \quad 6-15$$

探究与发现 6-5

某股票股权登记日的收盘价为 20.35 元,每 10 股派发现金红利 4.00 元,送 1 股配 2 股,配股价为每股 5.50 元,则次日股价为多少?

在除权除息后的一段时间里,如果该公司未来发展潜力被投资者看好,买入股票将会不断推升股价,从除权价慢慢上涨到除权以前的价格,甚至超过除权前的价格,这种行情称为填权。倘若股价上涨到除权除息前的价格水平,则为填权走势。相反,如果多数人不看好该股,除权以后股价会不断走低,低于除权(除息)基准价,则为贴权走势。股票能否出现填权走势,一般与市场环境、发行公司的发展前景、公司获利能力和企业形象有关。

第二节 债券投资的收益

一、债券投资收益的影响因素

债券投资收益是指债券投资者购买债券所获得的报酬,受到如下因素的影响:

(一) 债券票面利率

债券票面利率是指发行债券时规定应付并直接印刷在债券票面上的利率,表示每年应付的利息额与债券面额之比,是债券的主要收益来源。因此,债券票面利率越高,债券利息收入就越高,债券投资收益也就越高。债券的票面利率取决于债券发行时的市场利率、债券期限、发行者的信用水平、债券的流动性水平等因素。债券期限长,票面利率就越高;发行者信用水平越高,票面利率就越低;债券的流动性越高,票面利率就越低。

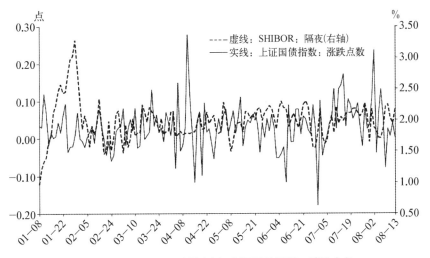

图 6-1 SHIBOR(隔夜)与上证国债指数:涨跌点数

(数据来源:Wind)

从图 6-1 可以看到，上海银行同业拆借利率（SHIBOR）是比较敏感的利率指标，其涨跌幅与国债指数涨跌幅常常是反相关的。SHIBOR 利率上涨，国债指数常常同步下跌。

（二）市场利率与债券价格

债券最终收益率的计算公式如下：

$$最终收益率 = \frac{年利息 + (债券面值 - 发行价格或认购价格) \div 剩余年限}{债券的发行价格或认购价格} \times 100\%$$

6-16

从式 6-16 可知，最终收益率不仅包括债券的利息收入，而且包括债券投资的资本损益，是长期运用资金的机构投资者（例如保险基金、养老基金等）十分看重的指标。具体而言，市场利率的变动与债券价格呈反相关关系，即当市场利率升高时债券价格下降，市场利率降低时债券价格上升。市场利率的变动引起债券价格的变动，从而给投资者买卖债券带来差价。随着市场利率的升降，投资者如果能适时地买卖债券，就可获取更大的债券投资收益。债券最终收益率与债券面值和票面利率相联系，当债券价格高于其面值时，债券收益率低于票面利率；反之则高于票面利率。

（三）债券的投资成本

债券投资成本包括购买成本、交易成本和税收成本三部分。购买成本是投资者买入债券所支付的金额；交易成本包括经纪人佣金及各类手续费等。国债的利息收入是免税的，但金融债、公司债的利息收入需要缴税，机构投资者还需要缴纳营业税，税收也是影响债券实际投资收益的重要因素。

（四）市场供求、货币政策和财政政策

债券市场需求大于供给，使债券价格上升；货币政策扩张（例如降息），推升债券价格；财政政策扩张，会增发国债，导致国债市场供应增加，债券价格走低。

二、债券投资收益的衡量指标

债券投资收益主要用债券收益率来衡量，债券收益率（年率）是每年投资债券产生的收益与本金的比率。决定债券收益率的要素包括利率、期限、购买价格。这三个要素之间的变动决定了债券收益率的高低。

（一）债券票面收益率

债券票面收益率（又称息票率或名义利率），是债券每年支付的利息与债券的票面价格或偿还价格之比。例如，"第三期期限为 3 年，票面年利率为 3.8%，最大发行额为 200 亿元；第四期期限为 5 年，票面年利率为 3.97%，最大发行额为 200 亿元"[①]。这里，票面年利率是不用计算的，可直接从文字中读到。如果投资者从证券流通市场购买债券，则债券

---

① 财政部、人民银行：《关于 2021 年第三期和第四期储蓄国债（电子式）发行工作有关事宜的通知》（财库〔2021〕21 号）。

票面收益率按以下公式计算：

$$票面收益率 = \frac{债券每年支付的利息}{债券的票面价格或偿还价格} \times 100\% \qquad 6-17$$

> **探究与发现 6-6**
>
> 债券的面值为 100 元，债券发行者每年向债券持有者支付 3.5 元的利息，那么，债券的票面收益率是多少？

（二）债券当期收益率

当期收益率或直接收益率，是指利息收入所产生的收益。当期收益率是债券的年息除以债券当前的市场价格（认购价）得到的收益率，它并没有考虑债券投资所获得的资本利得或是损失，仅衡量债券某一期间所获得的现金收入相较于债券价格的比率。现实中，债券并不总是按照面值发行，常常采用折价或者溢价发行，尤其是公司债。当期收益率表明了债券实际价格与票面利率之间的关系，可以衡量债券某一期间所获得的现金收入相较于债券价格的比率。

$$当期收益率 = \frac{债券面额 \times 票面利率}{债券的认购价} \times 100\% \qquad 6-18$$

> **探究与发现 6-7**
>
> 债券的面值为 1 000 元，票面年利率为 3.5%，期限为 1 年，某一投资者以 950 元的价格购入，其直接收益率是多少？

由于购买的实际价格低于其面值，所以收益率高于其票面利率。

> **探究与发现 6-8**
>
> 债券的面值为 1 000 元，票面利率为 4%，期限为 1 年，购买价是 1 050 元，其直接收益率是多少？

由于购买的实际价格高于其面值，所以收益率低于其票面利率。

（三）债券持有期收益率

债券持有期收益率是指买入债券后持有一段时间，又在债券到期前将其出售而得到的收益。这部分收益，包括持有期债券利息收入与资本利得之和与买入债券的实际价格（即本金）之比率。其中，债券的持有期是指从购入债券至售出债券（到期前售出债券）之间的时间，通常要将单位换算为"年"（持有期的实际天数①除以 365）。债券持有

---

① 实际天数的计算，"算头不算尾或者算尾不算头"。"算头不算尾"是银行计算利息的规则，即计算利息时存入的当天计算在内，到期当天不计算。"算尾不算头"正好相反，到期当天不算，存入当天计算在内。

期收益率的计算公式为：

$$持有期收益率 = \frac{持有期年均收益 + (债券卖出价 - 债券买入价) \div 持有年限}{债券买入价} \times 100\%$$

6-19

其中：

$$持有期年均收益 = \frac{持有期收益}{债券持有年限}$$

按照持有天数，折算持有年限：

$$持有年限 = \frac{债券实际持有天数}{365}$$

(四) 债券到期收益率

债券到期收益率(YTM)又称最终收益率，是指债券从认购日起至偿还日止债券全部持有期间所得到的利息收入，以及偿还盈亏的合计金额折算成相对于投资本金的年收益率。债券持有到偿还期所获得的收益包括到期的全部利息和资本损益。

(1) 认购者到期收益率，是指债券投资者在债券发行时就买入并持有到期满的收益率，属于单利到期收益率。其计算公式为：

$$到期收益率 = \frac{票面年利息 + (债券面额 - 购入价格) \div 到期年限}{债券的发行价(或认购价格)} \times 100\%$$ 6-20

如果该债券以票面金额发行，那么到期收益率就是其票面利率。

(2) 已发行债券收益率，是指投资者在债券二级市场上投资已发行债券，并持至期满的收益率，属于单利到期收益率。其计算公式为：

$$到期收益率 = \frac{票面年利息 + (债券面额 - 发行价格) \div 剩余年限}{债券买入价格} \times 100\%$$ 6-21

到期收率与持有期收益率相比，相同点是买入市场相同，两者都是在二级市场上买入债券；不同的是收回投资款的时机不同，前者持有债券到期获得偿付，后者是到期前卖出债券获得收益。

(五) 贴现债券收益率

贴现债券，其票面利率为零，一般通过折价发行(以低于面值的价格发行)，期满后按照票面偿还本金。投资者获得票面金额与购买价格之间的差额收益。由于贴现债券不支付年息，发行价格低于票面金额的，到期以票面金额偿还，所以又被称为"零息债券"。贴现债券收益率包括贴现债券单利到期收益率和贴现债券复利到期收益率。

1. 剩余期限不满 1 年的贴现债券单利到期收益率

投资这类债券，不获债券利息收入，而只获得偿还价格(即面额)与购买价格之差的收益率。一般是期限在1年以内的贴现债券用单利计算到期收益率。其计算公式为：

$$到期收益率 = \frac{偿还价格 - 购买价格}{购买价格} \times \frac{365}{剩余天数} \times 100\% \quad 6-22$$

探究与发现 6-9

一张面额为 1 000 元的债券，期限为 91 天的贴债券，发行价格 980 元，该债券单利到期收益率是多少？

2. 剩余期限在 1 年以上的贴现债券复利到期收益率

剩余期限在 1 年以上的贴现债券，到期收益率的计算考虑了复利因素，贴现债券复利到期收益率是指期限在 1 年以上的贴现债券以复利计算的到期收益率。其计算公式为：

$$到期收益率 = \left(\sqrt[n]{\frac{偿还价格}{购买价格}} - 1 \right) \times 100\% \quad 6-23$$

式中，n 为距到期年数。

探究与发现 6-10

一张面额为 100 元的贴现债券，其发行价格为 82 元，期限为 3 年，其复利到期收益率是多少？

三、债券的偿还

债券偿还是债券发行人到期偿还债券本息的行为，偿还后债权、债务的信用关系解除。债券的偿还方式大致可分为到期偿还、期中偿还和延期偿还三种。

(一) 债券的偿还方式

1. 到期偿还

到期偿还就是按发行时所约定的还本时间，在债券到期时一次全部偿还债券本金。我国发行的国债、金融债券、公司债券都采用这种偿还方式。债券在到期时偿还本金是买方和卖方在一般情况下不言自明的约定。如果债券的发行人在发行债券时考虑到不一定能在债券到期时一次偿还本金，就必须在发行前事先予以说明，且订立特殊的还本条款。

2. 期满前偿还

期满前偿还（又称期中偿还或中途偿还），即债券到期之前便开始分次偿还本息，到债券期满时已全部偿还完毕。期满前偿还，又可分成定期偿还（有抽签偿还、买入注销等形式）、任意偿还（有全额偿还、部分偿还等形式）、提前赎回等。

(1) 定期偿还，是指债券宽限期过后，在规定的日期，分次按一定的偿还率偿还本金。一般的做法是在每次利息支付日，连同利息一并向投资者偿还一部分本金，到债券期满时全部还清。

> **探究与发现 6-11**
>
> 定期偿还有哪些具体形式？

(2) 任意偿还，是指发行者预先没有明确的偿还期限，而是自由确定时间分一次或几次偿还。这种办法很少采用，原因是发行者凭自己的意志随意决定或变动偿还时间，可能损害债券持有者的利益。

3. 延期偿还

延期偿还是在债券发行时就设置了延期偿还条款，赋予投资者于债券到期后继续按原定利率持有债券，直至一个指定日期或几个指定日期中的一个日期偿还的权利。这一条款对债券的发行人和购买者都有利，它在筹资人需要继续发债和投资者愿意继续购买债券时省去发行新债的麻烦，债券的持有人也可据此灵活地调整资产组合。

(二) 债券利息的支付方式

债券发行人向债券持有人支付债券利息的具体方式包括：

(1) 息票方式，又称剪息票方式，指通过裁剪息票的方式定期从发债人处获得利息。持券人凭债券上所附息票定期取得(例如，3 年期国债，每年支付利息的时间，投资者带国债到银行，银行工作人员减去息票，对付当年利息)或到期一次取得利息。这是最常见的利息支付方式。

(2) 折扣利息(零息债券的利息支付方式)，投资者在购买债券时，按照规定的折扣率，以低于票面额的价格买进，到期则按面额收回本金。采用这种方式时，投资者的利息已提前取得，其投资收益来自购买时的价格与期满收回的本金之间的差额。由于没有票面利率，免征利息所得税。

(3) 本息合一方式，即通过债券到期后的一次还本付息来支付利息。它又可具体分为三种：① 固定利息的一次还本付息，即在每一个年度都按同一的固定利率来支付利息；② 累进的还本付息，即债券的利率随期限的延长而逐年递增；③ 复利计算的一次还本付息，即将每年的应付利息加入下一年度的本金中计息，按年度循环。

(4) 实物利息，即以实物形式向持券人支付利息。这种付息形式一般是以购买某种特定的紧俏物资的优先权作为利息。因而，它对迫切需要购买某种特定实物的企事业单位具有相当大的吸引力，而对其他投资者特别是个人投资者缺乏吸引力，债券的转让也比较困难。

第三节　证券投资基金的收益

一、证券投资基金收益的构成

证券投资基金的收益是指在一定时期内(如 1 年)经营基金的全部收入，是弥补基金费用及对受益人进行分配的资金来源。这种收益主要来源于基金资产运作中的利息收入、股息红利收入、资本利得、资本增值等。这些收益在扣除了基金运作费用(包括经理人费用和保管人费用)后,剩余的部分用于基金、证券的分配。

(一) 利息收入

(1) 存款利息收入。来自存放于银行或其他金融机构的流动资金的储蓄投资。这部分流动资金,是基金经理为了保证资产的流动性,以备投资者赎回受益凭证的要求,或以此资金为基础及时抓住有利的投资机会。流动资金比率大约是基金资产的5%—10%。所以,每隔一段时间流动资金的储蓄投资便会有利息收入。

(2) 投资于有价证券的利息收入。按照基金的种类,基金资产中有相当一部分将投资于各种债券、商业票据、可转让大额存单或其他短期票据,这部分投资就会带来稳定的利息收入。

(二) 股息和红利收入

股息收入是指基金投资者因购买上市公司股票,包括普通股、优先股等而享有对该公司净利润分配的权利。作为长线投资产品,基金的主要目标在于为投资者获取长期、稳定的回报,红利是构成基金收益的一个重要部分。所投资股票红利的多少,是基金管理遴选投资组合的一个重要标准。

(三) 资本利得

资本利得即基金经理将基金资产投资于有价证券后,利用各种投资技巧在证券市场获取的买卖差价收益,是基金的主要收益。基金经理通常把已实现的资本利得分配给投资者。

(四) 资本增值

基金经理用基金的资金在股市上低价买入具有成长潜力的股票,持有一段时间以后,股价上涨,基金的净资产上升,超过购买时的成本,从而导致基金净资产的增加,这部分增加额就是基金的资本增值。

(五) 其他收入

其他收入即运用基金资产而带来的成本或费用的节约额,如基金因大额交易而从券商处得到的交易佣金优惠等杂项收入,这部分收入通常数额很小。

二、证券投资基金的费用

证券投资基金的费用支出,一般包括两大类:一类是在基金交易过程中发生的、由基金投资者自己承担的费用,主要包括认购费、申购费、赎回费和基金转换费等交易相关费用。这些费用,一般直接由基金管理公司在投资者认购、申购、赎回或转换时直接扣除收取。其中申购费可在投资者购买基金时收取,即前端申购费;也可在投资者卖出基金时收取,即后端申购费,其费率一般按持有期限递减。

另一类是在基金管理过程中发生的费用,主要包括基金管理费、托管费、信息披露费等,这些费用由基金资产承担。对于不收取申购、赎回费的货币市场基金和部分债券基金,还可按不高于 2.5‰ 的比例从基金资产中计提一定的费用,专门用于本基金的销售和对基金持有人的服务。

证券投资基金的费用支出,不管是否直接从投资者交易中扣除,或者由基金自身承担,最终都是由投资者承担的。所不同的是,承担方式是显性的,直接向客户收取;或者隐性的,从基金资产中列支,影响基金的收益率。

(一) 认购/申购费等交易相关费用

基金销售过程中发生的、由基金投资者承担的费用,主要是认购/申购费、赎回费及基金转换费等交易相关费用。购买基金分认购和申购。基金首次发售的基金份额称为基金募集,在基金募集期内购买基金份额的行为称为"基金的认购",一般认购期最长为一个月。而投资者在募集期结束后,申请购买基金份额的行为通常叫作"基金的申购"。在基金募集期内认购,一般会享受一定的费率优惠。新基金一般要经过封闭期后才能赎回,封闭期是基金经理用来建仓的。另外,新基金的选股和择时能力尚未得到市场的认可。

主动基金的申购费率通常是 1.5%;指数型基金的申购费率低一些,通常为 1%;混合型基金的申购费率通常也为 1%;债券基金的申购费率为 0.5% 左右;货币基金的申购费率为 0。现实中,基金的申购费率要低于上述标准。基金申购渠道包括券商、银行、第三方销售平台等,例如在第三方支付平台所提供的小程序可以买卖基金,在金融机构的柜台也可以买卖基金。这些渠道在基金买入、赎回的时间上都是一样的,费率方面有点小差异,不影响投资决策。

(二) 管理/托管费

基金在管理过程中发生的费用,主要有基金管理费、基金托管费、信息披露费等,这些费用都由基金资产承担。对于不收取申购费、赎回费的基金,还可以按照不高于 0.25% 的比例从基金资产中计提一定的费用,专门用于本基金的销售和对基金持有人的服务。主动基金的管理费通常是 1.5%,托管费是 0.25%;指数基金管理费为 0.5%,托管费为 0.1%;混合型基金的管理费约为 1%;货币基金管理费为 0.3% 左右(多个销售服务费)。顾名思义,管理费归基金管理人,托管费归基金托管银行所有。

(三) 赎回/转换费

基金赎回费,就是投资者卖出基金份额,获得现金资产所需要支付的费用。对于持有某个基金的投资者,后来转而对其他基金感兴趣,可以通过转换交易将持有的基金转换为下个投资目标的基金,相当于卖出-买入交易,需支付基金转换费用。为了鼓励投资者长期持有基金份额,赎回/转换费通常按照不同的时间段收取:对于短期赎回的投资者,尤其是频繁买卖交易的投资者就需要支付较高的费用(但不超过规定的费率),长期持有基金的投资者,其赎回费率将会打折。因此,赎回/转换费对基金投资者而言是不容忽略的成本。

(四) 交易费用

当基金进行股票、债券交易时,都会涉及类似印花税、交易佣金等,相较而言,指数基金的交易费用(1%)肯定会比主动基金少很多,而 ETF 基金的交易费率最低,通常为 0.2%左右。

(五) 其他费用

基金还存在一些隐性费用,如审计费、信息披露费等。这些费用通常是固定,是按照相关规定需要支出的费用,占基金资产的比率很低。如果基金资产规模较大,这些费用不会影响到投资者的收益,可以忽略这些费用带来的影响。

三、证券投资基金收益的分配

证券投资基金收益分配,是指将本基金的净收益根据持有基金单位的数量按比例向基金持有人进行分配。若基金上一年度亏损,当年收益应先用于弥补上年亏损。在基金亏损完全弥补后尚有剩余的,方能进行当年收益分配。基金当年发生亏损,无净收益的,不进行收益分配。

(一) 收益分配原则

证券投资基金收益分配原则包括:

(1) 每份基金份额享有同等分配权。

(2) 基金当年收益先弥补上一年度亏损后,方可进行当年收益分配。

(3) 如果基金投资当期出现亏损,则不进行收益分配。

(4) 基金收益分配后基金份额净值不能低于基金面值。

(二) 分配方案

证券投资基金的收益分配方案一般应确定如下事项:

(1) 确定收益分配的内容。确切地说,基金分配的客体是净收益,即基金收益扣除相关费用后的余额。扣除的费用包括:支付给基金管理公司的管理费、支付给托管人的托管费、支付给注册会计师和律师的费用、基金设立时发生的开办费及其他费用等。一般而言,基金当年净收益应先弥补上一年亏损后才可进行当年收益分配;如果基金投资当年净亏损,则不应进行收益分配。特别需要指出的是,上述收益和费用数据都须经过具备从事证券相关业务资格的会计师事务所和注册会计师审计确认后,方可实施分配。

(2) 确定收益分配的比例和时间。一般而言,每个基金的分配比例和时间都各不相同,通常是在不违反国家有关法律法规的前提下,在基金契约或基金公司章程中事先载明。在分配比例上,美国有关法律规定基金必须将净收益的 95%分配给投资者。而根据我国的有关规定,封闭式基金的收益分配,每年不得少于一次,封闭式基金年度收益分配比例不得低于基金年度已实现收益的 90%。开放式基金的基金合同应当约定每年基金收益分配的最多次数和基金收益分配的最低比例。[①]

(3) 确定收益分配的对象。无论是封闭式基金还是开放式基金,其收益分配的对象

[①] 中国证监会:《证券投资基金运作管理办法》(2012 年修订)。

均为在特定时日持有基金单位的投资者。基金管理公司通常需规定获得收益分配权的最后权益登记日,在这一天交易结束后列于基金持有人名册上的投资者,方有权享受此次收益分配。

(4) 确定分配的方式。一般有三种分配方式:① 分配现金。这是基金收益分配的最普遍的形式。② 分配基金单位。将应分配的净收益折为等额的新的基金单位送给投资者,类似于"送股",实际上是增加了基金的资本总额和规模。③ 不分配。既不送基金单位,也不分配现金,而是将净收益列入本金进行再投资,使得基金单位净资产值增加。我国规定,基金收益分配应当采用现金方式。开放式基金的基金份额持有人可以事先选择将所获分配的现金收益,按照基金合同有关基金份额申购的约定转为基金份额;基金份额持有人事先未做出选择的,基金管理人应当支付现金[①]。

(5) 确定收益分配的支付方式,即投资者如何获取应归属于他们的收益的问题。采用支付现金的,由托管人将现金划拨至持有人的证券交易账户;采用分配基金单位的,由基金管理公司将基金单位份额划拨至持有人的证券交易账户。尽管基金通过投资组合分散非系统性风险,追求以较低的风险获得较高的收益,但是基金经理对基金的未来收益是不做任何保证的,基金由于管理人运作不成功会出现收益低甚至亏损的结果。

(三) 基金收益分配的频率

在收益分配的频率上,不同国家和地区的规定和实践也不尽相同,有的每年分配一次,有的每半年分配一次等。总的来看,收益分配的次数越少,手续越简单。但因为基金类型、投资者种类和偏好的差异,收益分配的频率也不同,这样可以更好地满足投资者的不同需要。

(四) 基金收益分配的程序

基金收益分配,由基金管理公司下达指令到基金托管机构,由托管机构将核准的分配现金总额拨付给指定的收款人。基金收益分配方案中应载明收益分配基准日以及该日的可供分配利润、分配对象、分配原则、分配时间、分配数额及比例、分配方式、支付方式等内容。

第四节 证券投资的风险

一、证券投资风险的概念

投资风险是指未来投资收益的不确定,可以用概率分布来测度这种不确定性。证券投资风险是指投资者在证券投资过程中面临未来收益率的不确定性。投资收益率小于0,说明投资出现亏损;大于0,说明投资获得盈利;等于0,则没有盈亏。

---

① 中国证监会:《证券投资基金运作管理办法》(2012年修订)。

二、证券投资风险的种类

证券投资风险是指与证券投资活动相关的所有风险,即总风险,其可分为系统性风险和非系统性风险。

(一)系统性风险

系统性风险是指那些影响市场上所有公司的因素导致的风险,是由于全局性的共同因素引起的投资收益的可能变动,这种因素以同样的方式对证券市场所有股票、债券等的收益产生影响。系统性风险是由公司外部因素引起的,包括:① 政治、军事因素,例如战争、政权更迭;② 经济因素,如经济周期、通货膨胀、宏观政策调整;③ 其他因素,如自然灾害等。虽然不同的上市公司对系统性风险的敏感程度不一样,但系统性风险是上市公司自身无法控制的,也无法通过投资组合进行有效的分散。系统性风险的大小通常用 β 系数进行表示。

> **探究与发现 6-12**
> 了解国际金融机构对系统性风险的讨论。

(二)非系统性风险

非系统性风险也称"可分散风险",与系统性风险相对。非系统性风险是指只对某个行业或个别公司的证券产生影响的风险,通常由某一特殊的因素引起,与整个证券市场的价格不存在系统、全面的联系,而只对个别或少数证券的收益产生影响。它是由发生于个别公司的特有事件造成的风险,例如上市公司的工人罢工、新产品开发失败、错失重要的销售合同、诉讼失败、宣告发现新矿藏、食品污染等。非系统性风险主要影响某只股票或者某一行业(或板块)股票,与市场的其他证券没有直接联系,或者较少有直接关系,投资者可以通过分散投资的方法来抵消该类风险。

1. 非系统性风险的主要特征

(1) 它是由特殊因素引起的,如企业的管理问题、上市公司的劳资问题、经营中遇到的问题等。

(2) 它主要影响某个股票(或相关的一些股票)的价格和这些上市公司的损益。它是某一企业或行业特有的那部分风险,严重的也会拖累股市大盘。如医疗板块,某一个上市公司的新药获批,当天个股强劲上涨,带动整个医疗板块股价上涨。

(3) 它可通过分散投资得以减少,但并不能完全消除。由于非系统风险属于个别风险,是由个别人、个别企业或个别行业等可控因素带来的。因此,投资者可通过投资的多样化来化解非系统性风险。

2. 非系统性风险的类型

(1) 信用风险,又称违约风险,是指证券发行人在证券到期时无法按时足额还本付息而使投资者遭受损失的风险。证券发行人如果不能足额支付债券利息、优先股票股息或偿还本金,或者延期支付利息、股息或偿还本金,都属于信用风险。信用风险揭示了发行人在财务状况不佳时出现违约和破产的可能,它主要受证券发行人的经营能力、盈利水平、业务稳定程度及规模大小等因素影响。信用风险是债券的主要风险,所以债券需要进行信用评级。投资者回避信用风险的最好办法就是参考信用评级的结果。信用级别高的证券信用风险低;信用级别越低,违约的可能性越大,信用风险也越大。

（2）财务风险,又称筹资风险,是指上市公司因过度负债而影响其按时、足额偿债能力的可能性及公司利润（股东收益）的不稳定性。公司在筹资、投资和生产经营活动各环节中无不面临一定程度的风险,公司承担财务风险的大小因负债方式、期限及资金使用方式等不同,面临的偿债压力也有所不同。投资者投资债务低的公司的股票,可以降低甚至避免公司财务风险。然而,这样的公司融资能力低,其盈利能力也可能相对较低。如何在财务风险低但盈利能力低的公司或者盈利能力强但财务风险高的公司中做出权衡,是投资者需要做的功课。

（3）经营风险,是指由于公司的外部经营环境和条件,以及内部经营管理方面的问题造成公司经营业绩的变动对股民投资收益不确定性的影响。经营风险的大小与公司所从事的行业有关,有些上市公司（如高科技板块）发展潜力大,投资者获取高收益的可能性也较大,但竞争激烈,经营风险较大。有些行业的经营风险相对较小,但成长空间也相对较小,投资者获取高收益的可能性也较小。

（4）流动性风险,即因市场成交量不足或缺乏交易愿意,导致未能在理想的时间点、价位完成股票或者其他证券的买卖转让的风险。一般情况下,证券市场上股票买卖交易通畅,流动性风险相对较小;封闭式基金有时候会遇到连续几天无法卖出的情况,流动性风险相对较大。

三、证券投资风险的衡量

用统计学等工具衡量证券投资风险,可以更好地把握证券投资风险的特征、大小,可以建立各种指标,更好地刻画风险。这里,主要介绍著名的证券投资风险衡量模型。

（一）均值-方差模型

均值-方差模型（Mean-Variance Model）是由哈里·马科维茨（Harry Markowitz）在1952年提出的风险投资模型。

1. 假设条件

该理论依据以下几个假设:① 投资者通过在某一段时间内的预期回报率和标准差来评价投资组合。② 在其他条件相同的情况下,投资者在两种投资组合中选择预期回报率较高的一种。③ 在其他条件相同的情况下,投资者在两种投资者组合中选择标准差较小的一种。④ 每种资产都是无限可分的。⑤ 投资者可以以一个无风险利率贷出（即投资）或借入资金。⑥ 税收和交易成本均忽略不计[①]。

[①] 威廉·夏普等:《投资学》（第五版）,赵锡军等译,中国人民大学出版社1998年版。

2. 均值-方差模型的构造

马科维茨把风险定义为收益率的波动率,首次将数理统计的方法应用到投资组合选择的研究中。对于证券及其他风险资产的投资,首先需要研究的是两个核心问题,即预期收益与风险。根据以上假设,马科维茨确立了证券组合预期收益、风险的计算方法和有效边界理论,建立了资产优化配置的均值-方差模型。

(1) 预期收益,即为均值、期望收益,就是收益时间序列的数学期望,是投资组合中的证券收益率的加权平均值,即没有意外事件发生时,该组合中各个单只证券所预测得到的收益率序列及相对应的投资比例的乘积之和。

(2) 方差,或者标准差,是指投资组合的收益率的方差,在统计学中用来度量单个随机变量的离散程度,衡量实际收益率和均值的背离,刻画了投资组合的风险,以此作为风险指标。

模型的目标函数为投资组合 $\sum_i x_i r_i$ 的方差:

目标函数: $\min \sigma^2(r_p) = \text{var}(\sum_i x_i r_i) = \sum_{ij} x_i x_j \text{Cov}(r_i, r_j)$ 6-24

约束条件: $\sum_i x_i E(r_i) \geqslant \mu, \quad \sum_i x_i \leqslant 1, x_i \geqslant 0$ 6-25

如果证券 i 允许卖空,则去掉相应的 $x_i \geqslant 0$ 的约束。这里 x_i 表示在证券 i 上投入的资金比例,全部投资的总比例 $\sum_i x_i \leqslant 1$,即不超过预算。第 i 只股票的收益 r_i 的期望为 $E(r_i)$,两只股票 i、j 的收益的协方差为 $\text{Cov}(r_i, r_j)$。所求的投资组合要达到的期望收益为 $\sum_i x_i E(r_i) \geqslant \mu$,为达到目标期望收益 μ,通过调整资金比例 x_i 可使得风险 $\sigma^2(r_p)$ 最小。其经济学意义是,投资者可预先确定一个期望收益,通过式 6-24 与式 6-25 可确定投资者在每个投资项目(如股票)上的投资比例(项目资金分配),使其总投资风险最小。不同的期望收益有不同的最小方差组合,这就构成了最小方差集合。

(二) 资本资产定价模型中的 β 系数

资本资产定价模型(CAPM)是由美国学者夏普、林特纳(John Lintner)、莫辛(Jan Mossin)等人于 1964 年在资产组合理论和资本市场理论的基础上发展起来的,主要研究证券市场中资产的预期收益率与风险资产之间的关系以及均衡价格是如何形成的,是现代金融市场价格理论的支柱,广泛应用于投资决策和公司理财领域。在该模型中,提出了系统性风险的衡量指标 β 系数。按照 CAPM 的规定,β 系数是用以度量一项资产系统性风险的指针,是用来衡量一种证券或一个投资组合相对总体市场的波动性的风险评估工具。即:

$$\beta_a = \frac{\text{Cov}(r_a, r_m)}{\sigma_m^2} \quad \text{6-26}$$

式 6-26 中,$\text{Cov}(r_a, r_m)$ 是证券 a 的收益与市场收益的协方差;σ_m^2 是市场收益的方

差。β系数衡量股票收益相对于业绩评价基准收益的总体波动性,是一个相对指标。β系数的值越大,意味着股票相对于业绩评价基准的波动性越大。β大于1,则股票的波动性大于业绩评价基准的波动性;反之亦然。1972年,经济学家费歇尔·布莱克(Fischer Black)、迈伦·斯科尔斯(Myron Scholes)等发表论文《资本资产定价模型:实例研究》,通过研究1931—1965年纽约证券交易所股票价格的变动,证实了股票投资组合的收益率和它们的β系数之间存在着线性关系。

四、证券投资收益与风险的关系

收益和风险,是证券投资的核心问题。在证券投资中,收益以风险为代价,风险用收益来补偿。证券投资,其目的是得到收益,又不可避免地面临风险。一般情况下,追求高收益,需要承担高风险。例如,为了追求高收益,投资者参与股指期货交易,利用其财务杠杆,"以四两拨千斤"放大投资收益。同时,风险也将同比例放大,价格波动可以轻易地将投资者的利润化为乌有,甚至"爆仓"。反之,要降低投资风险,也只能获得稳健投资带来的低收益,可以投资货币基金、债券基金、国债,甚至选择银行存款。这样,投资风险将会大大减小,同时收益也大大下降,甚至无法跑赢通货膨胀率。因此,投资者需要按照自己的风险承受能力,尝试选择符合自己需要的投资产品,或者构造自己满意的投资组合。具体分析如下:

(1) 同一种类型的债券,长期债券利率比短期债券高,这是对利率风险的补偿。政府债券,没有信用风险和财务风险。长期债券的利率要高于短期债券是因为短期债券利率风险较小,而长期债券却可能受到利率变动的影响,两者之间利率的差额就是对利率风险的补偿。

(2) 不同种类债券的利率不同,这是对信用风险的补偿。通常,在期限相同的情况下,中央政府发行的债券利率最低,地方政府债券利率稍高,其他依次是金融债券和公司债券。在公司债券中,信用评级高的债券利率较低,信用评级低的债券利率较高,这是因为它们的信用风险不同。

(3) 通货膨胀影响债券利率。当通货膨胀加剧,例如社会商品与服务的价格全面、大幅、持续上升,那么债券的实际收益率将会下降,央行将会通过加息来抑制通货膨胀,交易市场上的债券价格将会下降,新发行上市的债券面值利率将会上升;当通货膨胀非常严重的时候,还会对已发行的债券,在原票面利率基础上,再加上保值贴补率,甚至发行浮动利率债券。这种情况是对购买力风险的补偿。

(4) 股票投资的收益率一般高于债券,风险也大大高于债券。这是因为股票所代表的上市公司将面临经营风险、财务风险、汇率风险(如果有国际业务的上市公司)以及经济周期波动所来带来的风险。此外,股市本身还有很多投资风险,例如概念操作、各类机构之间的博弈等。这些风险都将反映在股价上,表现为股价波动频繁,波动幅度大。在沪深股市,分属于不同类型的股票市场,由于上市公司所属行业的生命周期不同,公司规模不同等,股票投资所面临的风险也会各有自身的特点,这些都将反映在股价上。投资者以出价和要价来评价不同股票的风险,推动股价上下波动。收益大于风险的股票不断被投资者看好、买入,推动股价上扬;反之则被抛售、打压。

当然,完整、准确刻画证券投资的收益与风险是非常困难的。虽然现在可以用投资组合理论中的均值与方差来表达收益与风险,资本资产定价模型中的 β 系数可以衡量个股的系统性风险,但是还不够完整、准确,投资者还是无法完全掌握风险的所有细节,这也推动着人们不断去探索股市投资的风险与收益的关系。

本 章 小 结

证券投资的收益包括股票投资的收益、债券投资的收益和证券投资基金的收益。股票投资收益由股利和价差收益两部分构成。股票投资收益可用普通股每股净收益、每股现金流量、本期股利收益率、持有期收益率、拆股后持有期收益率、市盈率、市现率和市净率来衡量。

债券投资收益主要用债券收益率来衡量,债券收益率的计算方法主要有票面收益率、当期收益率、持有期收益率、到期收益率和贴现债券收益率五种。

证券投资基金的收益由利息收入、股息和红利收入、资本利得、资本增值及其他收入构成。证券投资基金的收益分配是指将本基金的净收益根据持有基金单位的数量按比例向基金持有人进行分配。

证券投资风险分为系统性风险和非系统性风险。系统性风险是指由于全局性的共同因素引起的投资收益的可能变动;非系统性风险是指由某一特殊因素引起的只对个别或少数证券收益造成损失的风险,包括信用风险、财务风险、经营风险和流动性风险。证券投资风险可以通过均值-方差模型中的预期收益、方差以及资本资产定价模型中的 β 系数来衡量。

证券投资的收益和风险是证券投资的核心问题,收益是风险的补偿,风险是收益的代价,两者一般呈正相关关系。

思 考 与 练 习

一、单选题

1. 如果一种债券的市场价格下降,其到期收益率必然会(　　)。
   A. 不确定　　　　　　B. 不变　　　　　　C. 下降　　　　　　D. 提高
2. 市盈率的计算公式为(　　)。
   A. 每股市价乘以每股盈利　　　　　　B. 每股盈利加上每股市价
   C. 每股市价除以每股盈利　　　　　　D. 每股盈利除以每股市价

3. 以下属于非系统性风险的有(   )。
   A. 市场风险　　　　B. 财务风险　　　　C. 汇率风险　　　　D. 利率风险
4. 通常情况下,投资(   )最安全。
   A. 公司债券　　　　B. 金融债券　　　　C. 长期国债　　　　D. 市政债券
5. 股票的持有期收益率等于(   )除以购买价格。
   A. 持有期资本利得加上通胀率　　　　　　B. 股价变化
   C. 当期收益加上红利　　　　　　　　　　D. 持有期资本利得加上红利

二、思考题

1. 简述股票投资收益的构成和衡量指标。
2. 简述债券投资收益的衡量指标。
3. 债券投资收益的影响因素有哪些?
4. 简述证券投资基金收益的构成。
5. 证券投资基金的费用有哪些?
6. 证券投资风险有哪些类型?
7. 简述证券投资收益和风险的关系。

拓 展 学 习

拓展学习项目:证券收益的计算和分析

1. 选择两家上市公司,选择同一板块的股票或者不同板块的股票进行比较分析,例如将钢铁行业的上市公司、医药行业的上市公司作为对比分析的对象。
2. 分析的相关资料包括:① 上市公司年报(从公司主页下载);② 股价等交易数据(可以通过证券行情软件、门户网站的股票栏目获得)。
3. 分别计算这两种股票投资的各种收益,并做出比较分析,写成分析报告。

第七章

证券投资的基本分析法

 本章教学目标

通过本章的学习,学生应当理解宏观经济运行和宏观经济政策对证券市场的影响,了解其他宏观因素对证券市场的影响;掌握行业分析的内容;掌握公司的基本素质分析和财务分析。

 本章核心概念

基本分析法;宏观经济分析;行业分析;公司分析

 导入

2021年7月9日下午,中国人民银行官网发布消息,中国人民银行决定于2021年7月15日下调金融机构存款准备金率0.5个百分点(不含已执行5%存款准备金率的金融机构)。本次下调后,金融机构加权平均存款准备金率为8.9%。①

(1) 央行时隔一年多重提降准传递了什么信号?

(2) 证券投资的基本分析有哪些方法?

第一节 基本分析法概述

证券投资的基本分析法是根据经济学、金融学、投资学及财务会计等理论,对决定证券价值及价格的基本要素如宏观经济指标、经济政策预期、行业发展状况、产品市场状况、公司销售和财务状况等进行分析,评估证券的投资价值,判断证券的合理价位及股价走势,提出投资建议的一种分析方法。按照有效市场假设(Efficient Markets Hypothesis,EMH),当评估的目标市场符合弱式有效市场假设的条件,基本分析可以帮助投资者获得

---

① 《中国人民银行决定于2021年7月15日下调金融机构存款准备金率》,http://www.pbc.gov.cn/goutongjiaoliu/113456/113469/4287599/index.html。

超额利润。当该市场属于半强式有效市场时,基本分析失去作用,无法帮助投资者获得超额收益。

具体而言,基本分析法从三个层次展开分析:(1) 宏观社会经济类影响因素分析;(2) 行业(或产业)类影响因素分析;(3) 公司(或个股)类因素分析。三类影响证券价格的因素构成证券投资基本分析的三个部分,即宏观经济分析、行业分析和公司分析。

一、基本分析法的假设前提

基本分析法是基于以下假设展开的:

(一)假设一:股票的内在价值决定其市场价格

但在股票市场上,其市场价格还受到许多其他因素的影响。现实中,股票的内在价值与市场价格很难完全一致。

(二)假设二:股票的市场价格总是围绕其内在价值波动

在相对成熟的证券市场,股票的市场价格长期回归内在价值,短期可能偏离其内在价值。成熟市场上的投资者通过分析上市公司的行业状况、利润和资产净值大小、公司发展潜力等基本信息,选择绩优公司的股票投资获利。相反,不成熟、不完备的股票市场,股票的市场价格可能长期偏离其内在价值,投资者可能蒙受损失。

基本分析法主要适用于周期相对比较长的证券价格预测、相对成熟的证券市场以及预测精度要求不高的领域。基本分析法的主要任务有两项:一是评估证券的内在价值,为判断证券市场价格高低确立一个参照;二是因素分析,通过对与证券市场价格存在逻辑联系的各种因素进行分析,探索证券价格变动的内在原因,并在此基础上对证券价格的走势进行判断。

基本分析法的优点是能够比较全面地把握证券价格的基本走势,应用起来也相对简单。其缺点主要是预测的时间跨度相对较长,对短线投资者的指导作用比较弱,预测的精确度相对较低。

二、基本分析法的特点

(一)基本分析法是股价波动成因分析

如前文所述,基本分析法是以经济学、金融学、投资学及财务会计等理论为基础,根据宏观经济状况、行业发展态势、公司财务和经营状况等,评估证券的内在价值等,由此发现股价波动的成因。

(1) 宏观经济等因素推动股价涨跌波动。例如美国"次贷危机"是从 2006 年春季开始逐步显现的,2007 年 8 月开始席卷美国、欧盟和日本等世界主要金融市场,避险情绪推动黄金价格上涨,沪深股市黄金相关股票全线上涨。

(2) 行业危机影响该行业相关股票行情。例如,早年我国的消费重点还停留在基本需求方面,纺织及相关行业上市公司的股价表现抢眼。随着产业升级换代,纺织及相关行业面临淘汰的境地,这些上市公司的股价不断下跌甚至退市。

(3) 公司财务、经营状况影响股价走势。美国安然公司曾是一家位于美国的得克萨斯州休斯敦市的能源类公司。在 2001 年宣告破产之前,安然拥有约 21 000 名雇员,是世界上最大的电力、天然气以及电讯公司之一,2000 年披露的营业额达 1 010 亿美元。然而这家公司经营不善,盈利水平低下。为了掩盖这些不利因素,公司财务造假蒙骗投资者。最后还是被识破,引致股价大幅下跌,安然欧洲分公司于 2001 年 11 月 30 日申请破产,美国本部于两日后同样申请破产保护。

基本分析法能够帮助投资者发现股价波动原因,但无法提供"择时"等精确的信息。

(二) 基本分析法采用定性和统计计量分析

基本分析法主要涉及宏观经济指标、行业竞争态势研判以及个股的财务分析。这些分析,以定性分析、文字描述为主,也用到一些定量分析。例如,采用消费者物价指数(CPI)分析中国各大城市的通货膨胀情况。选择中国各城市近一年来的 CPI 数据,通过列表进行比较;做描述性统计,获得各大城市 CPI 的均值、最大值、最小值等统计数据,得出这些城市的通货膨胀情况。在开展行业分析、公司研究时同样可以用这些方法。基本分析法将这些分析结论作为依据,研判股价未来涨跌走势,但无法准确预判某个因素(例如 CPI)对未来股价涨跌有多大影响、何时产生影响等。

(三) 基本分析法用于长线投资分析的场合居多

基本分析法着眼于影响因素分析,采用定性研判股市走向的方法,难以为短期内股价到底是上涨还是下跌提供答案。其中:① 宏观经济分析,便于把握股市运行的经济环境,这些宏观经济变量,包括经济增长、通货膨胀等因素,是企业运行的大环境。② 行业分析,可以了解行业在国民经济中的地位、未来发展前景等情况,以及个股在行业中的地位。这些是属于企业经营发展的行业环境。③ 公司分析,着眼于财务报表、企业发展战略等。这些分析,可以帮助投资者确定在未来一段时间内的投资方向,是买入还是卖出,也能给投资者选股提供某种决策依据。例如,某个时期,经济形势看好、个股财务状况优良,可以为投资者买入股票提供依据。但是,股市运行还取决于市场上机构、散户等的博弈,何时入场交易,还需要对大盘、个股做技术分析。因此,基本分析法是投资分析所必需的,但仅仅用基本分析法是不全面的,还应该采用技术分析等方法进行综合研判。

三、基本分析法的要素

(一) 宏观经济分析的相关要素

宏观经济分析主要探讨总量经济指标和经济政策对证券价格的影响。

(1) 总量经济指标:① 先行性指标(如利率、货币供给、消费者预期、主要生产资料价格、企业投资规模等),这些指标的变化将先于证券价格的变化;② 同步性指标(如个人收入、企业工资支出、国内生产总值、社会商品销售额等),这些指标的变化与证券价格的变化基本同步;③ 滞后性指标(如失业率、库存量、单位产出工资水平、服务行业的消费价格、银行未收回贷款规模、优惠利率水平、分期付款占个人收入的比重等),这些指标的变化一般滞后于证券价格的变化。

(2) 经济政策:货币政策(包括法定存款准备金率、再贴现率和公开市场业务等调节货币供给、利率等)、财政税收政策、信贷政策、汇率政策、收入分配政策等。

(二) 行业分析的相关要素

行业分析和区域分析是介于宏观经济分析与公司分析之间的中观层次的分析。行业分析关注产业所属的不同市场类型、不同产业的生命周期以及产业在国民经济中的地位等因素对于证券价格的影响;区域分析关注区域经济因素对证券价格的影响。

(三) 公司分析

公司的相关因素对该公司股价的影响最直接,公司分析是基本分析的重点,主要包括以下三个方面的内容:

(1) 公司财务报表分析。财务报表分析是根据一定的原则和方法,通过对公司财务报表(即资产负债表、损益表、现金流量表或财务状况变动表、附表和附注)等数据进行分析、比较、组合、分解,求出新的数据,以此来研判企业的财务状况是否健全、企业的经营管理是否有效、企业的业务前景是否被看好。财务报表分析关注公司的获利能力、财务状况、偿债能力、资金来源状况和资金使用状况。财务报表分析的主要方法有趋势分析法、比率分析法和垂直分析法等。

(2) 公司产品与市场分析,包括产品分析和市场分析两个方面。前者关注公司产品的种类、品牌、知名度、质量、销售量以及产品的生命周期;后者关注产品的市场覆盖率、占有率以及竞争能力。

(3) 公司资产重组与关联交易等重大事项分析。

第二节 证券投资的宏观经济分析

宏观经济即国民经济的总体活动,是整个国民经济构成(主要分为 GDP 部门与非 GDP 部门),反映国民经济或国民经济总体及其经济活动和运行状态,如总供给与总需求、国内生产总值及其增长速度、国民经济中的主要比例关系、物价、劳动就业的总水平与失业率、货币供给与增长速度、国际收支(包括进出口贸易、服务贸易、国际长短期资本流动及其变动趋势等)。宏观经济有四大目标:经济增长、物价稳定、充分就业以及国际收支平衡。

一、宏观经济分析

宏观经济分析即以整个国民经济活动作为考察对象,研究各个有关的总量及其变动,特别是研究国内生产总值和国民收入的变动及其与社会劳动就业、经济周期波动、通货膨胀、经济增长等之间的关系。因此,宏观经济分析又称总量分析或整体分析。凯恩斯

(John Maynard Keynes)是现代西方宏观经济分析方法的创立者,他运用这种方法建立了凯恩斯经济理论体系。

(一) 经济增长

狭义的经济增长是指国内生产总值的增长,属于宏观经济范畴。从经济学理论上讲,经济增长指一个国家或地区生产的物质产品和服务的持续增加,它意味着经济规模和生产能力的扩大,可以反映一个国家或地区经济实力的增长。现在主要用国内生产总值或国民生产总值(GNP)来测量经济增长。为了消除价格变动的影响,反映实际的经济增长,可以使用不变价格计算。度量经济增长除了测算增长总量和总量增长比率之外,还应计算人均占有量,如人均国内生产总值或人均国民生产总值及其增长率。拉动国民经济增长有三大要素,分别是投资、出口和消费。

一国(或地区)的经济增长,可能有三种状态,经济增长大于零、等于零或小于零,即经济正增长、零增长、负增长甚至衰退。经济正增长的状态下,将增加该国的财富,增加就业机会。经济持续、显著的正增长一般被认为是整体经济景气的表现,证券市场景气也将是大概率事件。经济负增长,即当年国内生产总值比往年减少。当国内生产总值连续两个季度减少,该国陷入经济衰退。经济衰退也将大概率影响证券市场行情,甚至出现股市崩盘的情况。

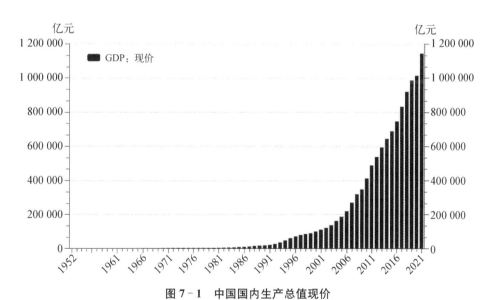

图 7-1 中国国内生产总值现价

(数据来源:Wind)

(二) 物价稳定

这里主要讨论通货膨胀对证券市场的影响。物价稳定是指一般物价水平在短期内不发生显著的波动。即使个别普通商品价格出现持续的、明显的波动,也不影响一般物价水平。在经济学上,只有一般物价水平持续、明显上涨才是通货膨胀。然而,石油价格出现持续的、明显的价格上涨,虽然是单一商品价格上涨,由于油价影响的广泛性,也可能导致通货膨胀。按照通货膨胀严重程度,有如下分类:

(1) 温和的或爬行的通货膨胀。这是指基本保持在2%—3%的通货膨胀率,且比较稳定的一种通货膨胀。一些经济学家认为,如果每年的物价上涨率在2.5%以下,不能认为是发生了通货膨胀。当达到2.5%时,也称为不知不觉的通货膨胀。经济学家甚至认为,在经济发展过程中,温和的通货膨胀可以刺激经济的增长,提高物价可以使厂商利润增加,以刺激厂商增加投资。同时,温和的通货膨胀不会引起社会动荡。如果将物价上涨控制在1%—2%,温和的通货膨胀则能像润滑油一样刺激经济的发展,这就是所谓的"润滑油政策"。

(2) 疾驰的或飞奔的通货膨胀。亦称为奔腾的通货膨胀、急剧的通货膨胀。它是一种不稳定的、迅速恶化的、加速的通货膨胀。在这种通货膨胀发生时,通货膨胀率较高(一般达到10%以上),人们对货币的信心动摇,经济社会出现动荡。这是一种较危险的通货膨胀。

(3) 恶性的或脱缰的通货膨胀。也称为极度的通货膨胀、超速的通货膨胀,是指通货膨胀率达到100%以上而且难以控制的通货膨胀,其结果,不仅一般物价水平持续、飞速上涨,货币大幅度贬值,而且人们对货币彻底失去信心。这时整个社会金融信用体系处于一片混乱之中,正常的社会经济关系遭到破坏,甚至导致社会动乱,政府垮台。恶性通货膨胀通常发生于战争或社会大动乱之后,在经济发展史上也不时出现:例如,第一次世界大战结束后不久,德国的物价在一个月内上涨了2 500%,德国马克的货币价值下降到仅及战前价值的1万亿分之一。1946年的匈牙利则经历了人类通胀史的顶峰。在最高峰的时候,匈牙利物价大概每15.6个小时就会翻一番,价格只能通过电台和广播随时通知。

(4) 隐蔽的通货膨胀。又称受抑制的(抑制型的)通货膨胀,是指不以价格总水平公开上涨,而以物资供给短缺、黑市盛行、配售面扩大、黑市价格与国家控制价格差额扩大等形式表现的一种通货膨胀。当一国政府以规划统制、资金控制、物资配给、票证配售、价格管制等经济措施压制价格波动时,就会出现这种情况。一旦政府解除或放松价格管制措施,经济社会就会发生通货膨胀,所以这种通货膨胀并不是不存在,而是一种隐蔽的通货膨胀。

在温和的或爬行的通货膨胀的情况下,股市运行在一个相对稳定的经济环境中。在通货膨胀严重的情况下,金融体系中的更多货币将会推动股价上涨。为了遏制通货膨胀,政府可能出台紧缩的货币政策,进而也将打压股市。在恶性的通货膨胀下,经济体系将面临崩溃,股市也无法稳定运行。

(三) 充分就业

充分就业也称作完全就业,是指经济学中的一个假设,最初由英国经济学家凯恩斯在《就业、利息和货币通论》中提出,是指在某一工资水平之下,所有愿意接受工作的人都获得了就业机会。在充分就业的情况下,还存在摩擦性失业、季节性失业和结构性失业等三

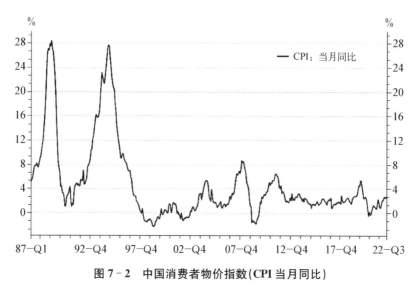

图 7-2 中国消费者物价指数(CPI 当月同比)

(数据来源：Wind)

种类型的失业，并不是人人都就业。凯恩斯提出促进充分就业的经济主张：刺激私人投资，为扩大个人消费创造条件；促进国家投资，通过公共工程、救济金、教育费用、军事费用等公共投资抵补私人投资的不足；通过实行累进税来提高社会消费倾向。因此，充分就业是一个经济目标，很难达到。政府采取各种措施的目的，主要还是提升就业率，降低失业率。这里仅讨论失业率及其对证券市场的影响。

1. 失业率的分类

失业即处于法定劳动年龄阶段、具备工作能力并有就业愿望的劳动者没有得到有报酬的工作岗位的社会现象。广义的失业指的是生产资料和劳动者分离的一种状态，劳动者的生产潜能和主观能动性无法发挥，不仅浪费社会资源，还对社会经济发展造成负面影响。

(1) 自愿失业与非自愿失业。自愿失业是指工人所要求的实际工资超过其边际生产率，或者说那些工人认为现行的工作条件和收入水平低于他们的预期而宁愿选择失业。这类失业无法通过经济手段和政策来消除，因此不是经济学所研究的范围。非自愿失业是指有劳动能力、愿意接受现行工资水平但仍然找不到工作的现象，这是由客观原因所造成的，因而可以通过经济手段和政策来消除。

(2) 摩擦性失业、结构性失业和周期性失业。这些都属于非自愿失业。其中，摩擦性失业是指生产过程中难以避免的、由于转换职业等原因而造成的短期、局部失业。结构性失业是指劳动力的供给和需求不匹配所造成的失业，其特点是某一地区(或行业)既有失业，也有职位空缺，失业者或者没有合适的技能，或者居住地点不当，因此无法填补现有的职位空缺。该种失业是长期的、由经济变化导致的。例如，修钢笔等职业已经消失，原来从事这类工作的人就失业了，如果不去学习新的就业技能，他们就很难找到新的工作。周期性失业是指经济周期处于衰退或萧条时，因社会总需求下降而造成的失业。

(3) 隐藏性失业。这是指表面上有工作,但实际上对产出并没有做出贡献的人,即有"职"无"工"的人。也就是说,这些工作人员的边际生产力为零。当经济中减少就业人员而产出水平没有下降时,即存在着隐藏性失业。美国著名经济学家阿瑟·刘易斯(Arthur Lewis)曾指出,发展中国家的农业部门存在着严重的隐藏性失业。

2. 失业对经济的影响

失业对社会、经济都带来重大影响。失业威胁着作为社会单位和经济单位的家庭稳定,失业者在情感上也受到严重打击。失业将给经济带来机会成本。当失业率上升时,经济中本可由失业工人生产出来的产品和劳务就损失了。衰退期间的损失,就好像是将众多的汽车、房屋、衣物和其他物品都销毁了。从产出核算的角度看,失业者的收入总损失等于生产的损失。因此,丧失的产量是计量周期性失业损失的主要尺度。奥肯定律认为:失业率每高于自然失业率一个百分点,实际GDP将低于潜在GDP两个百分点。显然,失业率、GDP对证券市场行情将产生直接影响。失业率上升,证券市场的参与者将会减少,而且GDP也将下降。

(四) 国际收支平衡

国际收支平衡指一国国际收支净额即净出口与净资本流出的差额为零。其中,国际收支,即一个国家在一定时期内由对外经济往来、对外债权债务清算而引起的所有货币收支,是一个国家或地区内居民与非居民之间发生的所有经济活动的货币价值之和。

1. 国际收支的主要项目

(1) 经常项目。主要统计一国与其外国贸易伙伴之间由当期生产的商品、服务的购买和销售以及经常性转移等所带来的收支。

(2) 资本和金融项目。其中,资本项目记录资本性质的转移收支,如债务减免、移民转移等形成的单方面无偿转移。金融项目记录一国因国际资本流动所形成的所有交易,涉及一个国家或地区对外资产和对外债务的变动情况。

2. 国际收支失衡对证券市场的影响

经常项目与资本和金融项目之和被称为"自主性交易",是观察一国的国际收支是否平衡的主要指标。现实中,一国的国际收支的收入与支出完全平衡是不可能的,顺差或者逆差是自主性交易的常态。当一国连续多年出现巨额的顺差或者逆差的时候,该国即处于国际收支失衡状态。国际收支的经常项目逆差,表明该国进口大于出口,产品竞争力较差,反映该国企业的市场竞争力较弱,进而也会影响到企业的经营业绩和上市公司的股价;国际收支的资本和金融项目逆差,表明本国资本大量流失,影响证券市场行情,甚至影响国内金融市场稳定。因此,国际收支逆差状态常常被认为该国的对外经济状态处于不好的状态。

二、宏观经济政策与证券投资分析

宏观经济政策是干预一国总量经济运行的某种经济政策工具或某些净政策工具组

合。这类经济政策主要由以下三部分构成：

(1) 总需求调节政策，包括货币政策、财政政策、汇率政策、关税政策、配额政策、补贴政策、直接管制；

(2) 总供给调节政策，包括科技政策、产业政策、制度创新政策等；

(3) 国际经济政策协调等。总供给调节控制宏观经济的运行，以达到一定的政策目标。

(一) 总需求调节政策

从我国的情况看，总需求由最终消费支出、资本形成总额、货物和服务净出口构成，这三项也俗称为拉动经济增长的"三驾马车"。总需求调节政策分为调节国内经济的货币政策、财政政策，调节国际经济的汇率政策、关税政策、配额政策、补贴政策、直接管制。

1. 扩张的财政货币政策及其对证券市场的影响

扩张的财政政策，即减少税收、增加政府支出，直接增加企业税后利润，提高企业生产积极性，推进经济增长；扩张性的货币，即降低存款准备金率和再贴现率，增加货币供给。扩张的财政货币政策会推动股市价格上涨。

2. 调节国际经济的相关政策

汇率政策方面可以选择本币贬值、本国出口关税降低以及进行出口补贴等以刺激本国商品出口等。这些政策，也会提升本国企业经营业绩，使得这类企业股价上涨。

(二) 总供给调节政策

总供给调节政策，又称结构政策，是指通过影响经济增长的三个决定因素，即生产率、资产形成及劳动投入，从而激发经济活力，通过总供给增加而平衡供求总量的供给调节准则及方针。总供给调节政策的特点是长期性，在短期内难以有显著的效果，但它可以从根本上提高一国的经济实力与科技水平，从而为实现内外均衡创造条件。供给调节政策包括产业政策、科技政策、制度创新政策等。

1. 产业政策

产业政策的核心在于优化产业结构。根据国内、国际市场的变化制定出新的产业结构规划，鼓励发展和扩大代表经济发展趋势的新兴产业；调整、限制乃至取消落后的产业，以此优化资源在各产业间配置，推动产业的升级和发展。产业政策将影响上市公司的发展空间和市场对公司股价的预期，那些受惠于产业政策的公司股票将受市场追捧。

2. 科技政策

科技政策包括推动技术进步、提高管理水平以及加强人力资本投资等三方面的政策措施。当前，世界各大国为了赢得高科技领域的竞争，纷纷在这些领域投入大量资源、给予政策扶持等。如果上市公司属于高科技企业，不仅会获得很多政策扶持的相关资源，而且也表明公司的市场竞争能力较强，发展潜力较大，公司股价预期就比较高。

3. 制度创新政策

制度创新政策是针对经济中存在的制度性缺陷而提出的，表现为企业制度改革，如企业创立时的投资制度改革、企业产权制度改革以及与此相适应的企业管理体制改革。富有活力、具有较高竞争力的微观经济主体始终是实现内外均衡目标的基础。中央政府推动的经济开发区等相关政策,就是给予各类经济开发区更大的政策空间和改革权限,有利于企业的经营和发展。当然,区内上市公司的经营环境将比区外公司的更加有利。

(三) 国际经济政策协调

国际经济政策协调是指各国在制定和执行国内政策的过程中,通过各国间的磋商等方式对某些宏观经济政策进行共同的调整。从广义上讲,凡是在国际范围内能够对各国国内宏观经济政策产生一定程度制约的行为均可视为国际经济政策协调。国际经济政策协调有多种形式,如"G20""G7"、东盟、欧盟等多边机制的经济政策协调、中美战略与经济对话等双边政策协调机制等。国际经济政策协调着眼于宏观经济和发展战略,对上市公司股价很少产生直接影响(也有直接影响股价的国际经济政策,例如一国针对另一国企业的关税政策、实体清单政策等,影响相关企业股价),但会产生长远的、深刻的影响,影响上市公司的发展战略尤其是对外发展战略,也将最终影响到股价。

三、经济周期及其他宏观事件对证券市场的影响

(一) 经济周期

经济周期,也称商业周期、景气循环,是指经济活动沿着经济发展的总体趋势所经历的有规律的扩张和收缩,是国民总产出、总收入和总就业的波动,是国民收入或总体经济活动扩张与紧缩的交替或周期性波动变化;表现为经济的繁荣、衰退、萧条、复苏。经济衰退和萧条都是股价持续走低甚至出现股市崩盘的重要影响因素。而经济复苏、繁荣,则是股市向好、盈利概率大于损失概率的时期。

自 19 世纪中叶以来,人们在探索经济周期问题时,根据各自掌握的资料提出了不同长度和类型的经济周期:

(1) 短周期,是 1923 年英国经济学家约瑟夫·基钦(J. Kitchen)提出的一种为期 3 至 4 年的经济周期。基钦认为经济周期实际上有主要周期与次要周期两种。主要周期即中周期,次要周期为 3 至 4 年一次的短周期。这种短周期就称基钦周期。

(2) 中周期,是 1860 年法国经济学家朱格拉(C. Juglar)提出的一种为期 9 至 10 年的经济周期。该周期是以国民收入、失业率和大多数经济部门的生产、利润和价格的波动为标志加以划分的,称为朱格拉周期。

(3) 长周期,俄国经济学家康德拉季耶夫(N. D. Kondratiev)于 1925 年提出资本主义经济中存在着一个为期 50—60 年的周期,故称康德拉季耶夫周期。此外,还有建筑周期、创新周期等。

"股市是经济的晴雨表"的表述虽然并不全面,但是在经济景气的情况下,股市上涨的概率会比较大。按照美林投资时钟理论,在经济周期的不同阶段,应该配置不同的资产。

(二)国内政局及重大政治事件

国内政局是否稳定将影响股市走向。一国的国内政局稳定,有利于该国股票市场的平稳发展;反之,政局不稳、社会动荡将引起股市动荡,导至股价下跌甚至崩盘。例如,美国总统更替,美国股市会出现动荡,美国就有"金融学总统选举周期理论"对此做出解释。另外,未预料到的政府更迭或改组、新政府对原有经济政策进行重大改变等,都会引发股市震荡。

(三)局部地区的军事冲突或战争

当今世界,局部地区的军事冲突此起彼伏,给该地区以及全球金融市场带来重大负面影响。

(四)自然灾害

自然灾害,主要指那些带来巨大损害的,极大影响当地企业生产、居民日常生活的巨大的自然灾害。例如,2004年12月26日,印度尼西亚苏门答腊岛附近海域发生里氏9级地震并引发海啸,使印度洋沿岸各国人民生命和财产遭受重大损失,金融市场崩溃。

探究与发现 7-1

当一个国家的宏观经济向好,其股市的行业板块是一齐上涨还是有先有后呢?举例说明。

第三节 证券投资的行业分析

行业分析,又称"中观研究",以区别于"宏观研究""公司研究"。属于这个层次的分析,还包括"地域分析""板块分析""热门概念分析"等。在大型证券机构中均有研究人员专门从事相关分析研究工作。行业分析为投资者选股提供一个可选择的范围。这比宏观经济分析更接近投资目标,更有利于为最终选定股票提供依据。行业研究也是选择股票型证券投资基金的一个重要的依据,有一类股票型基金就是以行业为投资对象。

一、行业分析概述

(一)行业分析的概念

行业是指按生产同类产品或具有相同工艺过程或提供同类劳动服务划分的经济活动类别,如运输行业、服装行业、机械行业、金融行业等。产业是专门的经济学术语,是指由利益相互联系的、具有不同分工的、由各个相关行业所组成的业态总称,尽管它们的经营方式、经营形态、企业模式和流通环节有所不同。处于同一产业的企业,它们的经营对象和经营范围是围绕着共同产品而展开的,并且可以在构成业态的各个行业内部完成各自的循环。构成产业一般必须具备规模性、职业化、社会功能性。因此,"行业"与"产业"不同,但在基本面分析中,常常将两个术语混用。不管是"行业"还是"产业",都是连接宏观经济与上市公司的中间环节。

行业分析是指根据经济学原理,综合应用产业经济学、统计学、计量经济学等分析工具,对行业经济的运行状况、产品生产、销售、消费、技术、行业竞争力、市场竞争格局、行业政策等行业要素进行深入的分析,从而发现行业运行机制,预测未来行业发展的趋势。行业分析是介于宏观经济与微观经济分析之间的中观层次的分析,是发现和掌握行业运行规律的必经之路。

(二) 行业分析的核心

(1) 研究行业的生存背景、产业政策、产业布局、产业生命周期,该行业在中国产业结构中的地位、与相近行业的关系,以及该行业发展演变方向。

(2) 研究各行业市场的特征、竞争态势、市场进入与退出的难易程度,以及市场的成长潜力。

(3) 研究各行业在不同成长阶段中的竞争策略和市场行为模式,为企业提供一些具有操作性的建议。

(三) 行业分析的任务

行业分析的重要任务之一,就是挖掘最具投资潜力的行业,进而在此基础上选出最有投资价值的公司。

(1) 必须明确不同行业间的收益率是否有明显差距。行业分析是投资领域中基本面分析的重要组成部分,行业数据代表了行业内全体企业或个体生产销售部门的平均水平和总量。例如,农业是弱质性行业,"靠天吃饭",收益率相对较低;生物基因相关行业,技术含量高,成长空间大,收益率也比较高。

(2) 行业分析的有效性是以不同时期内行业业绩的相关性为前提的,因此行业分析要以国家宏观经济发展状况为背景,要以经济周期所处的阶段为背景。例如,在大搞建设的年代,钢铁、水泥等行业成长性很好;现在,推行"绿色发展"理念,低碳、绿色相关行业将获得更多的发展空间。

(3) 分析行业内公司成长的相关条件和机会。不同行业为公司投资价值的增长提供不同的空间。因此,行业是直接决定公司投资价值的重要因素之一。行业分析就需要分析该行业运行的独特机制、发展的机会、关注的重点等。例如,制药行业受经济周期影响较小,药品消费呈刚性,人们不会因收入提高而增加药品的消费。制药公司研发、上市社会急需的新药,是投资该类股票的关注点。房地产行业,政府出台限售政策、调整房贷利率,将会影响房企股票价格。

(4) 必须对行业的风险有明确的认识。

二、行业分类

行业分类是指从事国民经济中同性质的生产或其他经济社会的经营单位或者个体的

组织结构体系的详细划分,如林业、汽车业、银行业等。行业的发展,遵循由低级的自然资源掠夺性开采利用和低级的人工劳务输出逐步向规模经济、科技密集型、资本密集型、人才密集型、知识经济型发展提升,从输出自然资源逐步转向输出工业产品、知识产权、高科技人才发展提升的规律。行业分类的作用就是解释行业本身所处的发展阶段及其在国民经济中的地位,分析影响行业发展的各种因素并判断其对行业的影响力度,预测并引导行业的未来发展趋势,判断行业投资价值,揭示行业风向,为各组织机构提供投资决策依据。

(一) 证监会对上市公司行业分类

为规范上市公司行业分类工作,根据《中华人民共和国统计法》《证券期货市场统计管理办法》《国民经济行业分类》等法律法规和相关规定,制定《上市公司行业分类指引》(以下简称《指引》)[①]。

(1) 分类。《指引》规定,以上市公司营业收入等财务数据为主要分类和依据。

(2) 证监会行业分类的19个行业门类、90个大类。根据《指引》,19个门类包括:A. 农、林、牧、渔业;B. 采矿业;C. 制造业;D. 电力、热力、燃气及水生产和供应业;E. 建筑业;F. 批发和零售业;G. 交通运输、仓储和邮政业;H. 住宿和餐饮业;I. 信息传输、软件和信息技术服务业;J. 金融业;K. 房地产业;L. 租赁和商务服务业;M. 住宿和餐饮业;N. 水利、环境和公共设施管理业;O. 居民服务、修理和其他服务业;P. 教育;Q. 卫生和社会工作;R. 文化、体育和娱乐业;S. 综合。

(二) 根据产业的发展与国民经济周期性变化关系进行的行业分类

各行业变动时,往往呈现出明显、可测的增长或衰退的格局。这些变动与国民经济周期性变化是有关系的,但关系密切的程度又不一样。据此,可以将行业分为三类,即增长型行业、周期型行业和防守型行业。

(1) 增长型行业。这些行业的发展与经济活动总水平的周期性变化无关。这些行业收入增长的速率相对于经济周期的变化来说并未出现同步影响,因为它们主要依靠技术的进步、新产品推出及更优质的服务,从而使其经常呈现出增长形态。例如,近年来,医疗行业出现强势增长态势,主要原因来自人们对医疗、健康方面的需要持续增长。相关行业的股票价格也一直强势上涨。

(2) 周期型行业。这些行业的发展变化直接与经济周期性变化相关。当经济处于上升时期,这些行业会紧随其发展;当经济衰退时,这些行业也相应衰落。产生这种现象的原因是,当经济上升时,人们的收入增加,对这些行业相关产品的购买相应增加。例如珠宝行业、耐用品制造业及其他依赖于需求的收入弹性的行业,就属于典型的周期性行业。

(3) 防守型行业。其特征是受经济周期性变化的影响小,所提供的商品往往是生活必需品或是必要的公共服务,公众对它们的商品有稳定的需求,因而行业中有代表性的公司盈利水平相对也较稳定。这些行业往往不因经济周期性变化而出现大幅度变动,甚至

---

① 《上市公司行业分类指引》,中国证券监督管理委员会网站,2012-10-26。

在经济衰退时也能取得稳定利润。例如,食品业和公用事业属于防守型行业,因为需求对其产品的收入弹性较小,所以这些公司的营收相对稳定。

了解经济周期性变化与行业的关系,是为了使投资者认清经济循环的不同表现和不同阶段,顺势选择不同行业进行投资。当经济处于上升、繁荣阶段时,投资者可选择投资周期型行业公司股票,以谋取丰富的资本利得;当经济处于衰退阶段时,投资者可选择投资防守型行业公司股票,可获得相对稳定收益,并可降低所承受的风险。

(三) 根据产业未来可预期发展前景进行的行业分类

根据产业未来可预期发展前景分类,行业可以分为朝阳产业和夕阳产业。朝阳产业是指未来发展前景看好的产业,如目前的生物科技产业。朝阳产业尽管发展前景一片光明,但在创立之初常常十分弱小,此时它又被称为幼稚产业。夕阳产业是指未来发展前景不乐观的产业,如目前的钢铁业、纺织业。朝阳产业和夕阳产业的划分具有一定的相对性。一个国家或地区的夕阳产业在另一个国家或地区则可能是朝阳产业,如化工产业在发达国家已是夕阳产业,而在发展中国家可能是朝阳产业。

(四) 根据产业所采用技术的先进程度进行的行业分类

根据产业所采用技术的先进程度分类,行业可分为新兴产业和传统产业。新兴产业是指采用新兴技术进行生产、产品技术含量高的产业,如信息科技、医药制造。传统产业是指采用传统技术进行生产、产品技术含量低、污染大、能耗大,将被限制发展的产业,如纺织业、钢铁业等。由于技术的不断更新和发展,新兴产业和传统产业之间的区分是相对的,在一定条件下,传统产业植入新技术后也会焕发新的生命。目前,两者之间的区分是以第三次技术革命为标志的,以微电子技术、基因工程技术、海洋工程技术、太空技术等为技术基础的产业称为新兴产业,而以机械、冶金、纺织等为技术基础的产业称为传统产业。新兴产业和传统产业内部也可进一步分类。

(五) 根据产业的要素集约度进行的行业分类

根据产业的要素集约度分类,行业可分为资本密集型产业、技术密集型产业和劳动密集型产业。资本密集型产业是指需要大量资本投入的产业,技术密集型产业是指技术含量较高的产业,而劳动密集型产业主要依赖于劳动力。它们之间并没有严格的界限,有些产业同时是资本密集型产业和技术密集型产业,如汽车业。通常情况下资本是不可替代的稀缺资源,因而这类产业容易产生垄断;技术快速更新换代,引发技术密集型产业内的残酷竞争,导致优胜劣汰;而低技能劳动是一种可替代性较强的生产要素,劳动密集型产业特别容易受到技术革新的冲击。

三、行业分析的内容

行业分析是公司分析的前提,也是连接宏观经济分析和公司分析的桥梁,是基本分析的重要环节。行业具有各自的市场结构,有自己特定的生命周期。上市公司所处行业的竞争程度不同,其投资价值也不相同。

(一) 行业分析的基本内容

(1) 行业环境研究,分析对企业影响最直接、作用最大的外部环境,包括政治法律环境、经济环境、技术环境、社会文化环境等。例如,我国有碳达峰、碳中和的目标时间,对新能源汽车发展就是一个长期利好,而燃油车将会面临限制发展的局面。

(2) 行业结构研究,就是研究该行业主营品种和范围基本相同的商业企业群体的数量及其构成比例,由此也决定了行业内部各参与者的特性及议价能力。分析内容主要包括:各产品的容量及结构变化、各地区的容量及结构变化、各消费群的容量及结构变化。可以进一步根据波特五力模型分析:在一个行业中存在着五种基本的竞争力量,即潜在的加入者、替代品、购买者、供应者以及行业中现有竞争者间的抗衡。

(3) 行业市场分析,即分析行业市场需求的性质、要求及其变化趋势,行业的市场容量、分销渠道、促销模式等。还可以分析消费者所愿意支付的最低价格、消费者的便利性等;分析经营的相关法律规定、人力资源、证照等内容。不同的行业,市场的技术要求是不同的,例如与一般的日用品商店相比,一家药店的经营有很多特殊要求,需要有驻店药师,营业执照办理程序也不一样。

此外,行业分析的内容还包括行业组织分析、行业成长性分析等等。

(二) 行业生命周期分析

行业的生命周期指行业从出现到完全退出社会经济活动所经历的时间。行业的生命周期主要包括四个发展阶段:幼稚期、成长期、成熟期、衰退期。行业的生命周期曲线忽略了具体的产品型号、质量、规格等差异,仅仅从整个行业的角度考虑问题。行业生命周期可以以成熟期为界划为成熟前期和成熟后期。在成熟前期,几乎所有行业都具有类似S形的生长曲线,而在成熟后期则大致分为两种类型。识别行业生命周期所处阶段的主要指标有:市场增长率、需求增长率、产品品种、竞争者数量、进入壁垒及退出壁垒、技术变革、用户购买行为等。

(1) 幼稚期:产品设计尚未成熟,行业利润率较低,市场增长率较高,需求增长较快,技术变动较大,行业主要致力于开辟新用户、占领市场,但此时技术上有很大的不确定性,在产品、市场、服务等策略上有很大的余地,对行业特点、行业竞争状况、用户特点等方面的信息掌握不多,企业进入壁垒较低。此时技术迭代非常迅速,竞争结果高度不确定。在这一阶段,行业的潜在利润可观,但风险也会很高,不过部分投资者会认为,行业未来的市场空间很大,所以很少根据市盈率来估值。尤其是在牛市期间,市场可能会给出难以想象的高估值。

(2) 成长期:新行业走向成熟的过渡阶段,市场增长率很高,需求高速增长,技术渐趋定型,行业特点、行业竞争状况及用户特点已比较明朗,企业进入壁垒提高,产品品种及竞争者数量增多。在这一阶段,行业的机会较大,企业会加大市场投入,投资者可以获得高成长的回报,适合价值投资者进行布局。但产业内部发展并不均衡,资本、技术实力雄厚且经营管理水平较高的大公司处于竞争的有利地位,而对规模较小、经营管理水平不高的中小公司则相对不利,常常使其面临倒闭或被兼并。因而成长期的主要风险在于管理风险和市场风险。

（3）成熟期：市场增长率不高，需求增长率不高，技术的标准化程度高，市场需求稳定，增长率降低至正常水平，行业内竞争格局相对稳定，处于竞争弱势地位的企业不断退出，剩下小部分企业主导行业，行业集中度越来越高，新产品和产品的新用途开发更为困难，行业进入壁垒很高。此时，产业的垄断局面已经形成，垄断利润非常丰厚，而技术风险和市场风险已基本消除。因此，成熟期的风险较小、收益较高，适合价值投资者。

（4）衰退期：产能过剩，市场增长率下降或为负增长，需求下降，产品品种和竞争者数量减少。技术被模仿后出现的替代产品充斥市场，市场增长率严重下降，需求下降，产品品种及竞争者数目减少。衰退期产业的主要风险是生存风险，但产业内部的风险较小，同时收益也小。

生命周期各阶段的持续时间并不相同，有些行业的衰退期往往比其他三个阶段的总和还要长，大量的行业都是衰而不亡，甚至会与人类社会长期共存。例如，钢铁业、纺织业在衰退，但看不到它们的消亡。这些行业的产品是生活和生产的必需品，有漫长的生命周期。

行业生命周期不同阶段的特征，显示其不同风险水平与盈利水平。股价的高低、走势与行业生命周期有着密切的关系。那些处于发展期行业的股票，给人很大的想象空间，往往受到投资者追捧，股价走势较好。当行业从成长期向成熟期转变，此时应该主要关注公司的分红、净资产收益率、平均市净率的情况，因为公司盈利增速在这一阶段会逐步下降并趋于稳定。

> **探究与发现 7-2**
>
> 　　根据行业生命周期，对照《国民经济行业分类》，举例说明分别处于幼稚期、成长期、成熟期、衰退期的行业，并说明理由。

第四节　证券投资的公司分析

公司分析是基本分析中最接近实践、最重要的部分。公司分析也称企业分析，包括公司基本素质分析和公司财务分析。它是利用企业的历年资料对其资本结构、财务状况、经营管理水平、盈利能力、竞争实力等进行具体细致的分析。在此基础上，与其他企业进行比较、与本企业的历史情况进行比较，从而得出较为客观的结论，作为投资决策的重要依据。

一、公司基本素质分析

（一）公司竞争地位分析

竞争地位是指公司在目标市场中所占据的位置，是公司规划竞争战略的重要依据。

公司竞争地位变化,其竞争战略也将随之调整。因此,当公司成为市场主宰者,竞争战略将会竭力维护自己的领导地位;其他竞争者则加入竞争行列,努力提升自身的竞争地位。激烈的市场竞争,促使各类公司争创、提升竞争优势,占据市场有利位置,从而推动行业和社会的发展。

1. 公司在目标市场中的竞争地位

(1) 波士顿咨询公司的"三四法则"影响甚广,即稳定的竞争市场中的参与者有三大类:① 领先者。市场占有率在15%以上,可对市场变化产生重大影响的企业。② 生存者。市场占有率介于5%—10%之间,是市场竞争的有效参与者。③ 挣扎者。填补局部细分市场,市场占有率通常小于5%。另外,领先企业数量绝不会超过3个,而且实力最强者的市场占有率不会超过最弱者的4倍。

(2) 根据阿瑟·D.利特尔咨询公司的观点,一个公司在其目标市场中有六种竞争地位:① 主宰型。公司控制着整个目标市场,有广泛选择战略的余地。② 强壮型。公司有足够强大的实力,可以放心地采取不危及其长期地位的独立行动,而且它的长期地位也不会受到竞争者行动的影响。③ 优势型。公司在特定的战略中有较多的力量可供利用,并有较多机会改善其竞争地位。④ 防守型。公司有令人满意的经营业绩,足以使其继续经营,但它在主宰企业的控制下求生存,发展机会不多。⑤ 虚弱型。公司的经营业绩较差,但仍有改善业绩的机会,若不改变就会被迫退出市场。⑥ 难以生存型。公司经营业绩很差,而且没有机会改变被淘汰的命运。

2. 公司经济区位分析

区位主要指某事物占有的场所,但也含有位置、布局、分布、位置关系等方面的意义。由于区位理论限定于研究人类为生存和发展而进行的诸类活动,从这个意义上讲,区位是人类活动(人类行为)所占有的场所。公司经济区位分析即指上市公司所处地理位置的经济优劣势。如果上市公司处于地理范畴上的经济增长带、经济增长点及其辐射范围,那便具有区位优势。例如我国第一个自由贸易区——中国(上海)自由贸易区,它的范围涵盖上海外高桥保税区、外高桥保税物流园区、洋山保税港区、上海浦东机场综合保税区、金桥出口加工区、张江高科技园区和陆家嘴金融贸易区等七个区域,具有多方面的优势,这就是经济区位的典型例子。如果上市公司处于自由贸易区,那么可以享受很多政策红利,同时经济区位兴起与发展将极大地带动其周边地区的经济增长。上市公司的投资价值与区位经济的发展密切相关,处在经济区位内的上市公司,一般具有较高的投资价值。因此,经济区位分析是公司分析的重要内容,包括:

(1) 自然条件与自然资源,包括气候、土地、水、矿产、生物、海洋、自然风景旅游以及生态环境条件等方面的资源。着重分析区位内的自然和基础条件给上市公司的经营发展所带来的优势。例如,金矿公司,其掌握的金矿数量、矿石的品位等影响公司的股价高低及未来发展前景。

(2) 政策与制度环境,包括投资融资政策、财税政策、国际政治经济环境等,尤其是区位内政府的产业政策和其他相关的经济支持,对区位内上市公司的经营发展的影响。例如,上海张江药谷、北京中关村药谷、湖北葛店中国药谷和海南药谷等,地方政府通过政策引导、扶持,吸引各类相关企业,形成了很强的专业优势,处于这些区域内的上市公司获得政策的支持、专业配套设施以及相关企业之间的合作,竞争力较强。

(3) 社会经济条件,包括人口及人力资源、市场条件、区位、交通、民族、文化、历史发展基础、地缘政治与地缘经济条件等。不同的区位会形成各自的比较优势和特色,包括经济发展环境、经济发展条件和经济发展水平等方面的比较优势和特色。尤其中国是一个历史悠久和多民族国家,历史、文化等传统特色尤其明显。例如,创建于1864年(清朝同治三年)的"全聚德",传承宫廷挂炉烤鸭技艺150余年,是中国首例服务类"中国驰名商标"。作为上市公司,"全聚德"利用其历史传承、无形资产,在市场上占据一席之地。

3. 主营业务收入及市场占有率

在市场竞争中,雄厚的资金实力、规模经营的优势、先进的技术水平、优异的产品质量和服务、高效的经营管理等,是确立公司竞争优势的主要条件。竞争实力的强弱,集中表现在公司的主营业务收入和市场占有率两个方面。

(1) 主营业务收入,是指企业从事本行业生产经营活动所取得的营业收入。主营业务收入根据各行业企业所从事的不同活动而有所区别,如工业企业的主营业务收入指产品销售收入,批发零售贸易业企业的主营业务收入指商品销售收入,等等。企业在填报主营业务收入时,根据损益表中有关主营业务收入指标的上年累计数填写。在其他条件稳定的情况下,公司主营业务收入若能保持稳步、持续增长,公司股价也将稳步上涨,显示公司具有较强的发展潜力,投资者将会获得稳定的投资回报。

(2) 市场占有率,亦称市场份额,指公司某一产品(或品类)的销售量(或销售额)在市场同类产品(或品类)中所占比重,反映企业在市场上的地位。通常市场份额越高,竞争力越强。市场占有率有三种基本测算方法:① 总体市场份额,指某企业销售量(额)在整个行业中所占的比重。② 目标市场份额,指某企业销售量(额)在其目标市场即其所服务的市场中所占的比重。③ 相对市场份额,指某企业销售量与市场上最大竞争者销售量之比,若高于1,表明其为这一市场的领导者。

(二) 技术水平和产品的竞争力分析

技术水平和产品的竞争力是确定企业竞争优势的关键因素。

1. 公司的技术水平是决定公司竞争地位的首要因素

评价公司技术水平高低,可以分为评价技术硬件和评价软件两类。评价技术硬件,包括技术设备、成套设备等的数量和质量、设备的技术水平等。评价软件部分,包括生产工艺技术或专有技术(know-how)、专利等知识产权的数量和质量,生产、经营的管理技术水平,具备了何等生产能力和达到什么样的生产规模,企业扩大再生产的能力如何,给企业创造多少经济效益等。另外,企业如拥有较多的掌握前沿技术的工程技术人员等,那么企业就大概率能生产质优价廉、适销对路的产品,企业将会有很强的竞争力。

2. 产品分析

提供的产品或服务是公司盈利的来源，分析的内容包括：

(1) 产品的竞争能力分析，涉及成本优势、技术优势、质量优势等方面。其中：① 成本优势是公司的产品依靠低成本获得高于同行业其他公司的盈利能力。在很多行业中，成本优势是决定竞争优势的关键因素。一般通过规模经济、专有技术、优惠的原材料和低廉的劳动力实现成本优势。② 技术优势，即公司拥有的比同行业其他竞争对手更强的技术实力及研究、开发新产品的能力，主要体现在生产的技术水平和产品的技术含量上，是决定公司竞争成败的关键。③ 质量优势，即公司的产品以高于其他公司同类产品的质量赢得市场，从而取得竞争优势。产品质量是影响消费者购买倾向的一个重要因素。

(2) 产品的市场占有率，包括：① 公司产品销售市场的地域分布情况，是地区型、全国型还是世界范围型。通过销售市场地域范围，能估测公司经营的辐射能力，也能体现公司的实力。② 公司产品在同类产品市场上的占有率，是对公司的实力和经营能力的较精确估计，也是公司的利润之源。市场占有率越高，公司的经营能力和竞争力越强，公司的销售和利润水平越好、越稳定，并能在市场长期存在。

(3) 品牌战略。品牌竞争是产品竞争的深化和延伸。在产业发展进入成熟阶段时，品牌成为决定公司竞争力的重要因素。品牌具有创造市场、联合市场和巩固市场的功能。分析上市公司品牌，主要看其有无品牌战略及其品牌前景如何等。因此，采取何种品牌战略就显得非常重要。

二、公司财务分析

公司财务分析是以会计核算和报表资料及其他相关资料为依据，采用一系列专门的分析技术和方法，对公司等经济组织过去和现在有关筹资、投资、经营等活动的偿债、盈利和营运等能力状况进行分析与评价，为公司的投资者、债权人、经营者及其他关心公司的组织或个人了解公司过去、评价公司现状、预测公司未来、做出正确决策提供准确的信息或依据。财务分析的本质在于搜集与决策有关的各种财务信息并加以分析与解释的一种技术，也是一个判断的过程，旨在评估公司现在或过去的财务状况及经营成果，其主要目的在于对公司未来的状况及经营业绩进行最佳预测。

(一) 财务分析的主要依据

财务分析是运用适当的方法，对公司的财务报表以及相关资料中的数据进行分析。上市公司定期公布的财务报表是财务分析信息的主要来源和依据，公司财务报表包括资产负债表、利润表(损益表)、现金流量表、所有者权益变动表(或股东权益变动表)和财务报表附注。

(二) 主要财务报表种类

(1) 资产负债表，是静态报表，是反映企业在某一特定日期(年末、季末或月末)的资产、负债和所有者权益数额及其构成情况的会计报表，即企业在特定时间点(制表之时)所有资产与负债的对比表,期末余额反映的是存量。

(2) 利润表(损益表),是动态报表,是反映企业在一定期间的生产经营成果及其分配情况的会计报表,反映企业在一定会计期间所获得的利润。

(3) 现金流量表,是动态报表,反映企业会计期间内经营活动、投资活动和筹资活动等对现金及现金等价物产生影响的会计报表,反映企业现金存量,其中包括应还款项等。

(4) 所有者权益变动表,又称股东权益变动表,是最新的会计法规定的必要的财务报表,即原来只有前面三大财务报表,后来加入了所有者权益变动表。所有者权益变动表,是反映构成所有者权益的各组成部分当期的增减变动情况的报表。2007 年以前,公司所有者权益变动情况是以资产负债表附表形式予以体现的。新会计法颁布后,要求上市公司于 2007 年正式对外呈报所有者权益变动表,所有者权益变动表成为与资产负债表、利润表和现金流量表并列披露的第四张财务报表。

(5) 财务报表附注,是对会计报表的编制基础、编制原理和方法及主要项目等所做的解释和进一步说明,以便报表的使用者全面、正确地理解会计报表,主要包括:企业所采用的主要会计处理方法,会计处理方法的变更情况、变更的原因及对财务状况和经营业绩的影响,发生的非经常性项目,一些重要报表项目的明显情况,或有事项,期后事项,以及其他有助于理解和分析财务报表的重要信息。

一般来说,投资者做基本面分析的时候,重点研究所投公司财务报表,进而密切关注企业经营状况和所在行业的发展动向,以更好地实现投资收益最大化。

(三) 财务分析的基本方法

财务分析的方法有很多种,主要包括趋势分析法、比率分析法、因素分析法。

1. 趋势分析法

趋势分析法又称水平分析法,是将两期或连续数期财务报告中相同指标进行对比,确定其增减变动的方向、数额和幅度,以说明企业财务状况和经营成果的变动趋势的一种方法。趋势分析法的具体运用主要有以下三种方式:

(1) 重要财务指标的比较,它是将不同时期财务报告中的相同指标或比率进行比较,直接观察其增减变动情况及变动幅度,考察其发展趋势,预测其发展前景。

对不同时期财务指标的比较,可以有两种方法:一是定基动态比率。它是以某一时期的数额为固定的基期数额而计算出来的动态比率。其计算公式为:

$$定基动态比率 = 分析期数额 \div 固定基期数额 \qquad 7-1$$

二是环比动态比率。它是以每一分析期的前期数额为基期数额而计算出来的动态比率。其计算公式为:

$$环比动态比率 = 分析期数额 \div 前期数额 \qquad 7-2$$

(2) 会计报表的比较是将连续数期的会计报表的金额并列起来,比较其相同指标的增减变动金额和幅度,据以判断企业财务状况和经营成果发展变化的一种方法。

(3) 会计报表项目构成的比较,这是在会计报表比较的基础上发展而来的。它是以会计报表中的某个总体指标作为 100%,再计算出其各组成项目占该总体指标的百分比,从而来比较各个项目百分比的增减变动,以此来判断有关财务活动的变化趋势。

但在采用趋势分析法时,必须注意以下问题:① 用于对比的各个时期指标,在计算口径上必须一致;② 剔除偶发性项目的影响,使作为分析的数据能反映企业正常的经营状况;③ 应用例外原则,应对某项有显著变动的指标做重点分析,研究其产生的原因,以便采取对策,趋利避害。

2. 比率分析法

比率分析法是指利用财务报表中两项相关数值的比率揭示企业财务状况和经营成果的一种分析方法。根据分析的目的和要求的不同,比率分析主要有三种:

(1) 构成比率,又称结构比率,是某个经济指标的各个组成部分与总体的比率,反映部分与总体的关系。其计算公式为:

$$构成比率 = 某个组成部分数额/总体数额 \qquad 7-3$$

利用构成比率,可以考察总体中某个部分的形成和安排是否合理,以便协调各项财务活动。

(2) 效率比率。它是某项经济活动中所费与所得的比率,反映投入与产出的关系。利用效率比率指标,可以进行得失比较,考察经营成果,评价经济效益。

(3) 相关比率,是指除部分与总体、投入与产出关系之外具有相关关系指标的比率。相关比率反映有关经济活动的联系,如流动比率、速动比率等。

比率分析法的优点是计算简便,计算结果容易判断。这些指标都是相对值,可以在不同规模、行业的企业之间进行比较。比率分析法注意点:① 对比项目的相关性。计算比率的分子项和分母项必须具有相关性,把不相关的项目进行对比是没有意义的。② 对比口径的一致性。计算比率的分子项和分母项必须在计算时间、范围、计量单位等方面保持口径一致。③ 衡量的科学性。运用比率分析,需要选用市场平均水平或该公司历年的比率数据与之对比,以便对企业的财务状况做出评价。

3. 因素分析法

因素分析法,也称因素替换法、连环替代法,是用来确定几个相互联系的因素对分析对象——综合财务指标或经济指标的影响程度的一种分析方法。采用这种方法的出发点在于,当有若干因素对分析对象产生影响时,假定其他各个因素都无变化,可依次确定每一个因素单独变化所产生的影响。

本 章 小 结

证券投资的基本分析法,就是根据经济学、金融学、投资学及财务会计等理论,对决定证券价值及价格的基本要素如宏观经济指标、经济政策预期、行业发展状况、产品市场状况、公司销售和财务状况等进行分析,评估证券的投资价值,判断证券的合理价位及股价走势,提出投资建议的一种分析方法。该分析法基于股票的内在价值决定股票的市场价格、股票的市场价格总是围绕其内在价值波动等假设之上的,是股价波动成因分析,采用定性和统计计量等分析方法,用于长线投资分析的场合居多。它可分为宏观经济分析、行业分析和公司分析三个部分。

宏观经济分析,以整个国民经济活动作为考察对象,研究各个有关总量及其变动,特别是研究国内生产总值和国民生产总值的变动及其与经济增长、物价稳定、充分就业以及国际收支平衡等之间的关系,重点关注宏观经济政策与证券投资分析,经济周期、其他宏观事件对证券市场的影响等。

行业分析是指根据经济学原理,综合应用产业经济学、统计学、计量经济学等分析工具,对行业经济的运行状况、产品生产、销售、消费、技术、行业竞争力、市场竞争格局、行业政策等行业要素进行深入的分析,从而发现行业运行机制,预测未来行业发展的趋势。行业分析是介于宏观经济与微观经济分析之间的中观层次的分析,是发现和掌握行业运行规律的必经之路。进行行业分析,首先要对行业进行分类,其次要对行业环境、结构、市场、组织,以及行业成长性进行分析,最后要结合行业生命周期展开分析。

公司分析,也称企业分析,是利用企业的历年资料对其资本结构、财务状况、经营管理水平、盈利能力、竞争实力等进行具体细致的分析。在此基础上,与其他企业进行比较、与本企业的历史情况进行比较,从而得出较为客观的分析结论,作为投资决策的重要依据。公司分析包括:公司基本素质分析,例如公司竞争地位、技术水平和产品的竞争力等分析;公司财务分析,其以公司的资产负债表、利润表、现金流量表、所有者权益变动表(或股东权益变动表)和财务报表附注等报表为主要分析对象,采用趋势分析法、比率分析法、因素分析法为主要方法,为公司的投资者、债权人、经营者及其他关心公司的组织或个人了解公司过去、评价公司现状、预测公司未来、做出正确决策提供准确的信息或依据。

思考与练习

一、单选题

1. 在基本分析中,对于利率波动的分析属于(　　)。
   A. 宏观经济分析　　B. 行业分析　　C. 公司分析　　D. 以上都不对

2. 属于典型的防守型行业的是(　　)。
   A. 电脑行业　　B. 汽车产业　　C. 食品行业　　D. 家电行业

3. 基本分析的缺点主要是(　　)。
   A. 考虑问题的范围相对较窄
   B. 对市场长远的趋势不能进行有益的判断

C. 预测的时间跨度太短

D. 预测的时间跨度相对较长,对短线投资者的指导作用比较弱;同时,预测的精确度相对较低

4. 下列不属于基本分析方法的是(　　)。

A. 行业生命周期分析　　　　　　　B. 对过去交易价格和交易资料的分析

C. 上市公司财务报表分析　　　　　D. 对宏观经济政策的分析

5. 按照行业与经济增长的关系,可分成的行业中不包括(　　)。

A. 增长型行业　　　B. 衰退型行业　　　C. 周期型行业　　　D. 防守型行业

二、思考题

1. 简述证券投资的基本分析法的假设和特点。
2. 简述证券投资宏观经济分析的对象。
3. 简述国家一般如何通过总需求调节政策和总供给调节政策来影响证券市场。
4. 简述行业的不同分类。
5. 简述行业在生命周期各阶段的特点。
6. 简述公司分析中公司基本素质分析的主要内容。
7. 简述公司财务分析的不同分析方法。

拓 展 学 习

拓展学习:宏观经济分析、行业分析、公司分析实践

1. 通过中国人民银行官网,检索下载货币政策报告;通过证券公司官网,检索下载行业研究报告;通过上市公司网站下载公司年报。
2. 个人阅读、分析与小组讨论相结合,建议精读1—2份报告,结合教材的相关知识,将报告理解透彻。
3. 个人写成学习小结,小组推选一名主笔汇总,形成小组的学习综合报告。

第八章

证券投资的技术分析法

 本章教学目标

通过本章的学习,学生应当了解技术分析法的含义、基本假设和要素;掌握道氏理论的基本内涵;掌握波浪理论的主要思想、原理和原则;掌握K线的基本形态和K线组合的运用;掌握移动平均线、平滑异同移动平均线、随机指标以及相对强弱指标的分析方法和运用法则。

 本章核心概念

技术分析;道氏理论;波浪理论;K线

 导入

2022年10月21日消息,三大指数午后弱势盘整,盘中分化明显,沪指小幅收涨,深成指、创业板指小幅下跌,上证50指数盘中跌近1%,再度刷新阶段低点。板块方面,风电、电力相关概念股集体拉升,高铁等大基建板块走强,教育、中药、券商股表现活跃;储能、光伏等赛道板块全线走弱,前一日活跃的半导体芯片股回调,酒店、厨卫电器、油气开采、汽车整车等板块走弱。总体来看,个股涨跌参半,21日两市成交近7 120亿元①。

(1) 什么是弱势盘整?技术指标如何体现?

(2) 高铁等大基建板块走强,技术指标如何体现?

由基本分析法可以得到定性结论:宏观经济分析让投资者知道大环境是否有利于股市上涨;行业分析让投资者找到近期板块热点,了解行业发展的趋势;公司分析为投资者捕捉股市黑马提供了参考。那么何时入市为好?正在上涨的大盘行情还会延续吗?已经超跌的股票市场行情会翻转吗?短期内,在做出入市或离场的市场操作的决策之前,需要技术分析结论来支撑。

---

① 《收评:沪指收涨0.13% 风电、教育板块表现活跃》,http://stock.hexun.com/2022-10-21/206942355.html.

第一节 技术分析法概述

一、技术分析法的含义

技术分析法是最早运用于投资实践的分析方法,是指以股票市场的过去和现在的市场行为作为分析对象,判断市场趋势并跟随趋势的周期性变化来进行股票交易决策的方法的总和。该方法也适用于外汇交易、金融衍生产品交易甚至商品期货期权等交易的分析。

具体而言,技术分析法是将股票市场的日常交易状态,包括价格变动、交易量与持仓量的变化资料,按照时间顺序绘制成图形或图表,或形成系列的指标系统,然后针对这些图形、图表或指标系统进行分析研究,以预测股价走势的方法。目前在国内外股票市场交易中,技术分析法仍然被很多分析师和投资者所应用。与基本分析法相比,技术分析法侧重于对股价、成交量等进行分析,以预测未来价格的变动趋势。

二、技术分析法的基本假设

技术分析法的理论基础是三个重要的市场假设:市场行为涵盖一切信息、价格沿趋势运动、历史会重演。

(一)假设一:市场行为涵盖一切信息

这是技术分析的基础。主要思想是影响股票市场的一切因素,最终体现在股票的市场行为上。这里的市场行为是指股票的各种交易信息,包括入场时机、交易价格、成交量及其变化情况。该假设认为影响股票价格的因素无论是内在的还是外来的,都会体现在股票市场行为的变化上,投资者不必分析具体影响股票价格的因素,只要研究这些市场行为就可能掌握所有的信息。市场上的每一个成交价都反映了当时市场上的买卖平衡点,由于成交价格的波动,可以看到价格总是处于一种动态平衡之中。

(二)假设二:价格沿趋势运动

这是进行技术分析最根本、最核心的因素。"趋势"概念是技术分析的核心。该假设认为,股票价格运动是以趋势方式演变的,研究技术图表的全部意义,就是要在一个趋势形成、发展的早期,通过对图表、指标的研究,及时准确地把它揭示出来,从而达到顺应趋势交易的目的。根据股价变动趋势,利用技术分析,在升势时买入、跌势时卖出,在趋势形成的初期进行买卖,从价格跟随趋势变动从中获利。

(三)假设三:历史会重演

这是从人的心理因素方面考虑的。该假设认为,在满足相同条件的情况下,市场必然会出现相同的结果,这是人类行为模式的固化属性。这一假设是建立在对投资者心理分析的基础上,即市场在满足了见底的相应条件以后就会见底,满足相应的见顶条件以后就会见顶,满足上涨的条件价格就会继续上涨,满足下跌的条件价格就会继续下跌。图形、指标反映了投资者对于市场的看法,通过对图表的研究可以找到相似的形态从而找到未来价格运动的方向。

以上三大假设相辅相成,为技术分析奠定了理论基础。假设一明确了技术分析的对象,即一切行为都是围绕以价格为中心的市场行为展开的,使用的数据都是市场内的数据。假设二明确了技术分析的任务,即分析的最终目标是发现价格变动的趋势。假设三明确了技术分析的手段,即用图形和统计的方法对过去的市场历史资料进行加工和记录,找寻趋势变动的规律。

然而,技术分析并不适用于所有市场。按照市场有效假说(EMH),弱式有效市场假设(Weak-Form Market Efficiency)认为,市场价格已充分反映出所有过去的证券价格信息,包括股票的成交价、成交量、卖空金额、融资金额等。也就是说,在弱式有效市场假设成立的条件下,股票价格的技术分析失去作用,基本分析还可能帮助投资者获得超额利润。

三、技术分析法的要素

股票市场中,价格、成交量、时间、空间是技术分析法的要素,简称为"价、量、时、空"。研究四个要素的具体情况和相互关系是做好技术分析的基础。

(一) 价格和成交量

市场行为最基本的表现就是成交价和成交量。一切技术分析方法都是以价量关系为研究对象的,目的就是分析预测未来的价格趋势,为投资决策提供服务。

技术分析就是利用过去和现在的成交量、成交价资料,以图形和指标等分析工具来分析、预测未来的市场走势。这里的成交价、成交量,可以是开盘时候的集合竞价、盘中的连续竞价以及最后的收盘价等。相对应的,技术分析有多种时间段选择,日内的分析周期,如1分钟、5分钟、30分钟、60分钟,还有日、周、月、季、半年、年等,同时有相对应的成交量。

在某一时点上的价和量,反映的是买卖双方在该时点上共同的市场行为,是双方暂时的均衡点。随着时间的变化,均衡点会不断变化,这就是价量关系的变化。一般来说,买卖双方对价格的认同程度可通过成交量的大小得到确认。对当前市场价格认同程度低,分歧大,成交量小;认同程度高,分歧小,成交量大。双方的这种市场行为反映在价、量上就往往呈现出这样一种趋势规律:价升量增,价跌量减。

(二) 时间和空间

在技术分析中,时间是指完成某个价格运动过程所经历的时间长短,通常指一个波段或一个升降周期所经历的时间,体现了市场潜在的能量由小变大再由大变小的过程或周期。空间指的是价格波动能够达到的上下极限,反映每次市场发生变动程度的大小或幅度,体现市场潜在的上升或下降的能量的大小。股价的上升或下降的幅度越大,市场潜在能量就越大；反之,上升或下降的幅度越小,潜在能量就越小。一般来说,对于相对较长的周期,价格变动的空间也相应较大；反之亦然。

在进行行情判断的时候,时间有着很重要的作用。一个刚刚形成的趋势在短时间内不会发生根本改变,中途出现的反向波动,对原来趋势不会产生太大的影响。一个已经运行了一段时间的趋势又不可能永远不变,经过了一定时间又会有新的趋势出现。

四、技术分析法在股票投资中的运用

技术分析法的发展已经有几百年的历史,在交易实践中具有重要的参考价值。目前,我国证券市场处于弱有效状态。从理论上说,投资者几乎无法利用过去股价信息获取超额利润,但技术分析法至少提供了一种描述市场特征的工具。由于证券价格走势具有一定的惯性,技术分析在短期内依然具有一定的预测功能,尤其是用多种指标相互验证,并以基本分析作为支持,研判证券价格走势的结论仍具有重要的参考价值。

目前,证券市场上的各种技术指标不胜枚举,例如相对强弱指标(RSI)、随机指标(KDJ)、趋向指标(DMI)、平滑异同移动平均线(MACD)、能量潮(OBV)、乖离率(BIAS)等,这些都是著名的技术指标,在股市应用中长盛不衰。而且,随着时间的推移,新的技术指标还在不断涌现,包括趋向指标(DMI)、指数平均数(DMAEXPMA)、布林线(BOLL)、威廉指标(WR)、三重指数平滑移动平均(TRIX)、成交量变异率(BRARCRVR)、振动升降指标(ASI)、简易波动指标(EMV)等等。下面介绍几种常用的技术分析方法。

第二节 道 氏 理 论

道氏理论(Dow Theory)是被接受和运用较早和影响较大的技术分析方法,它以美国早年的证券分析家查尔斯·道的姓命名,历时几十年形成的。查尔斯·道是活跃于19世纪末的美国股市理论家,他创造了两个著名的指标：道琼斯铁路指数和道琼斯工业平均指数。1902年,查尔斯·道去世以后,汉密尔顿(William Peter Hamilton)和雷亚(Robert Rhea)继续对道氏理论进行深化和推广,在其后有关股市的评论写作过程中,对该理论加以组织、归纳和拓展而形成今天的理论。他们所著的《股市晴雨表》《道氏理论》成为后人研究道氏理论的经典著作。著作的出版,确立了道氏理论在技术分析法中的地位。道氏理论主要探讨股市的基本趋势,认为基本趋势一旦确立就会一直持续,直到趋势遇到各种因素的影响才会改变方向。

一、道氏理论的基本内容

道氏理论有三个核心思想,即三重运动原理、相互验证原则和投机原理。

(一) 三重运动原理

所谓三重运动,是指道氏理论将股票市场上的股价运动概括成的三种趋势:基本趋势、次级趋势与短期趋势。这三种趋势同时存在、相互影响,决定了股票价格的走势。

1. 基本趋势

基本趋势体现股票价格波动的基本走向,是指连续一年或一年以上的股价变化趋势。它由两个相反的趋势构成,即上升趋势和下降趋势。

(1) 股价的上升趋势通常包括如下三个阶段:

第一阶段:股票市场处于由空头市场转为多头市场的转折阶段,股价止跌并开始缓慢上升。买方对股票市场的投资形势看好,开始买进被悲观的投资者卖出的股票,或者卖方出于种种原因使其卖出的量减少,这一切导致股价开始上升。不过投资者还是对股票信心不足,股票市场交易并不十分活跃,但交易量逐渐增加。

第二阶段:股票市场处于发展阶段。股价已经上升,股票投资盈余的增加导致股票投资交易量的增加;股市投资形势的好转已经引起投资者的注意,市场交易日趋活跃,成交量随之扩大。

第三阶段:随着大量资金的涌入,股票市场上各种股票的价格已经升至一个高峰,投资者争先恐后地购买股票,股票市场一片繁荣,交易量很大,但繁荣的背后隐藏着深刻的危机。此时,股市处于一个投机泛滥的阶段,股价水平已经达到高位,与其内在价值严重背离,存在很大的泡沫成分,有衰退之势。

(2) 股价的下跌趋势通常也包括三个阶段:

第一阶段:股票市场处于由多头市场转为空头市场的转折阶段。股价上升趋势已经结束,交易额虽然并未下降,反而略有增加,但交易量增加已显颓势。投资者参与交易仍然很活跃,但获得的差价收益已经大大减少,整个交易气氛已处于慢慢变冷的过程。

第二阶段:进入恐慌阶段,部分主力抛售大量筹码,使股票的价格急剧下跌,交易量迅速下降,市场上的卖方力量剧增,投资者参与交易的活跃程度已大幅度下降。这一阶段过后,股票市场一般都必须经过较长时间的盘整、修复才会进入第三阶段。

第三阶段:在经历了上述的恐慌阶段以后,多数投资者对股票市场的信心已完全丧失,投资者加速抛出手中筹码。各种股票的下跌程度各不相同,大多数投资者并没有意识到下降趋势就要结束,撤走大量资金退出场外观望,少数投资者已经开始补进绩优股票。所以下跌趋势的结束阶段又成为上升趋势的开始阶段,这样不断地循环。

2. 次级趋势

次级趋势是指在上升的主要趋势中出现的中期回档下跌,或在下跌的主要趋势中出现的中期反弹回升。由于中期趋势经常与长期的运行方向相反,并对其产生一定的牵制作用,因而其也被称作股价的"修正趋势"。

次级趋势是对长期趋势正常且必要的整理。它们是对股价暴涨暴跌在技术上的修正,修正幅度一般为长期趋势变动幅度的 1/3—2/3,通常一个长期趋势中总会出现 2—3 次的次级趋势。次级趋势持续的时间可达 2 周至数月不等。中期趋势一般并不改变长期趋势的发展方向。当股票市场出现回档下跌或反弹上升时,及时区分是中期变动还是长期趋势的根本转向是很重要的。次级趋势对中短线的投机者来说非常重要,他们可以利用次级趋势的变化进行波段操作,谋取超额利润,对长期投资者影响较小。

3. 短期趋势

短期趋势是价格的日常波动,时间很少超过 3 个星期,通常少于 6 天。短期趋势的重要性较小,干扰因素多,偶然性大,且易受人为操纵,这与客观反映经济动态的中长期趋势有本质的不同,因而一般不被人们作为趋势分析的对象。然而,短期波动是形成中长期趋势的基础。

三重运动原理是道氏理论三大核心思想中最为重要的,其发源于自然法则。大级别的基本运动的规律较易把握,次级运动带有一定的欺骗性,而日常波动这样小级别的运动具有很强的随机性,就很难把握。原因在于三重运动的运作机理不同。三重运动原理说明市场的主趋势是可以被预测的,但具体运动轨迹却是测不准的、随机的。

(二) 相互验证原则

相互验证原则是道氏理论的第二个核心,是指通过相关性来验证结论的正确性,通过认识—再认识市场,不断重复理论与实践的循环来验证市场与投资者预测之间的关系。所谓相互验证原则,就是通过一种方式得出的结果必须用另一种方式得出的结果来检验其研究结论是否正确。如果两种以上的指数(或者指标)都支持市场走势的结论,该结论正确的概率比较大;相反,如果两种以上的指数都是背离的,就无法支持市场走势的结论,该结论错误的概率就比较大。

对于两个有较强相关性的品种或指数,当它们之间的走势一致的时候,其中一个品种或指数的走势可以得到另一个品种或指数的验证,这意味着趋势还将继续;当它们之间的走势背离的时候,则其中一个品种或指数的走势不能得到另一个品种或指数的验证,这意味着趋势难以继续。采用统计学的相关性检验,检验两个品种的价格走势的相关性,可以判断两种价格的相关性强弱。但道氏所指的相互验证原则并非是现象间简单的验证,它既是指不同相关制约要素间的相互验证关系,也是指不同要素、不同指标间的相互验证。相互验证原则是十分重要的,它贯穿于市场分析的始终。

既然有股价较强相关性股票,也有股价较弱相关性股票。当相关性很弱,股价走势背离。综合运用股价背离、股价相关,达到相互验证的效果。把技术信号或指标加以比较,从而保证它们中的大部分相互验证,指向共同方向,即是相互验证。由此可以避免仅凭单一技术指标或单一指数做出判断或投资决策,那是投资者经常犯的一种错误。雷亚指出:两种市场指数必须相互验证——铁路与工业指数的走势永远应该一起考虑。一种指数的走势必须得到另一种指数的确认,如此才可以做有效的推论。仅根据一种指数的趋势判断,另一种指数并未确认,其结论常常是错误的。

1932年，雷亚根据上述原则进行多项观察，认为除了道琼斯工业指数与道琼斯铁路（运输）指数以外，还有标普500指数、价值线指数、主要市场指数、债券指数、美元指数、商品价格指数等等，所以，他提出"两种市场指数必须相互确认"应该更新为"所有的相关指数都必须相互确认"。

一般情况下，同类的各市场价格走势趋向于同步。因此，当重点研究某个市场价格走势的时候，还需要关注同类的其他市场。例如，分析某金属市场价格，也应当关注其他金属市场的情况如何。对其他市场的研究，经常为投资者的分析对象提供一些研究的线索。同样是金属市场，例如铜、铝、铅、锌等有色金属与铁等黑色金属，决定它们的价格走势的市场因素并不完全相同。所以，这些金属的价格走势也不会完全相同。

（三）投机原理

投机原理是道氏理论的第三个核心。该理论认为，市场之所以可以被投资者预测是由于市场中具有投机性，投机性是市场的基本属性之一。如果没有投机性，市场也就不存在了。

二、道氏理论的优缺点

（一）优点

道氏理论最初是针对股市提出的分析理论，之后也被推广运用到其他金融交易分析中。道氏理论具有合理的内核和严密的逻辑，指出了股市循环和经济周期性变动的联系，在一定程度上能对股市的未来变动趋势做出预测和判断。依道氏理论编制的股价平均数和股价指数是反映经济周期性变动的"晴雨表"，被认为是比较可靠的先导指标。更重要的是道氏理论对技术分析法产生了重大影响，后人在道氏理论的基础上发展、演绎出种种长期、中短期的技术分析方法。

（二）缺点

道氏理论也有不足之处。其可操作性差，判断信号滞后于价格变化，使投资者在进行行情判断时缺乏明确的信号指引。道氏理论侧重于长期趋势分析，对每时每刻都在发生的小波动解释能力不强，甚至对次要趋势的判断作用也不大，择时能力较弱。虽然道氏理论对大势判断有较大作用，即使是对长期趋势的预测，道氏理论也无法预先精确地指明股市变动的高峰和低谷，影响投资者的择时能力，对市场逆转的确认具有滞后效应。

第三节 波浪理论

波浪理论（Elliott Wave Theory），全称是艾略特波浪理论，是以美国证券分析家R. N.艾略特（R.N.Elliott）的名字命名的、利用道琼斯工业平均指数作为研究工具，发现不断变化的股价结构性形态,预测股价变动方向的技术分析理论。根据这一发现,艾略特提出了一套相关的市场分析理论,精炼出市场的 13 种形态(Patterns)或波浪(Waves),在市场上这些形态重复出现,但是出现的时间间隔及幅度大小并不一定具有再现性。而后他又发现了这些呈结构性形态之图形可以连接起来形成同样形态的更大图形。据此,他提出了一系列权威性的演绎法则用来解释市场的行为,并特别强调这些波动及其原理的预测价值,这就是艾略特波浪理论。

一、波浪理论的基本原理

(一)波浪理论考虑的因素

波浪理论考虑的因素:形态、比例和时间。

(1)形态,即价格走势形态,这是最重要的,它是指价格走势所形成的波浪形状和构造,是波浪理论赖以生存的基础。

(2)比例,就是价格走势图中各个高点和低点所处的相对位置;高点和低点所处的相对位置是波浪理论中各个波浪的开始和结束位置。通过计算这些位置,得以弄清楚各个波浪之间的相互关系,确定价格回落点和将来价格的走势。

(3)时间,是完成某个形态所经历的时间长短。波浪理论中各个波浪之间在时间上是相互联系的,用时间可以验证某个波浪形态是否已经形成。

(二)波浪理论价格定势的基本形态结构

艾略特认为,股价和股价指数(同样可以用于分析股价走势)总是在上涨和下跌交替运动中前进。股价上涨波动也是按照某种规律进行的。通过多年的实践,艾略特发现每一个周期(无论是上升还是下降)可以分成八个小的波浪,其中第 5 浪是主浪,第 3 浪是调整浪。

这八个浪一结束,一次大的行动就结束了,紧接着的是另一次大的行动。现以上升为例说明这一过程。图 8-1 是一个上升阶段的八个浪的全过程。

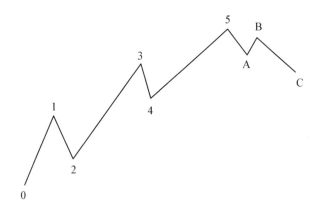

图 8-1 波浪结构的基本形态

在图8-1中,0—1是第1浪,1—2是第2浪,2—3是第3浪,3—4是第4浪,4—5是第5浪。这五个浪中,第1、第3和第5浪称为上升主浪,而第2和第4浪是对第1和第3浪的调整浪。上述五浪完成后,紧接着会出现一个三浪的向下调整。这三个浪是:从5到A为A浪,从A到B为B浪,从B到C为C浪。

在图8-1中,从0到5可以认为是一个大的上升趋势,而从5到C可以认为是一个大的下降趋势。如果认为这是第2浪的话,那么C之后一定还会有上升过程,只不过要等很长的时间。这里的第2浪只不过是一个更大的八浪结构中的一部分。

(三) 波浪理论的特点

(1) 股价指数的上升和下跌将交替进行。

(2) 推动浪(即与大市走向一致的波浪)和调整浪是价格波动的两个最基本形态,而推动浪可以再分割成五个小浪,一般用第1浪、第2浪、第3浪、第4浪、第5浪来表示,调整浪也可以划分成三个小浪,通常用A浪、B浪、C浪表示。

(3) 在上述八个浪(五上三落)完毕之后,一个循环即告完成,走势将进入下一个八浪循环。

(4) 时间的长短不会改变波浪的形态,因为市场仍会依照其基本形态发展。波浪可以拉长,也可以缩短,但其基本形态永恒不变。

总之,波浪理论可以用一个词来概括:"八浪循环"。

二、波浪理论的应用

运用波浪理论,关键是正确数浪。如果浪数错了,那么之后的分析就都错了。

第1浪:通常,整个波浪中的第1浪出现在熊市即将开始或正在转向牛市的时期。几乎半数以上的第1浪是在股市经过长期盘整筑底后开始上升,其后的第2浪调整幅度往往很大。一般而言,第1浪的涨幅是前五浪中最小的。

第2浪:在实践中,第2浪走势调整幅度较大,而且具有较大的杀伤力。因为市场人士常常误以为熊市尚未结束。当此浪调整到接近第1浪的起涨点时,投资者开始出现惜售心理,成交量逐渐萎缩。

第3浪:通常第3浪属于最具有爆炸性的一浪。第3浪的运行时间通常会是整个循环浪中最长的一浪,涨幅也最大。第3浪的运行轨迹,大多数都会发展成为一涨再涨的延伸浪;伴随着成交量急剧放大,体现出具备上升潜力的量能;在图形上,常常会以势不可挡的跳空缺口向上突破,给人一种突破向上的强烈信号。

第4浪:从形态的结构来看,第4浪经常是以三角形的调整形态运行。第4浪的浪底不允许低于第1浪的浪顶。经过第3浪的强劲上升后,这一浪走势开始疲软,已初显涨势后继乏力的征兆。

第5浪:市场中的第5浪是三大推动浪之一,但其涨幅在大多数情况下比第3浪小。在第5上升浪的运行中,二、三线股票是市场的主导力量,升幅极其可观。第5浪的特点是市场人气较为高涨,主力机构开始悄悄出货,而普通投资者还在盲目跟风。

A浪:在上升循环中,A浪的调整是紧随着第5浪而产生的,市场上大多数投资者会认为市场走势仍未逆转,只看作一个短暂的调整,还会逢低吸纳。不过股市成交量开始减少,各种技术指标已显示顶背离现象,预示股市即将下跌。

B浪:此浪常以上升态势出现,市场上大多数人仍未醒悟过来,还以为上一个上升浪尚未结束,形成"多头陷阱",从成交量上看,成交稀疏,出现明显的价量背离现象,上升量能已接济不上。

C浪:C浪的特点通常是跌势强烈,跌幅大,持续时间长。大盘开始全面下跌,从性质上看,其破坏力较强。

只要明确了目前的位置,按波浪理论所指明的各种浪的数目,就能很方便地知道下一步该干什么。

三、波浪理论的原则

(一)修正波纵深原则

此原则用来衡量修正波回撤幅度,通常修正波会达到小一级别第4浪低点附近。在强势行情中,只创新高不创新低,此时的小一级别第4浪低点会是一个很好的支撑位,可以借此跟进止损。

(二)黄金分割原则

黄金分割原则即波动比率呈现黄金分割比率。例如:第3浪为第1浪的1.618、2.618;第2浪回调为第1浪的0.382、0.5、0.618;第4浪回调为第3浪的0.382、0.5;第5浪为第1—3浪的0.618。在时间上同样呈现此原则。

(1)黄金比例可以为投资者捕捉进场或离场时机提供决策依据,如果投资者将这些比例在市场上娴熟运用,这些神秘的黄金数字会成为投资者的"终身伴侣"。

(2)"1.618"可以反过来用以确定眼前的第3浪是否是真正的第3浪。如果第3浪连第1浪的1.618都到不了,那么它多半不是第3浪。如果投资者能判断市场要出现延长的大行情,那么市场通常会到前面一浪的2.618倍位置上,这提供了一个非常好的参考目标。

(3)在趋势初期,回撤幅度多为0.618,如果回撤以平台形进行,则多为0.5;在趋势中期,当趋势逐渐明显时,市场回撤0.618的概率开始下降,而是期待偏向于0.5的回调位。

(三)交替原则

交替原则即简单与复杂、上升与下跌、推动与调整、规则与不规则等的交替出现。修正波呈现交替现象,如第2浪为锯齿,则第4浪可能为平台型或三角形等,反之亦然;在时间上,第2浪急剧回调,则第4浪可能长时间复杂调整,反之亦然;复杂程度上,第2浪简单,则第4浪复杂,反之亦然,若第2浪为"复式",则第4浪便可能为"单式"。

（1）小的调整匹配着小的推动，中等调整也预示着中等的推动，大的调整则是在蓄积一波大幅的推动行情。眼前是一个小级别的调整则做好小推动的操作打算，眼前是一个大级别的调整则做好大推动的操作规划。

（2）如果第2浪出现了简单性调整，则第4浪多是复杂的调整。如果第2浪调整的时间很短，基本可以判断第4浪调整的时间不会很短。可以用已知的去预知即将到来的，从而提高操作胜算。如果第2浪走出了很规则的形态，要注意第4浪可能走出不太规则的形态。

四、波浪理论的不足

（1）波浪理论家对现象的看法并不统一。每一个波浪理论家，包括艾略特本人，常常会受同样一个问题的困扰，就是一个浪是否已经完成而另外一个浪是否已经开始了呢？有时甲投资者看是第1浪，乙投资者看是第2浪，看错的后果可能十分严重。一套不能确定的理论用在风险奇高的股票市场，运作错误足以使人损失惨重，甚至怎样才算是一个完整的浪，也无明确定义。在股票市场的升跌次数绝大多数不按"五升三跌"这个机械模式出现。波浪理论家的解释也就见仁见智，数浪可能陷入随意主观境地。

（2）波浪理论有所谓延长浪，有时五个浪可以延长成九个浪。但在什么时候或者在什么准则之下波浪可以延长，艾略特却没有明言，使数浪这回事由投资者们各自启发，自己去想。

（3）波浪理论的"浪中有浪"，可以无限延伸，即升市时可以无限上升，都是在上升浪之中，一个巨型浪可以有很多的延伸浪，下跌浪也可以有很多延伸浪。只要是升势未完就仍然是上升浪，跌势未完就仍然是下跌浪。因此，人们对波浪理论提出种种质疑也就不足为奇了。

第四节 K 线 分 析

一、K线概述

（一）K线的起源

K线又称为蜡烛线、日式线，起源于200多年前的日本，最初运用于米市交易。当时的米市商人用它记录一定时间内米市行情价格的波动变化。后来，人们把这套方法运用于股市、金市等，经过长期的发展和完善，成为现在普遍使用的技术分析方法。那么，为什么叫它"K线"呢？实际上，在日本K线是"罫线"的读音，K线图称为"罫线"，西方以其英文首字母"K"直译为"K"线，由此发展而来。

（二）K线的基本要素

它是以每个分析周期的最高价、最低价、开盘价和收盘价为依据绘制而成的。K线的结构分为实体、上影线和下影线三部分。实体表示一定时期(1日、1周、1月、1年等)的开

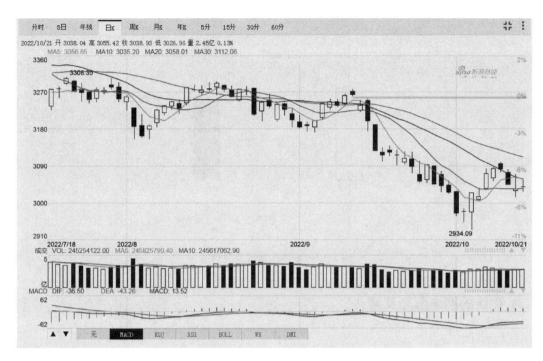

注：空心线为阳线

图 8－2　上证指数 K 线图

（数据来源：新浪网，https：//finance.sina.com.cn/realstock/company/sh000001/nc.shtml）

盘价和收盘价。上影线的上端顶点表示同一时期的最高价，下影线的下端顶点表示同一时期的最低价。

根据开盘价和收盘价的关系，K 线又分为阳线和阴线两种。以日线为例：当日收盘价高于开盘价，则 K 线实体部分为空白或白色，称为阳线；当日收盘价低于开盘价，则 K 线实体部分为黑色，称为阴线。很多软件都可以用彩色实体来表示阴线和阳线。在国内股票和期货市场，通常用红色表示阳线，用绿色表示阴线（但涉及欧美股票及外汇市场的投资者应该注意：在这些市场上通常用绿色代表阳线，用红色代表阴线，与国内习惯刚好相反）。

K 线按时间可划分为 5 分钟、15 分钟、30 分钟、60 分钟 K 线和日、周、月、年 K 线，可以分别代表短、中、长期趋势。

（三）K 线的优缺点

(1) 优点：能够全面透彻地观察到市场的真正变化。投资者从 K 线图中既可看到股价（或大盘）的趋势，也可以了解到每日市况的波动情形。

(2) 缺点：绘制方法十分繁复，是众多走势图中最难制作的一种；阴线与阳线的变化繁多，对初学者来说，在掌握分析方面会有相当的困难，不及柱线图那样简单明了。

图 8－3 展示了阳线和阴线、每种线的上下影线、实体以及开盘价、收盘价的位置。

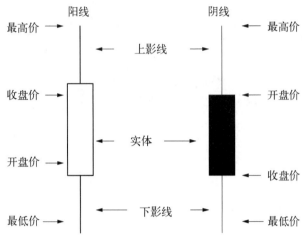

图 8-3　K 线的两种常见形态

二、K 线的基本形态及意义

（一）阳线

（1）光头光脚的阳线（图 8-4a），表示开盘价成为当天的最低价、收盘价是当天的最高价，低开高走，说明买方力量强。实体部分的长短，代表看买盘的强劲程度，实体越长，买方力量越强。如出现在底部或盘局中，表明买盘强劲，如有大成交量，可看作买入信号。

（2）带下影线的阳线（图 8-4b），属于先跌后涨型，表明开盘后股价曾一度遭到卖方打压，至最低价后得到有力支持，股价回升，以最高价收盘。实体越长，买方越强，下影线越长，表明买方潜在实力越强。

（3）带上影线的阳线（图 8-4c），属于上升抵抗型，表明当天开盘后，股价曾经有力地向上涨，但在高位遇到卖方抛压，使股价上升气势受到打压，而收盘价仍然在开盘价的上

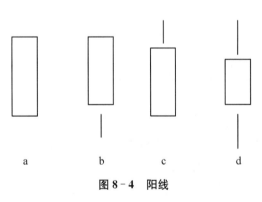

图 8-4　阳线

方。上影线越长表示压力越大，买方不断遭到空方抛压；实体越长，说明买方势力越强。如果股价处于上升趋势中，出现上影线很长的阳线一般预示股价可能转向下跌。

（4）带上下影线的阳线（图 8-4d），这是最为普遍的 K 线形状。表明多空双方争夺激烈，双方都一度占据优势，买方略占上风，属于上有压力、下有支撑的形态。对买方和卖方优势的衡量，主要依靠上下影线和实体长度来确定。

（二）阴线

（1）光头光脚的阴线（图 8-5a），表示开盘价为当天的最高价、收盘价是当天的最低价，说明卖方势力强大。实体部分的长短，代表着卖盘的强劲程度，实体越长，空方力量越

强。若出现在高价位区,表明大势很可能反转下跌;若出现在低价值区,很可能表明空方最后的"一跌",大盘已经见底。

(2) 带下影线的阴线(图8-5b),表示开盘后卖方即占上风,但低位遇到多方阻击,股价慢慢回升,而回升的股价仍离开盘价有一段距离,最后收盘价低于开盘价。实体越长,卖方力量越强;下影线越长,买方力量越强。在下跌趋势中,如实体较短、下影线较长,并

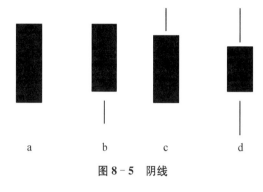

图8-5 阴线

且有量的配合,很可能是股价反转的信号,此时空方能量可能释放殆尽。

(3) 带上影线的阴线(图8-5c),属于先涨后跌型,表示当天开盘后,股价上涨,但是上升遇到了阻力,开始下跌,而且跌破了开盘价,空方力量保持强势直到收盘。实体越长,卖方力量越强,上影线越长,卖方力量越强。

(4) 带上下影线的阴线(图8-5d),表明当天盘中大幅震荡,多空双方交战激烈,而且空方力量始终占上风。

(三) 十字转机线

(1) 十字星线(图8-6a),表明买卖双方几乎势均力敌,开盘价和收盘价在同一价位上。阳十字星线表示买入价略大于卖出价,多方力量稍强;阴十字星线表示卖出价略大于买入价,空方力量稍强。上影线和下影线的对比表明了多空双方的力量比较。上影线长于下影线,表明空方力量较强;下影线长于上影线,表明多方力量较强。在顶部区域出现十字星(也称为黄昏之星),后市往往由上升转为下跌;在底部区域出现十字星(也称为黎明之星),后市往往将由下跌(或者底部盘整)转为上涨。

(2) T字形(图8-6b),又称丁字线。T字形的本义表示下有支撑,下影线越长,支撑的力度越大。T字形是当天开盘后就下跌,下影线越长,探底的幅度越大,但是在下探中遇到买方力量的支持,股价推升,而且回升的幅度也很大,最后收盘与开盘持平。T字线若出现在高价位区(或者顶部)并有成交量配合,表明卖方力量较强,行情并不看好;若出现在低价位区(或者底部),则后市行情有看好态势。

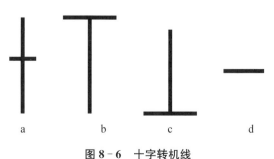

图8-6 十字转机线

(3) 倒T字形(图8-6c),又称灵塔线。倒T字形的本意是上有压力,上影线越长,压力越大。倒T字形显示当天开盘后上涨,上影线越长向上刺探的幅度越大,但是在此过程中遇到了空方的抛压,使股价向下回落,到收盘时股价与开盘相同。开盘价、收盘价、最高价相同,说明买方力量稍强。若出现在高价位区并有成交量配合,则后市不容乐观。

(4) 一字线形(图8-6d)，是十字星的变形，表示整个交易日，股价只有一个，即开盘价、收盘价、最高价、最低价都是一个价位。它常常出现在涨停板或跌停板价位上。若跳空涨停，预示后市看好；若跳空跌停，预示行情还将下跌。

三、K线的组合运用

K线图将买卖双方在某一段交易时间内的实际争夺的结果用图表示出来，从中能够看出买卖双方在争夺中力量的增加、减弱以及双方对较量结果的认同。将几根K线组合起来就可以发现一定时期内股票价格运动的趋势。下面介绍几种常见的形态。

(一) K线买入信号

前提是股价已经经历了一段幅度较大的下跌后出现的买入信号，后面将开始的趋势与前面的趋势完全相反。

1. 阳线类

(1) 大阳线。股价经过一路下跌后，经反弹又下跌，直到出现一根大阳线，也称作"拉长红""红旗飘飘"。这根阳线是股价止跌回升的强烈信号。大阳线犹如多方吹响了反攻的号角，插起了"红旗"，阳线代表"旗杆"，随后几天可能出现的回落被称为"旗面整理"，意味着整理完毕会继续上升。投资者可以在拉长红的当天买入，也可以在后面几天的整理中买入，只要整理时的股价不低于大阳线的底部。当然，大阳线以后的整理形态各有不同(图8-7)。

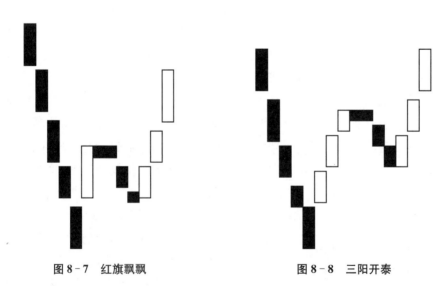

图8-7 红旗飘飘　　　　图8-8 三阳开泰

(2) 三阳线。分为中阳线和小阳线。股价一路下跌后，经反弹后又下跌，后来出现一组中阳线，可以称作"三阳开泰"。三根阳线代表多方占优势，开始逐步买入，步步推进，这是一个较强的买入信号。投资者可以在开阳线的交易日中买入，也可以在后面回落时买入，只要整理时股价不跌破三根阳线的底部，双底形成，这是底部信号(图8-8)。

(3) 小阳线。也称作"红三兵"。股价经过一段时间下跌后,虽有反弹但又继续创新低下跌,等到出现三根一组的小阳线才止跌,并且回落整理时已经不创新低了,也视为小双底的形成,小阳线中买方的力量似乎没有大阳线、中阳线强,这是多方在试探性地买入,投资者可以小心跟进(图 8-9)。

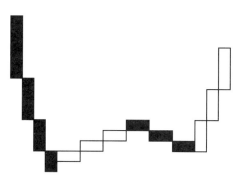

图 8-9 红三兵

2. 十字星类

(1) T 字形。股价连续下跌,突然某一天开盘后还在探底,但在探底过程中遇到了多方的支撑。多方见股价长期下跌,而且跌幅较大,正在寻找买入的机会。一旦继续大幅下跌就会积极买入,所以在当天多方又将股价拉起,收盘价在开盘价附近,留下长长的下影线,形成 T 字形,也称为"黎明之星""希望之星"。这意味着多方开始进攻,股价有望上升,是买入的信号。

(2) 止跌十字星。股价经过下跌、反弹又下跌后,出现的十字星,可以看作止跌十字星。当然仅一根十字星本意是观望,是否止跌还要与后面一天的走势结合起来观察分析。若下一个交易日收在阳线,一般可以确认是反转的信号。若是阴线,而且后一交易日股价创出了新低,那么这个十字星只能看作下跌途中的停顿、休息,属于中继十字星,不可盲目介入(图 8-10)。

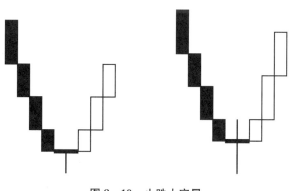

图 8-10 止跌十字星

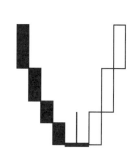

图 8-11 倒 T 字形买入信号

(3) 倒 T 字形。股价连续下跌,某一天开盘后却一反常态,多方强势反击一举扭转了颓势。但是由于股价长期下跌,投资者心有余悸,一见上涨就想出逃,所以股价上升时遇到了阻力,到收盘时收盘价又回到了开盘价的附近。尽管无功而返,但是多方看到了希望,所以这是一个将要上涨的买入信号。当然,同样要与后面几天的 K 线结合起来分析。需要说明的是倒 T 字形反映抛压沉重,但是在不同部位(顶部或是底部)意义是不一样的,所以对这个信号应该结合不同部位做出相应的分析(图 8-11)。

(二) 卖出信号

前提是经过一段上涨以后出现的信号,这些信号都有转势的意义。

1. 阴线类

(1) 大阴线。也称作"乌云盖顶"或"天狗食月",也是黄金市场中常见的出货形态。一般由连续三根K线组成。多方力量不敌空方的抛压,获利盘、解套盘蜂拥而出,一改前面上涨的势头,最后收盘拉了一根长阴线,而且盖过了前几天的阳线,并且明显伴随着成交量的放大,给出强烈的卖出信号(图8-12)。

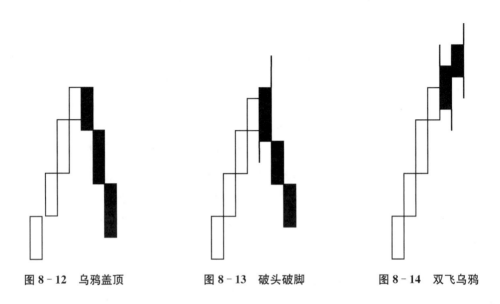

图8-12 乌鸦盖顶　　图8-13 破头破脚　　图8-14 双飞乌鸦

(2) 中阴线。经过连续涨升后,出现调整信号的中阴线,常常是那种带上下影线的阴线,称"破头破脚"或者向下跳空低开的中阴线。前者还必须与后一交易日结合起来观察,若后一交易日仍是中阴线,应该得到确认。一根破头破脚的中阴线,表示当天股价大幅震荡,而且空方力量较强,是卖出的信号(图8-13)。

(3) 小阴线。小阴线常常以两个或三个一组出现,前者称"双飞乌鸦",后者称"三只乌鸦",而且是"三只乌鸦停在树梢上",是卖出的信号。在股价经过连续上升后,堆积了一定的获利盘,加上解套盘,空方抛压越来越重。连续三个交易日开阴线,说明多方能量下降,空方开始出货打压,以后的走势更是证明一旦下跌趋势形成,股价会溃不成军。所以投资者不能轻视小阴线的下跌(图8-14)。

2. 十字星类

(1) 倒T字形,即上档有压力,所以股价在高位出现这类K线,是典型的卖出信号,人们称它们为"射击之星""垂死之星"。这类K线表示股价上升到高位时,就有人抢先卖出,留下了长长的下影线,往往预示着上涨行情行将结束(图8-15)。

(2) T字形,即下有支撑,但是在不同位置代表的意义完全不一样,在股价上涨以后的高位出现这类 K 线,是卖出的信号,所以它在高位被称为"黄昏之星""竹蜻蜓"或"吊颈线"。一般投资者会忽视这类 K 线的卖出信号,因为它表示当天的交易日内股价进行了大幅震荡。虽然股价探底较深,但是在收盘前多方发力托起,所以留下长长的下影线。黄昏之星图形的出现预示着股价涨势可能结束,市场将会反转(图 8-16)。

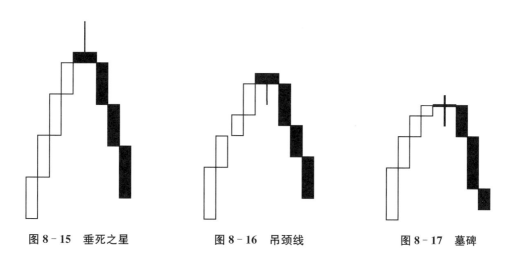

图 8-15　垂死之星　　　　图 8-16　吊颈线　　　　图 8-17　墓碑

(3) 十字星。十字星说明当天股价大幅度震荡,向上遇到阻力,向下探底又获得支撑,多空双方势均力敌,但毕竟已在高位,获利盘想出逃已成事实,若后一交易日开始下跌,那种震荡和观望已经变成空方力量,所以十字星在高位被称作"墓碑",应准备卖出手中的筹码(图 8-17)。

3. 阳线类

(1) 大阳线,即买方力量强,但在不同部位意义不一样,在底部是买入信号,在连续上涨以后的顶部恰恰是卖出信号,被称为"消耗性大阳线"。股价经过一段上涨后,已经消耗了多方相当多的力量,也积累了许多获利盘,一旦多方力量耗尽,获利盘涌出,上升的趋势就会改变。消耗性大阳线是这样出现的:它一改前面缓慢推动的态势或者是有利多消息的刺激,当天多方动员了所有的力量进攻,拉出一根长阳,这不仅消耗了多方的力量,而且增加了获利盘的获利,导致后市多方力量不济,终于空方乘虚而入,股价开始下跌(图 8-18)。

(2) 一串阳线。称作"九连阳"或"一串红",这是阳线卖出信号的特例。它是一组阳线,允许有一两根的阴线夹在其中。这种走势常常是股价特别强劲的表现。连续拉大阳线或中阳线,股市处于"井喷"状态,成为"黑马",所以称作"一串红"。这样的阳线,大约可以持续 8—9 天或 11—13 天。经过暴涨以后获利者利润丰厚,随时有出逃的可能。它的爆发力强、持续性差,往往回调幅度会很大,即使不大幅回调也需要长时间的横向整理,后市都不容乐观(图 8-19)。

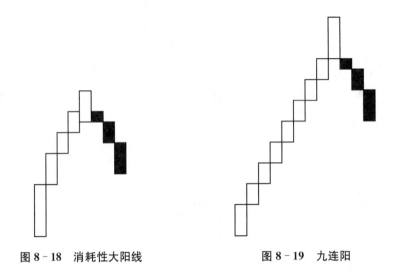

图 8-18　消耗性大阳线　　　　图 8-19　九连阳

第五节　常用指标与形态分析

一、移动平均线

移动平均线（Moving Average，MA）是指将连续若干日的市场价格（通常指收盘价）加以算术平均，然后连成一条线。通常使用的移动平均线以 5 日、10 日、20 日、30 日、60 日、120 日、250 日等为参数。移动平均线是一种重要的技术分析工具，它将道氏理论中的长期、中期、短期的波动加以量化，更形象地描绘趋势走向。它克服了股价剧烈波动、股价上下差异大的困难，缓和了价格的波动性，使价格运动趋势更加平滑，更具有参考性。

图 8-20 显示的是 2022 年 10 月 21 日深证成分指数日 K 线图，根据图像可以看出，周期越短的平均线会越贴近实际的价位变化，周期越长的平均线越能呈现主要趋势。

（一）移动平均线的特征

（1）追踪趋势。移动平均线是股价的波动趋势，并追随这个趋势，不轻易改变。如果从股价的图表中能够找出上升或下降趋势线，那么移动平均线将保持与趋势线方向一致，消除股价在这个过程中出现的起伏对趋势的影响。

（2）稳定性。移动平均线是股价几天变动的平均值，只有当天股价发生很大的变化，才能较大地改变移动平均线的数值。因此，减少了短期振荡对判断趋势方向的干扰。但在股价原有趋势发生反转时，出于移动平均线的追踪趋势的特性，其行动往往过于迟缓，调头速度落后于大趋势，这也决定了移动平均线的滞后性。

（3）助涨助跌性。当股价突破了移动平均线时，无论是向上突破还是向下突破，意味着原来的移动平均线趋势已经失效，从而引起投资者的信心发生变化，延长了涨或跌的趋势。

第八章　证券投资的技术分析法

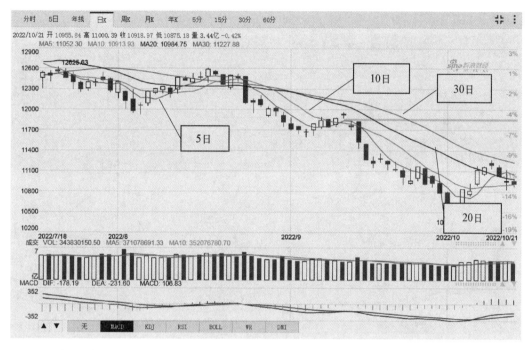

注：空心线为阳线

图 8-20　5 日、10 日、20 日和 30 日移动平均线（2022 年 10 月 21 日深证成分指数日 K 线图）

（数据来源：新浪网，https：//finance.sina.com.cn/realstock/company/sz399001/nc.shtml）

（4）支撑和阻力作用。移动平均线对股价具有支撑或阻力作用，当股价从移动平均线上方下跌至移动平均线位置，会受到移动平均线的支撑；当股价从移动平均线下方上涨至移动平均线的位置，会受到移动平均线的阻力，此时移动平均线称为压力线。

（二）移动平均线的金叉买入点

移动平均线因为取值周期不同，因此在走势上会出现相互穿插的现象，并且这种穿插在短期和中期移动平均线中最容易出现。移动平均线之间的金叉是指短期移动平均线自下而上穿过周期较长的移动平均线，例如 5 日线自下而上穿过 10 日线，就可称为金叉。当股价走势出现金叉现象时，是利好的消息，表示近期股价会出现一段时间的上涨。

图 8-21 为某药业股票移动平均线的金叉买入点。由图 8-21 可知，5 日线上穿 10 日线，形成金叉（约在 9 月 30 日）。之后股价出现明显回升，并在 10 月中旬，出现了大阳线的 K 线。

（三）移动平均线的死叉卖出点

死叉与金叉刚好相反，是指周期较短的移动平均线自上而下穿过周期较长的移动平均线形成的交叉，其被称为死叉。出现死叉，表示股价已经处于下行状态，而且周期较长的移动平均线转向下行，则股价后市将继续下跌。如果是短、中期移动平均线之间的死叉，则表示短期内股价会出现下跌。

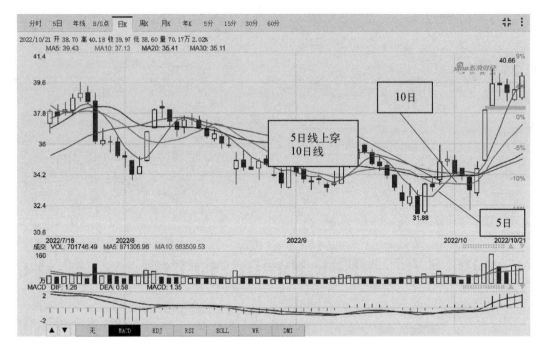

图 8-21 某药业股票移动平均线的金叉买入点

(数据来源:新浪网,https://finance.sina.com.cn/realstock/company/sh600276/nc.shtml)

图 8-22 为某股票移动平均线的死叉卖出点。从图中可以看到,2022 年 9 月中旬的 K 线连续出现长阴线,5 日移动平均线即向下穿过 10 日线形成死叉,股价走入下行通道。5 日线和 10 日线都是短期的移动平均线,能有效地反映股价走势的变动,如果出现 5 日线自上而下穿过 10 日线的现象,则此时的股价已经从阶段性高位滑落或即将滑落。

短期移动平均线之间的死叉是短期操作者的有效信号。如果死叉出现,则投资者可以立刻做空投资产品,但是要注意时间长短。既然是短期线死叉,那么只能保证短期内的股价是下跌的,而且在持仓过程中还要关注基本面的突发因素,例如国内、国际的政治、军事事件等。

如果长期均线出现死叉,表明股价在前期已经出现下跌,而且股价在后市中将继续下跌。

(四) 葛兰威尔(Granvile)移动平均线八大法则

通过移动平均线进行投资决策时可以参考葛兰威尔法则,该法则主要归纳了八个方面的规律,人们通常称之为葛兰威尔移动平均线八大法则(图 8-23),具体内容为:

(1) 平均线由下降逐渐走平,而股价从平均线的下方突破平均线时,是买进信号。

(2) 股价虽跌入平均线下,而均价线仍在上扬,不久又回到平均线上时,为买进信号。

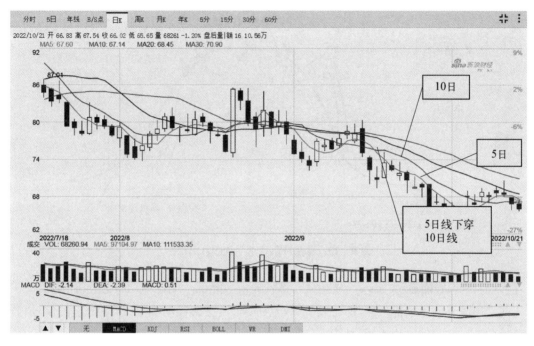

图 8-22　某股票移动平均线的死叉卖出点

（数据来源：新浪网，https：//finance.sina.com.cn/realstock/company/sz300390/nc.shtml）

（3）股价趋势线走在平均线之上，股价突然下跌，但未跌破平均线，股价又上升时，可以买进。

（4）股价趋势线低于平均线，突然暴跌，远离平均线时，极可能再趋向平均线，是买进时机。

（5）平均线走势由上升逐渐走平，而股价从平均线的上方往下跌破平均线时，应是卖出的机会。

（6）股价虽上升突破平均线，但又立刻回到平均线之下，而且平均线仍然继续下跌，是卖出时机。

（7）股价趋势线在平均线之下，股价上升但未达平均线又告回落，是卖出时机。

（8）股价趋势线在上升中且走在平均线之上，突然暴涨、远离平均线，很可能再趋向平均线，为卖出时机。

(五) 移动平均线的优缺点

1. 移动平均线的优点

（1）移动平均线适用范围广泛，构造简便，它的参数易于检验，所以被许多顺应趋势的操作人士所运用，它的客观性和精确性常常为人称道。

（2）使用移动平均线可观察股价总的走势，不考虑股价的偶然变动，这样可选择出入市的时机。

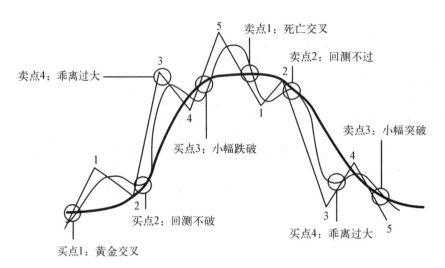

图 8-23 葛兰威尔移动平均线八大法则

(3) 平均线能显示"出入货"的信号,将风险水平降低。无论平均线怎样变化,反映买入或卖出信号的途径都一样,即若股价(收盘价)向下穿破移动平均线,便是卖出信号,若股价向上突破移动平均线,便是买入信号。

2. 移动平均线的缺点

(1) 移动平均线变动缓慢,不易把握股价趋势的高峰与低谷。

(2) 在价格波幅不大的平衡市期间,平均线折中于价格之中的买卖信号,使分析者无法做出定论。

(3) 平均线的周期参数不确定,常根据股市特性、行情不同发展阶段及分析者思维定性而各有不同,投资者在拟定计算移动平均线的周期参数前,必须先清楚了解自己的投资目标。

(4) 移动平均线在行情调整时发出的买卖信号无法给出充足的依据,一般还要靠其他技术指标的辅助。

二、平滑异同移动平均线

(一) 平滑异同移动平均线概述

平滑异同移动平均线(Moving Average Convergence Divergence,MACD)吸收了移动平均线的优点,运用移动平均线判断买卖时机。在趋势明显时,移动平均线对决策的效用很明显。但如果碰上牛皮盘整的行情,移动平均线所发出的信号频繁而不准确。根据移动平均线原理发展出来的平滑异同移动平均线,不仅克服了移动平均线信号频繁而不准确的缺点,且保留了移动平均线的主要优点。

平滑异同移动平均线是从双指数移动平均线发展而来的,由 12 日指数移动平均线(EMA12)减去 26 日指数移动平均线(EMA26)得到快线正负差 DIF,再用 2 乘以快线

DIF 与其的 9 日加权移动平均线的异同平均数 DEA 的差得到平滑异同移动平均线。平滑异同移动平均线的意义和双移动平均线基本相同,即由快、慢均线的离散、聚合表征当前的多空状态和股价可能的发展变化趋势,但阅读起来更方便。平滑异同移动平均线的变化代表着市场趋势的变化,不同 K 线级别的平滑异同移动平均线代表当前级别周期中的买卖趋势。

平滑异同移动平均线由正负差(DIF)和异同平均数(DEA)两部分组成。其中,DIF 是核心,DEA 是辅助。DIF 是快速移动平均线与慢速移动平均线的差,DEA 是 DIF 的移动平均,即连续若干天的 DIF 的算术平均。

(二) 平滑异同移动平均线的特点

在平滑异同移动平均线图形上有三条线:DIF、DEA 和平滑异同移动平均线柱状线。买卖信号就是 DIF 和 DEA 的正负位置和交叉,同时观察平滑异同移动平均线柱状线的正负和长短:当 DIF 和 DEA 为负值时,表明目前处于空头市场;当 DIF 和 DEA 为正值时,表明市场目前处于多头市场。平滑异同移动平均线没有固定的数值界线,其数值围绕零值上下摆动,属于摆动指标。

(三) 平滑异同移动平均线的运用法则

运用平滑异同移动平均线进行分析时,不但要观察 DIF 和 DEA 的运动,还应观察同一位置垂直上方的 K 线的变化。

(1) DIF 和 DEA 同为正值,则短期线在长期线之上,市场处于多头市场,属于中期强势。DIF 向上突破 DEA 是买进信号;DIF 向下跌穿 DEA 只能认为是回落,应该卖出股票。

(2) DIF 和 DEA 同为负值,则短期线在长期线之下,市场处于空头市场,属于中期弱势。DIF 向下穿破 DEA 是卖出信号;DIF 向上穿破 DEA 只能认为是反弹,可作暂时补空。

(3) 当股价曲线的走势向上,而 DIF、DEA 曲线走势与之背道而驰,则表示行情即将转跌;反之,则表示行情将出现好转。

(四) 通过 DIF 找到买卖点

DIF 是指 12 日指数平均数与 26 日指数平均数的差值。DIF 是 MACD 指标计算中最早得出的一条线,也是最具有指示意义的一条线。DIF 的数值与当前股价的走势有关,如果 DIF 为负值,而且负值不断变大,那么当时的股价就处于下降状态。

如果 DIF 为正值,并且不断变大,那么股价就处于上涨状态。当然,DIF 为正值时,也会出现数值缩小的现象,表明此时的价格出现回调。DIF 对于股价走势的反应与判定,除了根据数值外,还可以通过其与 0 轴之间的关系来判定。

(1) DIF 线上穿 0 轴,股价上涨。如果 DIF 线自下而上穿过 0 轴,预示后市股价将会上涨。如图 8-24 所示,DIF 在这段走势中有自下而上穿过 0 轴的现象,出现在整个周期的中后段,上穿之后,垂直上方的 K 线可见股价小幅上涨。

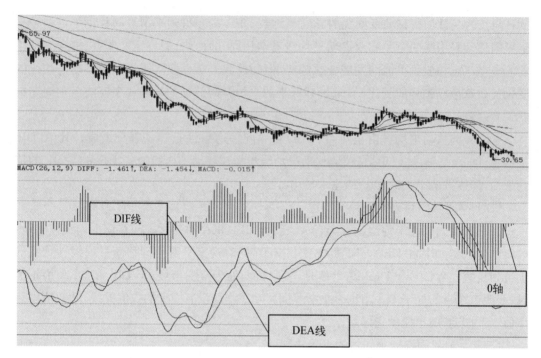

图 8-24 DIF 线上穿 0 轴

(数据来源：大智慧客户端截图)

(2) DIF 线下穿 0 轴，股价下跌。从图 8-24 看到，2022 年 2 月 24 日 DIF 自上而下穿过 0 轴，从垂直上方的 K 线图看到股价出现下跌走势，在 3 月下旬跌势出现缓和，DIF 上翘，股价进入盘整之中。

(五) 通过 DEA 找到买卖点

DEA 是在 DIF 的基础上通过计算得到的结果，其图形波动相对于 DIF 而言要平缓。投资者在使用平滑异同移动平均线分析时，通常以 DIF 为主，以 DEA 为辅，将两线之间的交叉点可认为是买卖点。

如果 DIF 线自下而上穿过 DEA 线，则为两线的金叉，预期股价会上涨，这里的金叉又分为两种情况：一是在 0 轴下方的金叉；二是在 0 轴上方的金叉。如果两线在 0 轴下方出现金叉，股价短期内会上涨。但是此次上涨又要分为两种情况：一是下跌过程中的反弹，反弹过后股价将继续下跌；二是股价真正见底回升，之后 DIF 线和 DEA 线会一鼓作气地穿破 0 轴。如果两线是在 0 轴上方出现金叉，则前期股价已经上涨一段时间，出现金叉之后，股价将会继续上涨。

由图 8-25 可知，这段时间内的股价处于下跌状态，在下跌过程中，出现两次比较明显的反弹，分别在周期的初期和中期。在股价反弹的时候，MACD 指标中的 DIF 线自下而上快速穿过 DEA，形成金叉，短时间后股价再次下跌，显示此次金叉只是反弹现象。

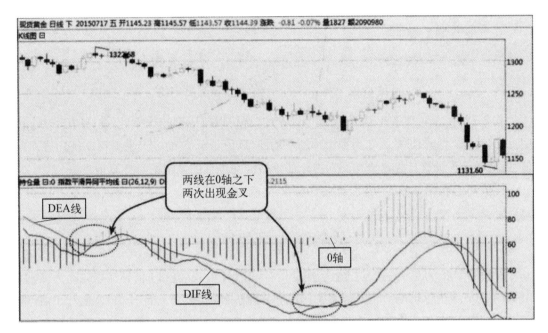

图 8-25 两线在 0 轴下方出现金叉的情况

(六) 平滑异同移动平均线的优缺点

平滑异同移动平均线的优点：剔除了移动平均线的滞后反应和频繁出现的买入卖出信号，使发出信号的要求和限制增强，避免假信号的出现，用起来比移动平均线更为可靠。

平滑异同移动平均线的缺点：无法从这一指标看出行情是处于长期升势还是长期跌势，或是长期盘整市道，这方面的判断还要依赖于长期移动平均线以及其他技术指标。

三、随机指标

随机指标(KDJ)是分析师乔治·莱恩(George Lane)首先提出的技术分析理论，在股票、期货等资本市场中有很好的实战效果。投资者可用 KDJ 来分析股票市场价格走势。

KDJ 的核心原理是平衡的观点，即股价的任何震荡都将向平衡位置回归。KDJ 指标把一定周期的最高股价和最低股价的中心点作为平衡位置，高于此位置过远将向下回归，低于此位置过远将向上回归。在分析中，设置指标 K（又称为快速线）和指标 D（又称为慢速线），指标 K 反应灵敏但容易出错，指标 D 的反应较慢但稳定可靠。另外，为了反映 D 和 K 的差值即两者的位置关系，设置了指标 J。

(一) KDJ 的计算过程

1. 计算未成熟随机值 RSV(Raw Stochastic Value)

$$N \text{ 日 } RSV = (C_t - L_n)/(H_n - L_n) \times 100 \quad n = 1, 2, 3, \cdots, N \qquad 8-1$$

式 8-1 中：N 为所选的周期天数；C_t 为计算日的收盘价；L_n 和 H_n 为周期内的最低价

和最高价。RSV 表示计算日当天收盘价在周期内最高价到最低价之间的位置。

2. 计算 K 值和 D 值

$$当日 K 值 = 2/3 昨日 K 值 + 1/3 当日 RSV$$
$$当日 D 值 = 2/3 昨日 D 值 + 1/3 当日 K 值$$

8-2

式 8-2 中，1/3 为平滑因子，是人为选定的，也可以改成别的数字，不过目前已约定俗成。K 值实际上是 RSV 的 3 天平滑移动平均线，D 值是 K 值的 3 天平滑移动平均线。K 值、D 值表示了计算日收盘价在周期内全部价格区间位置的两次平滑计算结果。

K 值和 D 值需要有个初值，可在 0—100 之间选择。

3. 计算 J 值

$$J = 3K - 2D \text{ 或 } J = 3D - 2K$$

8-3

K 值和 D 值均在 0—100 之间，属摆动指标。把 K 值、D 值和 J 值标在以时间为横轴、以 KDJ 的值域为纵轴的直角坐标系中，分别用曲线平滑连接每天的 K 值、D 值和 J 值，即得到 KDJ 的三条曲线。

(二) KDJ 指标的运用法则

(1) 当股价持续上涨时，如果保持在周期内的较高位置，这时 K 值、D 值也会不断上升，维持在 50 以上，表明市场处于强势。当强势持续，K 值、D 值进入过高位置时即是高价警戒信号，一般是 K 值在 80 以上、D 值在 70 以上时是超买信号，股价即将回落。

(2) 当股价连续下跌时，K 值、D 值不断下降，维持在 50 以下，表明市场处于弱势。当弱势持续，K 值、D 值进入较低位置时即是低价警戒信号，一般是 K 值在 20 以下、D 值在 30 以下时是超卖信号，即股价将可能走出底部，开始上升。

(3) 当 K 值、D 值在 50 附近时，市场处于徘徊区，买卖信号不明。

(4) 当 K 线在低位自下而上突破 D 线时，形成股票交叉，是买进信号。

(5) 当 K 线在高位自上而下跌破 D 线时，形成死亡交叉，是卖出信号。

(三) KDJ 指标的优缺点

KDJ 指标非常敏感，适合短线操作。在常态情况下，具有较高的准确度。然而，KDJ 指标也有缺点，指标过于敏感，常过早地发出买入和卖出信号，在极强的市场上和极弱的市场上会出现指标钝化，使投资者无所适从，买入和卖出过早，造成操作失误。所以，投资者在参考 KDJ 指标时，一定要看其他指标，将它们一起作为买入或者卖出的参考。改进措施通常包括：① 寻找辅助指标。这样，可以其他指标来互相弥补其不足，如配合均线、趋势指标等辅助判断。② 调整参数，对不同的个股根据不同的行情来调整指标的参数。③ 采用多周期配合的方法，投资者可将周 K 线和日 K 线的 KDJ 技术指标相结合进行判断，降低犯错的概率。

四、相对强弱指标

相对强弱指标(RSI)是威尔斯·威尔德(Welles Wilder)于1978年首先提出的,最初仅在期货市场使用。后来,人们发现在众多的图表技术分析中,相对强弱指标的理论和实践极其适合股票市场等金融投资市场的短线投资,于是其被用于这些市场投资产品价格升跌的测量和分析中。RSI从市场价格变化观察买卖双方的力量对比,其中以价格上涨幅度代表买方力量,以价格下跌幅度代表卖方力量,以涨跌幅度的对比代表买卖双方力量的对比,通过对比预测未来股价的运行方向。RSI也可用于分析股价走势。

(一) RSI的计算和作图

RSI的计算过程是：首先选定RSI的计算周期,之后计算该周期内每日收盘价涨幅之和与该周期内每日收盘价跌幅之和,将跌幅之和取绝对值并加上涨幅度之和作为涨跌幅总和,用涨幅之和除以涨跌幅总和再乘以100,即得到RSI数值。计算公式如下：

n日RSI＝n日涨幅之和/(n日涨幅之和＋n日跌幅之和的绝对值)×100　　8-4

周期的天数n是RSI的参数。当周期过短而股价变化较大时,RSI数值也会随之剧烈变动、过于敏感而失去规律性；如果周期过长则股价变化对RSI数值影响力减弱,会导致RSI反应过于缓慢、信号不明显。可见,周期过长或过短都不宜。目前,国内较多使用的周期有5日、9日、14日、20日等。

RSI数值在0—100之间,属摆动指标,市场不同时期RSI数值有不同的常态分布区。

(二) RSI的运用法则

(1) 当RSI数值大于80时,市场处于超买状态,是卖出信号。当RSI数值小于20时,市场处于超卖状态,是买进信号。

(2) 当RSI在较高或较低的位置形成头肩形和多重顶(底),是买入和卖出股票的信号。这些形态一定要出现在较高位置或较低位置,离50越远结论越可靠。

(3) 当RSI处于高位,并形成一峰比一峰低的两个峰时,若股价对应的是一峰比一峰高,这叫顶背离,是比较强烈的卖出信号。与此相反的是底背离：RSI在低位形成两个底部抬高的谷底,而股价还在下降,是可以买入的信号。

(三) RSI的优缺点

(1) RSI的优点：① RSI能迅速反映股价的变动方向。② RSI线走势与大盘指数走势呈背离现象,则代表大势即将反转。当大盘指数创新高点位或新低点位,如果RSI没有配合也创新高点位或新低点位,则是股票大盘走势反转或回档的信号。③ 快速RSI线与慢速RSI线的交叉点可以用来研究股市投资买入卖出时机并测量买卖双方力量的此消彼长的状况。④ RSI值可作为多头、空头气势强弱的研判指标以帮助投资者掌握股市大盘走势。以RSI值为50时可以为是多空交易的均衡点,当RSI值长期在50以上可以为是多头涨势,当RSI值长期在50以下可以为是空头跌势,而RSI线的上升或下降的走趋代表多空气势的变化。

（2）RSI 的缺点：① RSI 线过于敏感或敏感度不够。RSI 指标的时间参数不同，其给出的结果就会不同。较短周期的 RSI 指标虽然比较敏感，但快速震荡的次数较多，可靠性较差；较长周期的 RSI 指标尽管信号可靠，但指标的敏感性较低，反应迟缓，因而经常出现错过买卖良机的现象。② 支撑线与压力线指标性不强。在 RSI 图形上，当 RSI 值在 40 到 60 之间波动时，通常用于牛皮的盘档行情。有时当 RSI 值突破支撑线或压力线时，价位并没有明显的上涨或下跌。③ RSI 的可靠性不足。以收市价计算 RSI 值，当行情波动很大，收盘价收于最高或最低时，RSI 值就不足以反应该段行情的实际波动情况。

（四）RSI 结合 K 线图的应用

按照 RSI 的分类，RSI 在 50 以上，股票价格处于强势，RSI 在 50 以下，股票价格处于弱势。RSI 由超卖区上破 30，代表超卖情况改善，但并不表示股价由弱转强。RSI 上破 50，才代表升势比跌势多，才是股票走势真正转强之时。所以要考虑买入股票，还是要在 RSI 上破 50 时兼形态配合。要使 RSI 提早发出正确的转强信号，应将日数改短，而不是将超卖区改低。投资者应该根据个人的实际情况为股票的 RSI 做最优化处理。

在确认转势时，要结合 K 线图来分析，以收盘价作为分析判别的对象。当 RSI 上破 50 时，如收盘价上升则为利好，上升趋势的可信性提高，投资者可视为趋势转强希望较大。但如果 K 线图出现阴线，则不能真正确认股价转强。

五、应用技术分析法需注意的几个问题

（一）技术分析法必须与基本分析结合使用

技术分析法三大假设是以有效市场假设（EMH）为基础的。然而，现实的股票市场并非完全有效，原因在于受信息不对称、各国央行人为干预股票价格走势等因素的影响，技术分析的条件及结果会与实际股价走势有所不同。更何况，所有懂得技术分析法的投资者都会按照分析的结果修正自己的投资操作，市场博弈将会改变股价以往的走势规律。所以，仅仅按照过去和现在的数据、图表去预测未来并非完全可靠。投资者不能仅仅使用技术分析法来做出投资决策；除了在实践中不断修正技术分析的结论外，还必须结合基本分析的结论，综合研判股价走势。

（二）多种技术分析方法综合使用

由于技术分析的理论和指标很多，又是从不同角度、不同侧重点来对股价走势进行研判的，因此综合运用多种技术分析手段对未来股价进行预测，将多种技术分析的结论相互验证，可以大大降低误判的概率。实践证明，单独使用一种技术分析方法有相当的局限性和盲目性，仅靠一种方法出错的概率较大。

（三）实践验证已经存在的结论

证券技术分析方法各异，已有的结论是在过去一定特殊条件和特定环境中得到的。随着环境的变化，这些曾经被过去的技术分析结论支持、在过去实践中得到验证的结论，

只能代表过去。如果在当下采用这些技术分析方法,还必须运用最新的资料和数据更新、修正这些结论。特别是要通过自己的投资实践来消化前人的经验和经典的理论,灵活应用。

本 章 小 结

技术分析法是以股票市场的过去和现在的市场行为作为分析对象,判断市场趋势并跟随趋势的周期性变化来进行股票交易决策的方法的总和。技术分析法的理论基础是三个重要的市场假设:一是市场行为涵盖一切信息;二是价格沿趋势运动;三是历史会重演。技术分析法的基本要素包括价格、成交量、时间和空间。

道氏理论将股票市场上的股价运动概况为三种形式:基本趋势、次级趋势与短期趋势。这三种趋势同时存在、相互影响,决定了股票价格的走势。

艾略特波浪理论强调股价运动是按照有规律的波浪形态发展的,人们可以通过掌握和运用股价运动的周期性规律来预测股价的涨跌,把握投资的买卖时机。

波浪理论考虑的因素主要有形态、比例和时间。形态,即价格走势形态,它是价格走势所形成的波浪形状和构造,是波浪理论赖以生存的基础。比例就是价格走势图中各个高点和低点所处的相对位置。时间是完成某个形态所经历的时间长短。

K 线又称为蜡烛线、日式线,起源于 200 多年前的日本,最初运用于米市交易。当时的米市商人用它记录一定时间内米市行情价格的波动变化。后来,人们把这套方法运用于股市、金市等,经过长期的发展和完善,成为现在普遍使用的技术分析方法。

移动平均线是指将连续若干日的市场价格(通常指收盘价)加以算术平均,然后连成一条线。通常使用的移动平均线有 5 日、10 日、20 日、30 日、60 日、120 日、250 日线等等。

思考与练习

一、单选题

1. 技术分析法的基本假设是( )。
   A. 证券价格由内在价值决定　　　　　B. 历史会重演
   C. 市场行为包含一切信息　　　　　　D. 价格沿趋势波动
2. 波浪理论中一个完整的价格循环周期应该包括( )个浪。
   A. 7　　　　　　B. 8　　　　　　C. 9　　　　　　D. 10
3. 黄金交叉代表( )。
   A. 买点　　　　　　　　　　　　　　B. 卖点
   C. 平台整理　　　　　　　　　　　　D. 没有操作价值

4. 技术分析理论认为市场过去的行为（　　）。
   A. 完全确定未来的走势　　　　　　B. 可以作为预测未来的参考
   C. 对预测未来的走势无帮助　　　　D. 完全否定未来趋势
5. 就单支K线而言，反映多方占据绝对优势的K线形状是（　　）。
   A. 大十字星　　　　　　　　　　　B. 带有较长上影线的阳线
   C. 光头光脚的大阴线　　　　　　　D. 光头光脚的大阳线

二、思考题

1. 什么是技术分析法？
2. 概述技术分析法的基本假设和要素。
3. 道氏理论将股票市场上的股价运动概括为哪几种趋势？
4. 道氏理论有哪些优缺点？
5. 什么是波浪理论？其基本思想是什么？
6. 试画出波浪理论的基本形态，并做相应解释。
7. 在实际操作中，如何有效地运用波浪理论？
8. 试解释什么是K线。
9. K线分为哪几种基本形态？分别有什么意义？
10. K线的买入、卖出信号有哪些？
11. 什么是移动平均线？移动平均线有哪些基本特征？
12. 相比于移动平均线，平滑移动平均线有哪些优点？
13. 如何计算KJD指标？试分析其含义。
14. 相对强弱指标的运用法则是什么？
15. 应用技术分析要注意哪几个问题？为什么？

拓 展 学 习

拓展学习项目：证券行情软件使用探索

1. 运用技术指标，例如K线、均线、MACD等，分析个股的走势。
2. 运用道氏理论、波浪理论，分析并预测个股或者大盘的趋势。
3. 利用划线工具，确定个股的阻力线和支撑线。
4. 观察不同周期，例如日、周、季度、月、年度等的走势与趋势。
5. 学习设置复权，观察"不复权""前复权""后复权"以及"双向除权"等情况下的走势。
6. 写成分析报告。

第九章

证券投资的理论与策略

 本章教学目标

通过本章的学习,学生应当理解投资组合理论的基本内涵;掌握资本资产定价模型的基本内涵,掌握资本市场线和证券市场线的区别;掌握套利定价理论的原理和内涵;理解价值投资理论和索罗斯的反身理论的区别;理解动量投资策略与反转投资策略、资产配置策略、投资时钟策略和量化投资策略的内涵与应用;了解证券投资原则。

 本章核心概念

现代投资组合理论;证券投资策略;证券投资原则

 导入

金融理论的发展、电脑技术的提升,推动了国际资本市场投资模式的改变和交易技术的升级。1949 年,琼斯(Alfred Winslow Jones)推出了世界上第一只有限合作制的对冲基金;1971 年,约翰·麦奎恩(John McQueen)利用美国富国银行的信托投资平台建立了第一个定量投资系统;同年,巴克莱国际投资管理公司发行了世界上第一只被动管理的指数基金;1998 年,长期资本管理公司因投资高风险资产失败而倒闭。

(1) 影响资本市场发展的经典理论有哪些?
(2) 资本市场有哪些投资策略可供选择?
(3) 作为理性的、稳健的投资者,应该坚持哪些投资原则?

第一节 证券投资理论

一、投资组合理论

投资组合即个人或机构持有的一种或者一组有价证券的总称,如股票、债券、大额存单等。投资组合并非证券品种的简单随意组合,而是投资者的意愿及其所受到的约束的、理性的组合,是投资者对风险-收益的权衡下投资品种的比例搭配。

(一) 投资组合理论的提出

美国经济学家马科维茨1952年首次提出投资组合选择理论(Portfolio Selection Theory),并进行了系统、深入且卓有成效的研究。由于其出色的、开创性的工作,马科维茨与威廉·夏普、默顿·米勒(Merton Miller)分享了1990年诺贝尔经济学奖。该理论包含两个重要内容:均值-方差准则和投资组合有效边界模型。

1. 均值-方差准则

均值-方差准则是以均值、方差作为选取证券组合的准则,即既定组合方差下的最大均值或既定均值下的最小方差。从狭义的角度来说,投资组合即是包含各种证券及投资比例的一揽子有价证券,限于由股票和无风险资产构成的投资组合。人们在投资组合决策中应该怎样权衡收益和风险,这是该理论研究的核心问题。

投资组合理论用均值-方差来刻画收益和风险这两个关键因素。人们进行投资,本质上是对预期收益(以均值表示)与风险(以方差表示)所进行的权衡。股票或者投资组合的收益以均值来刻画,均值代表投资组合的期望收益率,它是单只证券的期望收益率的加权平均,权重为相应的投资比例。具体来说,股票的投资收益包括经常收益和资本利得,前者是指股票的分红派息,后者主要体现为股票的买卖差价。股票或者投资组合的风险以方差(或者差)来表示,即投资组合收益率的方差。

投资组合理论研究"理性投资者"优化投资组合行为准则,即均值-方差准则:在给定风险水平下(方差不变),理性投资者总是期望收益最大化;在给定期望收益水平下(均值不变),理性投资者总是期望风险最小化。

2. 投资组合有效边界模型

如果把上述优化投资组合在以收益率(即均值)为纵坐标、波动率(即方差)为横坐标的平面坐标系中描绘出来形成一条曲线,这条曲线上有一个点,其波动率最低,该点称为最小方差点(Minimum Variance Point, MVP)。在最小方差点以上的那一段曲线就是马科维茨投资组合"有效边界"(Efficient Frontier),对应的投资组合称为"有效投资组合"。投资组合有效边界,是一条单调递增的凸曲线。

马科维茨的投资组合理论有两个基本前提:① 投资者仅仅以期望收益率和方差(差)来评价资产组合;② 投资者是不知足的和风险厌恶的,即投资者是理性的。因此,理性投资者在选择投资组合的时候,遵循均值-方差准则:他们在给定风险水平下(即方差相等)对期望收益进行最大化,或者在给定期望收益水平下(即均值相同)对风险进行最小化。由此会在均值-方差平面上形成一条呈抛物线形状的曲线(曲线的上半部分)。

在此基础上,投资组合理论讨论在以下三种条件下理性投资者的投资选择:① 投资组合中不包含无风险资产(无风险资产的波动率为零);② 投资组合中加入无风险资产;③ 市场是否允许卖空。

(二) 投资组合理论的发展

现代投资组合理论主要是由马科维茨投资组合理论、该理论的各种替代投资组合理论,以及威廉·夏普等的资本资产定价模型、斯蒂芬·罗斯(Stephen Ross)等的套利定价理论(Arbitrage Pricing Theory,APT)、尤金·法玛(Eugene F. Fama)的有效市场假说(Efficient Markets Hypothesis,EMH)构成的资本市场理论。这些理论的发展,极大地改变了过去主要依赖定性分析为特征的传统投资管理实践(属于基本分析),使现代投资管理日益朝着以定量分析为特征、计量化、模型化的分析研究方向发展。

1952年3月,美国经济学家马科维茨发表了《投资组合选择》的论文,作为现代证券组合管理理论的开端。马科维茨对风险和收益进行了量化,建立了均值-方差准则,提出了确定最佳资产组合的方法和思路。由于这一方法要求计算所有资产的协方差矩阵,计算量极大,在当初的技术条件下难以在实践中被广泛应用。

1964年,威廉·夏普提出了可以对协方差矩阵加以简化估计的单因素模型,极大地推动了投资组合理论的实际应用。

20世纪60年代,夏普、林特纳和莫辛提出了资本资产定价模型。该模型不仅提供了评价风险-收益相互转换特征的可运作框架,也为投资组合分析、基金绩效评价提供了重要的理论基础。

1976年,针对资本资产定价模型所存在的不可检验性的缺陷,斯蒂芬·罗斯提出了一种替代性的模型,即套利定价理论。该理论直接导致了多指数投资组合分析方法在投资实践中的广泛应用。

二、资本资产定价模型

(一) 前提假设

资本资产定价模型是建立在马科维茨投资组合理论基础上的,投资组合理论的假设自然包含在其中。资本资产定价模型的前提假设主要包括:

(1) 投资者希望财富越多越好,效用是财富的函数,财富又是投资收益率的函数,因此可以认为效用为收益率的函数。

(2) 投资者能事先知道投资收益率的概率分布为正态分布。

(3) 投资风险用投资收益率的方差或标准差表示。

(4) 影响投资决策的主要因素为期望收益率和风险两项。

(5) 投资者都遵守主宰原则,即同一风险水平下,选择收益率较高的证券;同一收益率水平下,选择风险较低的证券。

同时资本资产定价模型的有关假设比证券投资组合理论更为严格,资本资产定价模型的附加假设条件包括:

(1) 可以在无风险折现率的水平下无限制地借入或贷出资金。

(2) 所有投资者对证券收益率概率分布的看法一致,因此市场上的效率边界只有一条。

(3) 所有投资者具有相同的投资期限,而且只有一期。

（4）所有的证券投资可以无限制地细分，在任何一个投资组合里可以含有非整数股份。

（5）买卖证券时没有税负及交易成本。

（6）所有投资者可以及时免费获得充分的市场信息。

（7）不存在通货膨胀，而且折现率不变。

（8）投资者具有相同预期，即他们对预期收益率、预期收益率的差和证券之间的协方差具有相同的预期值。

上述假设表明：第一，投资者是理性的，而且严格按照投资组合理论的规则进行多样化的投资，并将从有效边界的某处选择投资组合；第二，资本市场是完美/完全市场，没有任何摩擦阻碍投资。

在此假定下，资本资产定价模型简化了问题的复杂性，这使得投资者把问题的焦点从人们应该如何投资转向如果每一个人以相同方式投资，证券价格会发生什么变化。借助于在市场阶段所收集的对投资者行为的考察资料，每一种证券收益与风险之间的最终均衡关系的性质将得到进一步展示。

（二）证券市场线

1. 资本市场线

（1）无风险借贷。资本资产定价模型引入了无风险资产概念。无风险资产意味着其收益的确定性，由于收益的确定性，因而无风险资产收益率的差为零。假定在一个较短的期间内未发生通货膨胀与利率变动，即可将相应期间的政府公债代表无风险资产。其中，投资者对无风险资产的投资贷款称为无风险贷款，投资者以固定利率借入资金并将其投入风险资产则称为无风险借款。

（2）分离定理。在投资组合中可以以无风险利率自由借贷的情况下，投资者选择投资组合时都会选择无风险资产和风险投资组合的最优组合点。因为这一点相对于其他的投资组合在风险上或者报酬上都具有优势，所以谁投资都会选择这一点。投资者对风险的态度只会影响投入的资金数量，而不会影响最优组合点。

下面结合图9-1展开分析。根据相同预期的假定，投资者可以推导出每个投资者的切点处投资组合（最优风险组合）都是相同的，从而得出每个投资者的线性有效集都是一样的。

由于投资者风险-收益偏好不同，其无差异曲线的斜率不同，因此他们的最优投资组合也不同，即投资者对风险和收益的偏好状况与该投资者风险资产组合的最优构成是无关的。在图9-1中，I_1代表厌恶风险程度较轻的投资者1的无差异曲线，该投资者的最优投资组合位于O_1点，表明其将借入资金投资于风险资产组合上；I_2代表较厌恶风险的投资者2的无差异曲线，该投资者的最优投资组合位于O_2点，表明其将部分资金投资于无风险资产，将另一部分资金投资于风险资产组合。虽然O_1和O_2位置不同，但它们都是由无风险资产（A）和相同的最优风险组合（T）组成的，因此他们的风险资产组合中各种风险资产的构成比例自然是相同的。

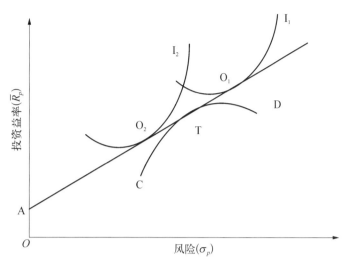

图 9-1 分离定理示意图

（3）市场组合。引入无风险资产后，投资者有了借入贷出资金的可能，其投资的灵活性大为提高。无风险资产可与任何一种风险证券或风险证券组合以任何投资比例构成一系列新的投资组合。根据分离定理，在均衡状态下，每种证券在均衡点处都有一个非零比例的投资组合。这是因为每个投资者都持有相同的最优风险组合（T）。如果某种证券在T组合中的比例为零，即没人购买该证券，该证券的价格就会下降，使得该证券预期收益率上升，直到在最终的最优风险组合T中该证券的比例非零为止。同样，如果投资者对某种证券的需求量超过其供给量，则该证券的价格将上升，导致其预期收益率下降，从而降低其吸引力，其在最优风险组合中的比例也将下降，直至对其需求量等于其供给量为止。

因此，在均衡状态下，每个投资者都愿意持有一定数量的各种证券。市场上各种证券的价格都处于使该证券的供求平衡的水平上，无风险利率的水平也正好使得借入资金的总量等于贷出资金的总量。这样，最优风险组合中各证券的构成比例等于市场组合中各证券的构成比例。

所谓市场组合，是市场中所有风险资产的组合，每种风险资产在该组合资产中的权重是这种风险资产的市值占所有风险资产市值的比重。一种证券的相对市值等于该证券总市值除以所有证券市值的总和。从曲线上看，人们将切点处的组合叫作市场组合，并用M代替T来表示。从理论上说，M不仅由普通股构成，还包括优先股、债券、房地产等各种资产。实际运用中，人们常将M局限于普通股。

（4）共同基金定理。如果投资者的投资范围仅限于资本市场，而且市场是有效的，那么市场组合就大致等于最优风险组合。于是，单个投资者无须进行复杂的分析和计算，只要持有指数基金和无风险资产，就可以实现最优投资了。投资者将货币市场基金看作无风险资产，根据自己的风险厌恶系数大小，将资金合理地分配于货币市场基金和指数基金,这就是共同基金定理。

共同基金定理将证券选择问题分解成两个不同的问题:一是技术问题,即由专业的基金管理人创立指数基金;二是个人问题,即根据投资者个人的风险厌恶系数大小将资金在指数基金与货币市场基金之间进行合理配置。

(5) 资本市场线(Capital Market Line,CML)。资本市场线是有效组合的期望收益率和标准差之间的一条简单线性关系的射线。它是沿着投资组合的有效边界,由风险资产和无风险资产构成的投资组合。

按资本资产定价模型的假设,就可以很容易地找出有效组合风险和收益之间的关系。如果用 M 代表市场组合,用 R_f 代表无风险利率,从 R_f 出发画一条经过 M 的射线,这条射线就是在允许无风险借贷情况下的线性有效集,称为资本市场线(如图 9-2 所示)。任何不利用市场组合以及不进行无风险借入或贷出的其他组合都将位于资本市场线的下方,尽管有些投资组合会非常接近资本市场线。

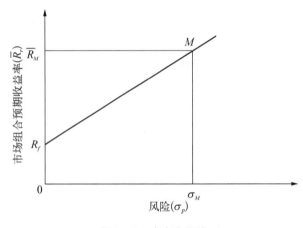

图 9-2 资本市场线

资本市场线的斜率等于市场组合预期收益率 $\overline{R}_M$ 与无风险利率 R_f 的差 $(\overline{R}_M - R_f)$ 除以它们风险的差 $(\sigma_M - 0)$,即 $(\overline{R}_M - R_f)/\sigma_M$。因为,资本市场线的截距为 R_f,资本市场线有如下方程:

$$\overline{R}_P = R_f + \left(\frac{\overline{R}_M - R_f}{\sigma_M}\right)\sigma_P \qquad 9-1$$

式 9-1 中,$\overline{R}_P$ 和 σ_P 表示一个有效组合中的预期收益率和标准差。证券市场的均衡可用两个关键数字来表示:一是无风险利率,二是单位风险报酬,它们分别代表时间报酬和风险报酬。因此,从本质上说,证券市场提供了时间和风险进行交易的场所,其价格则由供求双方的力量来决定。

2. 证券市场线

资本资产定价模型的图示形式,称为证券市场线(Security Market Line,SML)。按照威廉·夏普的说法,证券市场线有两个版本,协方差版本和贝塔版本。证券市场线,主要用来说明市场组合收益率与系统性风险程度 β 系数之间的关系以及市场上所有风险性资产的均衡期望收益率与风险之间的关系(图9-3)。

证券市场线方程对任意证券或组合的期望收益率和风险之间的关系提供十分完整的阐述,其方程为:

$$\overline{R}_i = R_f + (\overline{R}_M - R_f)\beta_{iM} \qquad 9-2$$

式9-2中,β_{iM} 的定义为:$\beta_{iM} = \dfrac{\sigma_{iM}}{\sigma_M^2}$。

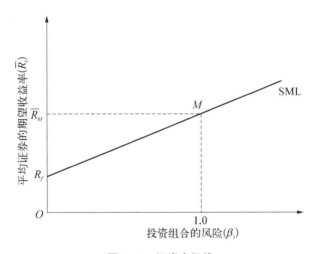

图9-3 证券市场线

任意证券或组合的期望收益率由两部分构成:一部分是无风险利率 R_f,它是由时间创造的,是对放弃即期消费的补偿;另一部分 $(\overline{R}_M - R_f)\beta_{iM}$ 是对承担风险的补偿,称为"风险溢价",它与承担的系统性风险 β 系数的大小成正比。其中,$(\overline{R}_M - R_f)$ 的代表对单位风险的补偿,通常称为风险的价格。它表明:

(1) 风险资产的收益率高于无风险资产的收益率。

(2) 只有系统性风险需要补偿,非系统性风险可以通过投资多样化减少甚至消除,因而不需要补偿。

(3) 风险资产实际获得的市场风险溢价收益取决于 β_{iM} 的大小,β_{iM} 值越大,单位风险补偿 $(\overline{R}_M - R_f)$ 就越大;β_{iM} 越小,单位风险补偿就越小。

当 β_{iM} 系数值小于1的证券或证券组合,称为防御性证券或防御性证券组合;β_{iM} 系数值大于1的证券或证券组合,称为进取性证券或进取性证券组合。

3.证券市场线与资本市场线的区别

(1) 证券市场线的横轴是贝塔系数(只包括系统性风险);资本市场线的纵轴是标准

差(既包括系统性风险又包括非系统性风险)。

(2) 证券市场线揭示的是证券本身的风险和报酬之间的对应关系;资本市场线揭示的是持有不同比例的无风险资产和市场组合情况下风险和报酬的权衡关系。

(3) 资本市场线中的"市场组合的期望收益率"与证券市场线中的"平均证券的要求收益率"含义不同;资本市场线中的 σ 不是证券市场线中的 β。

(4) 证券市场线表示的是要求收益率,即投资前要求得到的最低收益率;资本市场线表示的是期望收益率,即投资后期望获得的收益率。

(5) 证券市场线的作用在于根据必要收益率,利用股票估价模型,计算股票的内在价值;资本市场线的作用在于确定投资组合的比例。必要收益率即要求收益率,是指准确反映预期未来现金流量风险的收益率,是等风险投资的机会成本。期望收益率则是净现值为零的收益率。期望收益率和必要收益率的关系决定了投资者的行为。以股票投资为例,当期望收益率大于必要收益率时,表示投资会有超额回报,投资者应购买股票;当期望收益率小于必要收益率时,表明投资无法获得应有回报,投资者应该卖出股票;当期望收益率等于必要收益率时,表明投资者可选择采取或不采取行动。在完美的资本市场,投资的期望收益率等于必要收益率。

三、套利定价理论

斯蒂芬·罗斯长期以来一直对资本资产定价模型持批评态度,对资本资产定价模型假设的有效性提出了质疑。1976 年,他在《经济理论杂志》上发表了经典论文《资本资产定价的套利理论》,完全以套利为基础开发了一个资产定价模型,此即套利定价理论。

套利定价理论认为,套利行为是现代有效率市场(即市场均衡价格)形成的一个决定因素。如果市场未达到均衡状态的话,市场上就会存在无风险套利机会。该理论用多个因素来解释风险资产收益,并根据无套利原则得出风险资产均衡收益与多个因素之间存在(近似的)线性关系的结论。与资本资产定价模型相比,套利定价理论假设条件少,而且更合理。

(一) 单因素套利定价模型

罗斯在因素模型基础上,从套利角度讨论了市场均衡状态下证券的定价,提出了套利定价理论。与指数模型类似,在套利定价理论中,假定证券的收益受一些共同因子的影响,并且收益率与这些共同因子之间有如下关系:

$$r_i = E(r_i) + \beta_{i1}F_1 + \beta_{i2}F_2 + \cdots + \beta_{in}F_n + e_i \qquad 9-3$$

式 9-3 中,r_i 为第 i 种证券的未来收益率;$E(r_i)$ 为第 i 种证券的期望收益率;β_{in} 为第 i 种证券收益率对第 n 项共同因子的敏感度,有时也称为风险因子;F_n 为第 n 项共同因子与其期望值的随机偏差;e_i 为第 i 种证券收益率中特有的扰动。

如果各证券收益率只受一个共同因子 F 的影响,那么由式 9-3 得出,证券 i 的收益率的结构式就为：

$$r_i = E(r_i) + \beta_i F + e_i \qquad 9-4$$

且满足如下条件：

$$E(F) = 0, \quad E(e_i) = 0$$

$$\text{Cov}(e_i, F) = 0, \quad \text{Cov}(e_i, e_j) = 0$$

下面考察在模型式 9-4 的设定条件下各证券及证券组合的风险构成，并进一步讨论在市场均衡条件下各证券及证券组合的期望收益率与风险的关系。

1. 充分分散投资组合的套利定价

假定某证券组合由 n 种证券构成，各证券的组合权数为 x_i（$\sum_{i=1}^{n} x_i = 1$），则 P 的收益率构成为：

$$r_P = \sum_{i=1}^{n} x_i r_i = \sum_{i=1}^{n} x_i [E(r_i) + \beta_i F + e_i] = E(r_P) + \beta_P F + e_P \qquad 9-5$$

式 9-5 中，$\beta_P = \sum_{i=1}^{n} x_i \beta_i$ 代表投资组合 P 对共同因子 F 的敏感度；$e_P = \sum_{i=1}^{n} x_i e_i$ 为 P 的非系统性收益率。

类似于利用指数模型对证券风险的讨论，可将证券及证券组合的风险分成由共同因子引起的系统性风险与由特殊因素引起的非系统性风险两部分。由式 9-4 有：

$$\sigma^2(e_i) = \text{Var}[E(r_i) + \beta_i F + e_i] = \beta_i^2 \sigma_F^2 + \sigma^2(e_i) \qquad 9-6$$

式 9-6 中，$\beta_i^2 \sigma_F^2$ 代表证券 i 的系统性风险，$\sigma^2(e_i)$ 代表证券 i 的非系统性风险，由式 9-6 有：

$$\sigma^2(r_P) = \text{Var}[E(r_P) + \beta_P F + e_P] = \beta_P^2 \sigma_F^2 + \sigma^2(e_P) \qquad 9-7$$

通过以上分析可以看出，对于一个充分分散的证券组合，它的非系统性风险几乎接近于零。因此，在实际应用中可将 $\sigma^2(r_P)$ 忽略不计，视其为零。又因为 e_P 的期望值为零，注意到方差 $\sigma^2(e_P)$ 为零，因而可以断定 e_P 的实际值就是零。回到式 9-6，就得到作为实际用途的充分分散证券组合的收益率构造：

$$r_P = E(r_P) + \beta_P F \qquad 9-8$$

将式 9-8 与式 9-4 做对比可以看出，单个证券收益率与共同因子不存在完全的线性关系（因随机误差项 e_i 存在），但充分分散证券组合的收益率与共同因子之间具有线性关系。

在市场处于均衡状态而不存在套利机会时，所有充分分散证券组合必位于 r_f 的同一

条直线上,这条直线的方程为:

$$E(r_P) = r_f + \lambda \beta_P \qquad 9-9$$

其中斜率 λ 代表单位风险的报酬,有时也称为风险因子的价格。式 9-9 就是关于充分分散证券组合的套利定价模型,它描述了在市场均衡状态下任意充分分散证券组合收益率与风险(β)的关系。

2. 单个证券的套利定价

如果利用充分分散证券组合进行套利的机会不存在,每一充分分散证券组合的超额期望收益率与它的 β 值之间一定成常定比例,即对任意两个充分分散证券组合 P 与 T,总有如下等式成立:

$$\frac{E(r_P) - r_f}{\beta_P} = \frac{E(r_T) - r_f}{\beta_T} = \lambda \qquad 9-10$$

首先,构造一个证券组合,包括风险补偿率高的证券和风险补偿率低的证券。通过卖空补偿率低的证券,所得资金投资补偿率高的证券,无需任何本金,可以构造一个零 β 值的证券。比如,对图 9-4 中的证券 C 卖空,并投资于证券 A,在条件

$$\begin{cases} x_A \beta_A + x_C \beta_C = 0 \\ x_A + x_C = 0 \end{cases} \qquad 9-11$$

之下就可形成一个零 β 投资组合 Z,Z 的期望收益率为:

$$E(r_Z) = x_A E(r_A) + x_C E(r_C) \qquad 9-12$$

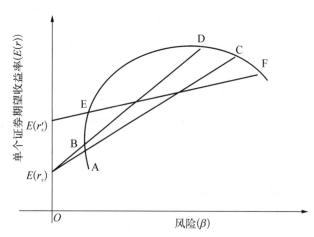

图 9-4 单个证券期望收益率 $E(r)$ 与风险 β 的关系

构造另一个证券组合,满足期望收益率为 $E(r_Z')$、无系统性风险、无非系统性风险、需非零投资额等条件。

上述两个证券组合都无任何风险,而它们的期望收益率却不同,已产生无风险套利机

会。卖空一定量的低期望收益率的证券组合 Z,同时用所得的资金投资于高期望收益率的证券组合 Z',就可获得无风险的差额利润。这一套利机会对所有投资者都是有利的,因此,每一投资者都会试图利用这一套利机会。

随着套利者不断卖空与买入,像 D、C、F 等风险补偿率低的证券因供给增加而价格下降,从而期望收益率上升;A、B、E 这样风险补偿率高的证券因需求增加而价格将上升,从而期望收益率下降。最终,市场将调节到"几乎所有"证券的风险补偿率一致的状态,使套利机会消失。因此,在市场均衡状态下,单个证券满足如下关系式:

$$\frac{E(r_i)-r_f}{\beta_i}=k \text{ (k 为定常数)} \qquad 9-13$$

或者
$$E(r_i)=r_f+k\beta_i \qquad 9-14$$

这就是市场套利均衡状态下单个证券的套利定价模型。它描述了单个证券均衡期望收益率与 β 值之间的关系。将它与式 9-9 进行对比,可得到 $k=\lambda$,这说明在市场均衡状态下,无论是单个证券还是证券组合,它们的期望收益率与 β 值之间都有相同的线性关系:

$$E(r)=r_f+\lambda\beta \qquad 9-15$$

这就是单因子套利定价模型。它的经济意义为:任何一种证券(或证券组合)的期望收益率都由两部分构成,一部分为无风险收益率,另一部分为风险溢价。风险溢价等于证券(或证券组合)对共同因子的敏感度(风险值)与单位风险的乘积。

(二) 多因素套利定价模型

下面介绍证券收益率由多因素模型产生时证券的套利定价模型。假设各证券收益率受两个共同因素的影响,那么证券收益率的分解式为:

$$r_i=E(r_i)+\beta_{i1}F_1+\beta_{i2}F_2+e_i \qquad 9-16$$

1. 充分分散投资组合的双因素套利定价模型

由 n 种证券构成的证券组合 P,如果各证券的组合权数为 x_i,那么 P 的收益率就为:

$$\begin{aligned}
r_P &= \sum_{i=1}^n x_i r_i = \sum_{i=1}^n x_i[E(r_i)+\beta_{i1}F_1+\beta_{i2}F_2+e_i] \\
&= \sum_{n=1}^n x_i E(r_i)+(\sum_{i=1}^n x_i\beta_{i1})F_1+(\sum_{i=1}^n x_i\beta_{i2})F_2+\sum_{i=1}^n x_i e_i \\
&= E(r_P)+\beta_{P_1}F_1+\beta_{P_2}F_2+e_P \qquad 9-17
\end{aligned}$$

P 的总风险(方差)为:

$$\sigma_P^2=\text{Var}[E(r_P)+\beta_{P_1}F_1+\beta_{P_2}F_2+e_P]=\beta_{P_1}^2\sigma_{F_1}^2+\beta_{P_2}^2\sigma_{F_2}^2+\sigma^2(e_P) \qquad 9-18$$

式 9-18 中,中 $\sigma_{F_1}^2$、$\sigma_{F_2}^2$ 分别为共同因子 F_1、F_2 的方差,$\sigma^2(e_P) = \sum_{i=1}^{n} x_i^2 \sigma^2(e_i)$ 代表证券组合 P 非系统性风险,前两项之和为两个共同因子变化的不确定性所带来的系统性风险。

当资本市场处于均衡而不存在无风险套利机会时,充分分散证券组合的期望收益率与风险之间的关系:

具有相同 β 值的充分分散证券组合应有相同的期望收益率。因为,如果存在两个充分分散证券组合 P 和 Q,它们的 β 相同,则有:

$$E(r_i) = r_f + \lambda_1 \beta_1 + \lambda_2 \beta_2 + \cdots + \lambda_n \beta_n$$

$$\beta_P = \beta_Q$$

如果 $E(r_P) \neq E(r_Q)$,就存在套利机会,通过卖空低期望收益率的证券组合,所得资金买入等值的高期望收益率的证券组合,无需任何本金,形成一个新的零投资组合。当该零投资组合的 β 值为零时,系统性风险亦为零,存在无风险套利的机会,使得投资者卖出-买入套利交易量加大,最终使得证券组合 P 与 Q 的期望收益率趋于一致,达到无套利均衡。充分分散证券组合的期望收益率与其 β 值之间存在线性关系,即:

$$E(r_P) = r_P + \lambda_1 \beta_{P_1} + \lambda_2 \beta_{P_2} \qquad 9-19$$

由此可见,在市场均衡状态下,任意分散证券组合的期望收益率与 β 值必存在线性关系(式 9-19)。该式就是在两个因素模型成立的情况下充分分散证券组合的套利定价模型。它表明,任何分散证券组合的风险报酬都是风险因素 β 的线性函数,β 值越大,风险报酬就越高,而 λ_1、λ_2 分别代表风险因素 β_{P_1}、β_{P_2} 的单位价格。

2. 单个证券的双因子套利定价模型

假设在市场均衡状态下证券期望收益率与风险因素之间是非线性的,众多证券分布在如图 9-5 所示的曲面上,那么通过卖空像 H 这样的证券,所得资金投资于像 G 这样的证券,不需任何本金,构造出对两个共同因素的敏感度都为零的证券组合 Z'(即零 β 证券组合),它的期望收益率为 $E(r_Z')$。由于 Z' 的两个 β 值都是零,因此 Z' 没有系统性风险。但 Z' 存在非系统性风险,而且需要非零的投资额。

如果选择许多对类似于 G、H 的证券,采用上述处理方法,就可以构造出充分分散的证券组合 Z',使 Z' 对两个共同因子的敏感度都为零。这样,Z' 既无系统性风险,同时由于已充分分散而消除了非系统性风险,Z' 仍需非零的投资额。

使用相同的方法,通过卖空类似于 F 的证券,购入类似于 E 的足够多的证券,构造出对两个共同因子的敏感度都为零的充分分散投资组合 Z,Z 的期望收益率为 $E(r_Z)$,而且 Z 既无系统性风险,也无非系统性风险,Z 仍需非零的投资额。

对比证券组合 Z 和 Z' 可以看出,存在无风险套利机会,投资者只需卖空 Z,并用所得

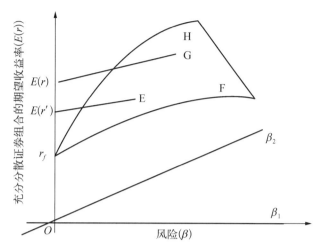

图 9-5 充分分散证券组合的 $E(r)$ 与双因子关系

资金购入 Z',无需任何本金,就可获得无风险差价收益。显然,这种套利机会造成了价格压力,套利者的卖空与买入使证券供求失衡,市场将对证券价格做出调整,价格调整的结果使套利机会消失,图 9-5 的曲面将不复存在。"几乎所有"证券的风险补偿率将位于同一水平上,即证券的期望收益率与其 β 值之间将保持线性关系,用数学式表示就是:

$$E(r_i)=r_f+\lambda_1\beta_1+\lambda_2\beta_2+\cdots+\lambda_n\beta_n \qquad 9-20$$

这就是一般情形的套利定价模型,其中 $\beta_1,\beta_2,\cdots,\beta_n$ 代表证券或证券组合的 n 个风险因子的值,而 $\lambda_1,\lambda_2,\cdots,\lambda_n$ 则为各风险因子的单位价格。

四、价值投资理论

价值投资源于本杰明·格雷厄姆(Benjamin Graham)的《证券分析》一书,由于格雷厄姆在书中使用"内在价值"的称呼,因此价值投资理论又称为内在价值理论。

(一) 本杰明·格雷厄姆的价值投资理论

本杰明·格雷厄姆开创了价值投资流派,他认为股票的市场价格会回归其内在价值,提出了"雪茄烟蒂"投资法。从 20 世纪 30 年代初开始,格雷厄姆发展出了日后为华尔街普遍采用的证券分析方法,他的主要著作包括《证券分析》《上市公司财务报表解读》和《聪明的投资者》,在这些论著中,他全面阐述了古典价值投资的基本思想。

(1) 正确态度。格雷厄姆认为,一个价值投资者要想成功,就应该对投资保持一种正确的态度,摒弃投机。格雷厄姆坚称投机并不是投资,而且辨清两者的区别是至关重要的。投资主张能够提供资本的安全性和对适当回报的合理预期。

(2) 安全边际。投资者买入股票的价格和公司的内在价值之间有一个差距,价格越在价值以下风险越小,安全的边际越大。在格雷厄姆的投资哲学中,安全边际思想居于中心位置。在实际操作中,这一思想强调买价的低廉、投资行为的相对性和风险控制并与分散投资的原则一致。意料之外的灾难是投资回报的大敌，但是发生不测在所难免。重视安全边际则可以帮助投资者防范这些令人不安的可能。买入证券之初，就要建立起安全防护网。格雷厄姆认为，建立安全边际主要通过搜寻如下三个方面的优势：资产的评估、获利能力的评估、分散化投资。

（3）内在价值。格雷厄姆认为"内在价值"是一个难于把握的概念，一般来说，它是指一种由事实（比如资产、收益、股息、明确的前景）作为根据的价值，它有别于受到人为操纵和心理因素干扰的市场价格。可见，格雷厄姆的股票价值概念与公司的资产、收益、股息、成长前景都有关系，而与人为操纵和心理干扰无关。价值投资就是寻找以等于或低于其内在价值的价格标价的证券。这种投资可以一直持有，直到有充分理由把它们卖掉。比如，股价可能已经上涨，某项资产的价值已经下跌或者政府公债已经不能再给投资者提供和其他证券一样的回报了。遇到这样的情形时，最受益的方法就是卖掉这些证券，然后把钱转到另外一个内在价值被低估的投资产品上。

（二）菲利普·费雪的成长股理论

菲利普·费雪（Philip A. Fisher）的成长股思想不必进行严密的计算，从投资者如何发现成长性公司的角度，从一家公司的新产品开发、管理创新、竞争优势、经理人诚信等"质化"因素来判断公司的成长价值。1958年《普通股的非凡利润》的出版，标志着费雪的成长股思想体系的基本形成，"成长型投资"也随之成为美国股市的主流投资理念之一。

虽然费雪的投资理论并没有给企业价值下一个严格的定义，但费雪强调投资成功的关键在于找到具有成长价值的股票。他指出："投资成功的核心，在于找到未来几年每股盈余将大幅成长的少数股票。"成长股被简单定义为未来数年或数十年盈余将大幅成长的股票。费雪认为，20世纪上半叶之前，股票投资积累财富，主要依赖预测经济周期得到，不景气时买进，景气时抛出，投资增值的可能性很高。但随着现代企业管理的兴起，尤其是企业营销技术的发展和企业研发投入的不断增长，新产品、新市场不断出现，加上政府对经济干预的增加，经济的盛衰周期已不像过去那样明显，企业的持续成长成为可能。

根据费雪的价值投资哲学，他认为股市中存在少数具有长期成长性的股票。他并不完全认同有效市场的理念，他认为有效市场在解释股市短期走势时是狭隘的，投资者应当避开较差前景的投资机会，寻找那些拥有良好长期前景的投资机会。市盈率低的股票并不一定具有吸引力，也可能是公司存在弱点的信号。他认为在衡量股价昂贵还是廉价时，应该用股价与未来数年的盈余来比较，而不是用股价与当年盈余来比较。

（三）巴菲特的价值投资理念

沃伦·巴菲特（Warren E. Buffett）是当代著名的投资大师，他不仅是一位卓越的投资家，也是一位重要的投资思想家。他深受其导师格雷厄姆投资理论的影响，同时也接受了费雪的部分投资主张。他是价值投资的集大成者，他把定量分析和定性分析有机地结合起来，形成了价值潜力投资法，把价值投资带进了另一个新阶段。巴菲特认为自己越来越看重那些无形的东西，愿意为好的行业和好的管理支付更多的钱。巴菲特的投资理念主要有能力圈、安全边际、"护城河"、复利等。

(1) 巴菲特认为能力圈原则是投资成功的重要理念。每个投资者的能力圈都是有限的,大多数投资者只是专注于某些特定的领域。能力圈的大小取决于投资者对投资活动的认知程度,通过学习和反复思辨,投资者可以扩大自己的能力圈。投资者应当围绕着那些能够真正弄懂的企业,通过深入研究这些企业的生意来选择合适的企业。巴菲特认为,"投资者真正需要具备的是对所选择的企业进行正确评估的能力,你并不需要成为一个通晓每一家或者许多家公司的专家。你只需要能够评估在你能力圈范围之内的几家公司就足够了。能力圈范围的大小并不重要,重要的是你要很清楚自己的能力圈范围"。

如何画出自己的能力圈呢?围绕你能够真正了解的那些企业的名字周围画一个圈,然后再衡量这些企业的价值高低、管理优劣、出现经营困难的风险大小,排除掉那些不合格的企业。之所以强调只投资自己能力圈之内的股票,是因为在能力圈之外,风险和收益是极不对等的,在自己的能力圈之内进行投资,就能有充足的把握对抗风险。

能力圈的大小与投资者能够获得回报的多少并非一定有关联。以最终获得回报的多少为目标,很多情况下努力扩大能力圈是过犹不及的,明确自己的能力圈边界专注做自己能弄懂的生意显然更重要。

(2) 巴菲特很看重投资活动的安全程度,他认为在安全边际范围内进行的投资活动能够提高带来回报的概率。"投资的第一条准则是不要赔钱;第二条准则是永远不要忘记第一条。"这是巴菲特选择股票的重要原则。

安全边际的作用主要是在减少风险的同时增加投资回报。资深的价值投资者认为在价格不到实际估值一半时去购买股票,这样回报的安全性才高。巴菲特的成功很大程度上是由于遵循了不亏损的原则,他选择的股票一般都有很高的"安全边际"。

巴菲特充分注意买价低廉在投资成功中的作用,但更强调公司的未来趋势对公司价值的影响。他认为理想的投资对象要同时满足两个条件:一是价格低于实质价值;二是公司的实质价值具有扩张的趋势,即公司的价值本身也要不断增加。巴菲特倾向于购买一流公司的股票,相对于二流企业的静态价值,他认为杰出公司的扩张趋势能使其更具实质价值。

(3) "护城河"理念是巴菲特价值投资哲学的中心。巴菲特在1993年首次提到了"护城河"的概念。

他认为优质公司就像一座美丽的城堡,深险的护城河围绕着它,让竞争者产生敬畏心,不敢靠近。巴菲特认为找到拥有宽阔护城河的企业,才能在股市中获得长久的高收益,以战胜市场。

(4) 巴菲特很推崇复利的理念。从定义上来说,复利是一个以利生利的过程。

(5) 集中投资与永久性投资。与现代金融理论相反,巴菲特的投资方法并没有规定分散化。相反,他提倡投资组合的集中化。他相信,投资者应当把相当大的资金投入到两三家企业中,他熟悉这些企业,而且企业的管理层也值得信任。按照这个观点,当投资和投资研究被散布得过于宽泛时,风险就上升了。投资的相对集中策略或许会减少风险,它提高了投资者考虑企业的强度。他建议投资者"把所有的鸡蛋放在一个篮子里——然后看住这只篮子"。

但与格雷厄姆等到股票市场恢复到合理价位就脱手的想法不同,巴菲特强调绝对的长期投资到了永久性投资的地步。他说:"我们不会因为股票上涨而抛出股票,或是因为已经持有了很长时间就抛出股票,只要公司的未来产权资本收益令人满意,管理人员称职,市场没有大幅高估公司的价值,我们愿意无限期地持有任何证券。但我们不会出售我们保险公司的三只普通股,即使它的股价高的离奇。"他提出不活跃是理智和聪明的投资行为,成功地投资于公开募股的公司与成功收购子公司没有差别。

因此,在巴菲特的投资理论框架里,坚韧的长期投资与安全边际同等重要。

五、索罗斯的反身理论

索罗斯(G. Soros)投资理论的核心,就是所谓"反身理论"(Theory of Reflexivity),也称反身性理论,是指在政治、经济领域有自我加强的一种现象,这种现象直到最后的快速调整而结束。索罗斯认为,金融市场与投资者的关系是:投资者根据掌握的资讯和对市场的了解来预测市场走势并据此行动,而其行动事实上也反过来影响、改变了市场原来可能出现的走势,两者不断地相互影响。因此,根本不可能有人掌握到完整资讯,再加上投资者同时会因个别问题影响到其认知,令其对市场产生"偏见"。反身理论对于金融市场的直接指导意义在于,能够让投资者更了解市场变化的曲线,在走向繁荣或崩溃的情况下争取获利。

作为反身理论最成功的实践者,也是量子基金的创始人,索罗斯早在伦敦经济学院学习期间,受到哲学家波普尔的鼓励用哲学的思维去思考世界运行的方式。索罗斯在人的认识不完备性基础上继承和发展了波普尔证伪主义哲学提出反身性理论,他将对哲学问题的思考结果用于金融市场,把金融市场当作试验其哲学理论的实验室。

(一)主要内容

索罗斯认为,传统经济理论致力于研究均衡点,均衡概念容易使人们将经济学的研究注意力集中于最终结果而不考虑形成结果的过程。但现实经济世界尤其在金融世界很难达到均衡,金融具有易变性。索罗斯认为,公认的看法是市场永远是正确的——市场价格倾向于对市场未来的发展做出精确的预测,但索罗斯确信,就市场价格表达未来偏向的含义而言,市场总是错的。参与者的认知缺陷是与生俱来的,不仅市场参与者的认知存在偏差,同时其偏向也影响交易的进程,有缺陷的认知与事件的进程存在双向的联系,索罗斯称之为反身性。索罗斯反身性理论模型的数学表达:

认识函数:$Y=f(X)$　　　　表示参与者的认识有赖于情景

参与函数:$X=g(Y)$　　　　表示情景受到参与者认知的影响

　　　　　　　　　　　　　X:情景,Y:认知

因此:　$Y=f[g(Y)]$　　　　表示认识的进程决定认识

　　　　$X=g[f(X)]$　　　　表示情景的进程决定情景

认识函数和参与函数是一对递归函数,两个函数同时发挥作用,相互干扰。当现实情景包含了思维和认识的影响时,事实联结于认知,认知又联结于事实,互为因果,循环强化。显然,索罗斯不是一个价值、价格绝对"两分论"的信奉者。

索罗斯在反身性概念的基础上,发展了他的理论构架:不完备理解、可错性和开放社会理念。

(二) 应用

反身理论适用于远离均衡的非常态。这是一种间歇出现而非普遍适用的状态。在这一条件下,认知与现实之间出现过度背离,只要现存的条件不发生显著的变化,认知与现实就不会趋于一致,这种反射性的双重反馈机制便发生作用,金融市场将出现单向的过程。

反身理论不适用于近似均衡的常态。只要把从认知与现实之间的暂时背离加以忽略,有效市场理论所主张的随机漫步理论就可以充分发挥作用,反身理论可以用于对冲基金的宏观投资战略。在金融市场上,大多数投资工具的价格波动范围(围绕均值)为一个差,在宏观投资战略看来这属于正常波动,获利空间不大。但是,当一些投资工具的价格波动过大,就为宏观投资战略提供了难得的投资机会。这时,投资工具的价格已经严重背离了其"真实"的价值,宏观投资战略抓住这个非常的价格/价值状态,最终会恢复到正常的价格/价值状态的投资机会进行投资而获利。

之后,偏见和趋势可能重复受到外在震动力量的考验,如果经受住考验,就会变得更加强大,一直到变成似乎无法动摇为止,这称为加速期。等到信念和实际情况之间的差距变得太大,使参与者的偏见成为主角时,就会出现一个高点,称为考验期。趋势可能靠着惯性继续维持,但是已不能再使信念强化,因而导致其走向平缓的状态,称为停滞期。最后趋势变得依赖日渐加深的偏见,散失信念注定会促成趋势反转,这种趋势反转就是临界点,相反的趋势会在相反的方向自我强化,导致局面加速恶化。

索罗斯在他的投资活动中发现,金融市场运作原则类似科学方法,做投资决策如同拟定科学假设,而实际状况是测试。两者的差异只在于:投资决策假设的目的是盈利,而非建立一项普遍有效的结论。这两种活动都涉及重大的风险,成功则能带来相应的报酬,投资决策是金钱的报酬,而科学研究则是研究成果的报酬。索罗斯将金融市场视为测试假设的实验室,而且他非常了解金融市场的运作并非严格的科学假设。理论水平充其量只能够达到炼金术的水平,所以他称成功投资是一种"金融炼金术"。

第二节 证券投资策略

投资策略的核心是根据市场特征以及投资者预期与市场历史表现之间的关系,制定具备盈利特征的战略框架并达到一定收益预期的操作策略。虽然投资者面对同样的市场,但因其背景、家庭资产实力、心理特征等不同,所追求的投资目标也不尽相同。因此,投资策略是个性化的。这里讨论的是投资策略的理论、方法、可供选择的策略种类等,作为投资者构造自身证券投资策略的参考。

投资策略的分类是多样的,甚至不同策略之间是互相矛盾的。例如:动量投资策略认为购买过去阶段表现好的股票、卖出过去阶段表现差的股票是可以获得超额收益的。反转投资策略强调股价存在对信息过度反应的现象,制定与市场运行方向相反的策略或者买入表现差的、卖出表现好的投资组合的策略可以获得超额收益。

市场存在不同甚至矛盾的投资策略是有其原因的。不同投资策略是基于不同心理状态的,例如:动量投资策略是根据锚定现象,反转投资策略是根据投资者反应过度与反应不足的心理现象。而在同一个非理性人的特质里,不同心理现象之间是共生的。因此,不同策略的使用都是有条件的,在不同阶段应适用不同的策略。

正是因为行为驱动因素不同,出现了策略的不同分类。目前,行为金融学对机构投资策略的研究主要集中在五个方面:动量投资策略、反转投资策略、成本平均策略、时间分散策略、小盘股投资策略。

一、动量投资策略与反转投资策略

(一) 动量投资策略

1. 动量投资策略的界定

动量效应一般又称"惯性效应",由杰格迪什(Jegadeesh)和蒂特曼(Titman)提出,是指股票的收益率有延续原来的运动方向的趋势,即过去一段时间收益率较高的股票,在未来获得的收益率仍会高于过去收益率较低的股票。基于股票动量效应,投资者可以通过买入过去收益率高的股票、卖出过去收益率低的股票获利。这种利用股价动量效应构造的投资策略称为动量投资策略。

2. 动量投资策略的分类

(1) 价格动量,即历史短期价格表现好的投资组合,在未来中短期具备更显著的相对正面表现;历史短期价格表现差的投资组合,在未来中短期具备更显著的相对一般表现。价格动量策略利用了对公司价值有关信息反应迟缓和在短期收益中未被近期收益和历史收益增长充分反应的公司长期前景。价格动量策略本身并不只简单局限于价格因素的惯性表现,也包括成交量、投资气氛、机构认同度等方面的体现,这种价格动量的特征与资本市场板块轮动的特征是相符的。

(2) 盈余动量,即当股票收益的增长超过预期,或者当投资者一致预测股票未来收益的增长时,股票的收益会趋于升高。因此,盈余动量利用了对公司短期前景的反应不足,最终体现在短期收益中,所获得的利润是由于股票基本价值的变动带来的。当投资者一致预测股票未来收益的增长时,股票的收益会趋于升高。因此,动量投资策略所获得的利润是由股票基本价值的变动带来的。

(二)反转投资策略

反转效应,或者反向效应、逆向效应,是指在一段较长的时间内,表现差的股票在其后的一段时间内有强烈的趋势经历相当大的逆转,要恢复到正常水平,而在给定的一段时间内,最佳股票则倾向于在其后的时间内出现差的表现。这一点由德邦特(De Bondt)与泰勒(Thaler)分别于 1985 年和 1987 年验证。基于反转效应,投资者购买过去市场表现较差或者公司经营状况较差的股票同时卖出过去市场表现较好或者公司经营状况较好的股票并从中获利的投资策略,就是反转投资策略。

二、资产配置策略

资产配置是指根据投资需求将资金投资在不同风险-收益类别的资产之间进行分配,通常是将资产在低风险、低收益证券与高风险、高收益证券之间进行分配,或者将资金分配在不同种类的资产上,如股票、债券、房地产及现金等,在获取理想回报的同时尽可能降低投资风险。这里结合标准普尔家庭资产配置象限图展开分析。

标准普尔公司曾调研全球十万个家庭的资产配置情况,这些家庭都有一个共同的特点,就是过去 30 年家庭资产一直在稳步上升。显然,这里所讨论的家庭,应该是该国家或者地区的中产阶级,家庭收入和资产规模处于中等偏上的程度。标准普尔公司从中形成了一个理财模式,用象限图展示出来,就是"标准普尔家庭资产配置象限图"(如图 9-6 所示)。

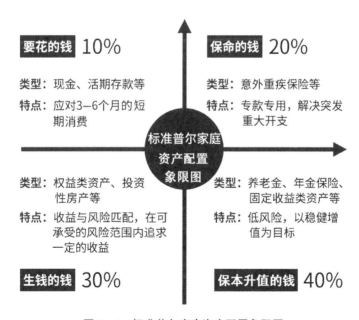

图 9-6 标准普尔家庭资产配置象限图

从图 9-6 可以看到,全部家庭资产被分配到四个象限,"要花的钱""保命的钱""生钱的钱""保本升值的钱"。当然,还需要根据所处的人生阶段来考虑资产配置。单身期,职业生涯刚刚起步,主要预备应急备用金,防范失业、生病等风险,初尝投资以小额为宜;家庭与事业形成期,资产实力比较弱,投资欲望比较强;家庭和事业成长期,事业、家庭都有基础,也有一定的资产,投资欲望强烈,也懂得风险控制。因此,人生青中年阶段,是投资最好的阶段,但要控制好风险。成熟家庭期,资产实力比较强,但年龄上去了,抗风险能力较弱;退休养老期,安享晚年,这两个时期需要低风险的稳健性投资。

第一个账户"要花的钱",是日常生活开销账户,一般占家庭资产的10%,为家庭3—6个月的生活费。一般放在活期储蓄的银行账户中。这个账户保障家庭的短期开销,日常生活,买衣服、美容、旅游等都应该从这个账户中支出。这个账户最容易出现的问题是资金占比过高,而没有钱准备其他账户,使得风险防范、投资、晚年养老的钱没有被考虑到。

要点:短期消费,3—6个月的生活费。一般放在银行活期存款或者货币基金等保本、流动性高的投资项目中。

第二个账户"保命的钱",用于防范风险,也是一个杠杆账户,一般占家庭资产的20%,为的是以小博大,防范家庭风险,专门解决突发的大额开支。这个账户的资金一定要专款专用,在家庭成员出现意外事故、重大疾病时有足够的钱来保命。这个账户的资金分成两部分:一部分以现金或者活期存款形式保留以备急用。另外一部分资金投保意外伤害和重疾保险,发挥保险以小搏大的作用。

要点:意外重疾保障。专款专用,解决家庭突发的大开支。

第三个账户"生钱的钱",是投资收益账户。一般占家庭资产的30%,为家庭创造收益,用有风险的投资创造高回报。这个账户为家庭创造高收益,往往用投资者最擅长的方式为家庭赚钱,包括投资于股票、基金、房产、企业等。由于证券投资的风险相对较高,需要控制好仓位,不追加资金为底线。这个账户的关键在于合理的占比,用家庭的"闲钱",能够承担一定的投资风险,要赚得起也要亏得起,无论盈亏对家庭都不能有致命性的打击,这样投资者才能从容地抉择。

要点:重在收益。这个账户最大的问题是偏向性,应该考虑品种搭配、风险大小(也就是收益高低)搭配,从而尽可能在追求高收益的同时分散非系统性风险。

第四个账户"保本升值的钱",是长期收益账户,追求保本增值,一般占家庭资产的40%,为保障家庭成员的养老金、子女教育金、留给子女的钱等,根据家庭所处的不同阶段确定。家庭成长期,孩子刚出生,需要为子女教育金做好准备;家庭成熟期,则主要考虑养老金、财产传承等问题。

该账户的使用原则:一是不能随意取出使用。坚持养老金储投,不挪作他用。二是每年或每月有固定的钱进入这个账户才能积少成多,长期定投。

要点:以保本升值、本金安全、收益稳定、持续成长为主要目标,收益率若能跑赢通货膨胀率则最佳,避免高风险高收益。

这四个账户少了任何一个就可能使家庭资产失去平衡,因此需要及时查看各个账户的情况,调整各个账户的资金。

标准普尔家庭资产配置象限图是标准普尔公司为全球家庭提供的一个资产配置模式、一种思路。然而,每个家庭的收入高低、资产分布、投资理念、消费习惯、税费结构、家庭成员构成、所处的阶段都有差异性。因此,在实际运用这样模式的时候,不能简单套用资产配置的比例,而是需要根据自身的情况做出调整,形成符合自己实际情况的资产象限图,这才是最佳的资产配置模式。例如,年轻家庭和老年退休家庭的资产配置模式不同;风险偏好者与风险厌恶者也会有不同的资产配置方案。

三、投资时钟策略

2004年,美林证券发布全球投资报告,提出了投资时钟理论。该理论在资产配置是收益的主要来源的基础上回答了如何从经济周期中把握资产的轮动趋势,从而将资产配置动态化,使投资者可以依据经济所处周期的阶段调整自己的资产配置比例,从宏观经济变动的过程中获取收益。

(一)投资时钟理论

美林证券对美国经济1973—2003年的月度数据进行研究,将以美国的产出缺口变动和消费物价指数为指标的通胀率变动作为衡量经济周期的两个指标,把经济运行划分为衰退、复苏、过热和滞胀四个阶段,然后计算每个阶段中各类资产的平均资产回报率和行业资产回报率,结果表明当经济周期在不同的阶段变换时,债券、股票、大宗商品和现金依次有超过大市的表现(如表9-1所示)。

表9-1 投资时钟的四个阶段

阶段	增长	通胀	表现最好资产类别	收益表现	收益率曲线斜率
衰退	↓	↓	债券	防守性增长	牛市陡
复苏	↑	↓	股票	周期性增长	
过热	↑	↑	大宗商品	周期性价值	熊市平
滞胀	↓	↑	现金	防守性价值	

(二)投资时钟理论的基本假设

假设一:经济运行存在一定周期且每个周期可分为四个阶段,分别是衰退、复苏、过热和滞胀。

假设二:每个经济阶段对应有最优投资的资产大类。如在复苏阶段,股票是投资的优势资产。

假设三:不同行业在不同周期中表现各异。如在复苏阶段,金融、房地产、耐用消费品等股票表现优越。

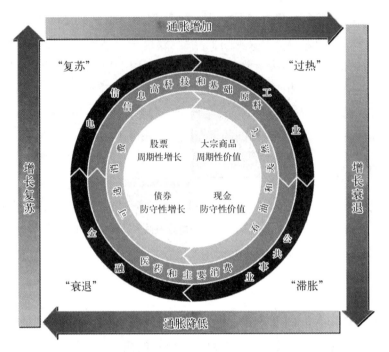

图9-7 投资时钟图：经济周期中的资产与行业轮动

(三) 不同阶段的特征和配置的资产

1. 处于衰退期

经济特征是经济增长率低于潜在增长率，出现持续减速趋势，产出缺口为负（产出缺口：经济体的实际产出与潜在产出的差额），而且缺口继续扩大，超额的生产能力和下跌的大宗商品价格使得通胀率更低。市场需求不足，企业盈利微弱并且实际收益率下降。为此，政府使用宽松的货币政策（降息）及积极的财政政策（减税）以刺激经济增长。可以确定的投资方向：降息导致收益率曲线急剧下行，债券是最佳选择，而在股票中金融股是较好的选择。投资方向依次为：债券、现金、股票、大宗商品等。

2. 处于复苏期

经济特征是经济增长率尚低于潜在增长率，但已成加速趋势，产出缺口为负，但缺口逐渐减小。复苏初期通胀率仍继续下降，但周期性的生产能力已开始扩充，并逐渐变得强劲，企业盈利上升，复苏后期随着经济活动的加速通胀也逐渐上行。央行仍保持低利率的宽松政策，债券的收益率处于低位。可以确定的投资方向：由于经济复苏往往伴随着高新技术出现、基础材料研究的突破，因此高新技术如计算机行业是超配的行业。投资方向依次为：股票、债券、现金、大宗商品等。

3. 处于过热期

经济特征是经济增长率超过潜在经济增长率，呈加速趋势，市场需求旺盛，企业产品库存减少，固定资产投资增加，导致企业利润明显增加，产出的正缺口逐渐扩大，经济活动的加速使通胀进一步上升。虽然物价和利率已经提高,但生产的发展和利润的增加幅度会大于物价和利率的上涨幅度,推动股价大幅上扬。为此,央行加息以求降温,加息使收益率曲线上行并变得平缓,债券的表现非常糟糕。可以确定的投资方向:经济活动的过热以及较高的通货膨胀使大宗商品成为收益最高的资产。而在股票中,估值波动小而且持续期短的价值型股票表现超出股市大盘,与大宗商品相关的股票是较好的选择,矿业股对金属价格敏感,在过热阶段中表现得好。投资方向依次为:大宗商品、股票、现金/债券等。

4. 处于滞胀期

经济特征是前期经济增长率依然超过潜在增长率,但呈现减速趋势,产出的正缺口逐渐缩小,由于资源价格的高企导致通胀,为了抑制通胀,利率也处在高位,企业成本日益上升,为了保持盈利而提高产品价格,导致成本、工资、价格螺旋上涨,但业绩开始出现停滞甚至下滑的趋势。此时,央行紧缩银根。可以确定的投资方向:现金是最佳选择。需求弹性小的公用事业、医药板块的上市公司等股票是较好的选择,能源股对石油价格敏感,在滞胀阶段前期表现超过股市大盘。投资方向依次为:大宗商品、现金/债券、股票等。

四、量化投资策略

量化投资(或量化交易)由数学家、投资家和慈善家同时也是对冲基金经理的西蒙斯(James Simons)提出。

(一) 量化投资的概念

量化投资是将投资者的投资意图和目标转换为具体指标、参数,结合现代投资理论,构造适合于投资者自身的投资操作模型。在投资操作过程中,运用该模型对市场进行不带任何情绪的全市场扫描,评估股票、配置资产。量化投资和传统的定性投资本质上是相同的,两者都是以市场弱有效性为理论基础,而投资经理可以通过对个股估值、成长等基本面的分析研究,建立战胜市场、产生超额收益的投资组合。不同的是,定性投资管理较依赖对上市公司的调研以及基金经理的个人经验和主观判断,而量化投资管理则是"定性思想的量化应用",更加强调数据的处理。

(二) 量化投资的特点

1. 投资决策强调客观性和规律性

量化投资决策更多依赖于模型做出。通常从三个层面研究投资市场和资产配置:① 运用大类资产配置模型来确定风险资产的权重,决定股票和债券的配置比例;② 通过行业模型来评估经济复苏行业并进行行业权重配置调整,确定超配或低配的行业;③ 通过对个股的估值挑选价值低估的股票。每次做出投资决策时候,按照决策程序,运行模型,强调决策的客观性和规律性。这样的决策方法有许多好处,可以克服人的弱点,也可以克服认知偏差,行为金融理论在这方面有许多论述。

2. 决策的系统性

一方面,投资决策涉及各个层面,包括大类资产配置、行业选择、精选个股等。另一面,决策过程从多角度去把握,量化的投资考察指标涉及宏观周期、市场结构、估值、成长、盈利质量、分析师盈利预测、市场情绪等多方面,得出数据结论,并根据数据来做出决策。

3. 套利思想作为投资的出发点

量化投资正是寻找估值洼地,通过全面、系统的扫描捕捉错误定价、错误估值带来的机会。与定性投资经理不同,量化基金经理大部分精力花在分析哪里是估值洼地,哪一个品种被低估了,买入低估的,卖出高估的。运用套利思想,可以进一步降低投资风险。

4. 概率取胜方法

量化投资,不是挖掘一匹黑马、依靠一组股票取胜,而是着眼于全局取胜。通过构造一个有价值的投资组合,去获得投资收益。同时,不断从历史中挖掘有望在未来重复的历史规律并且加以利用。量化投资采用概率取胜方法,尽可能避免定性投资可能犯的错误,降低犯错的概率。

量化投资强调模型的运用,通过系统化的分析做出客观的投资决策。值得注意的是,投资的整个过程中最重要的因素还是人。因此,如何权衡量化投资中模型与人的作用,就成为各家投资机构所要处理的问题。

(三) 量化投资策略

量化投资策略几乎覆盖了投资的全过程,包括量化选股、量化择时、股指期货套利、商品期货套利、统计套利、算法交易、资产配置、风险控制等。下文主要介绍量化选股和算法交易。

(1) 量化选股,就是采用数量的方法判断某个公司是否值得买入的行为。根据某个方法,如果该公司满足了该方法的条件,则将其放入股票池;如果不满足,则从股票池中剔除。量化选股的方法有很多种,一般可分为公司估值法、趋势法和资金法三大类。

(2) 算法交易,又被称为自动交易、黑盒交易或者机器交易,指的是通过使用计算机程序来发出交易指令。在交易中,程序可以决定的范围包括交易时间的选择、交易的价格甚至最后需要成交的证券数量。根据各个算法交易中算法的主动程度,可以把算法交易分为被动型算法交易、主动型算法交易和综合型算法交易三大类。

量化投资,采用统计学、计量经济学等数量化工具,通过计算机编程,构造量化投资模型,实现自动化交易,客观、高效,避免人参与交易时候的各种弱点。但是,量化投资在选股、择时、套利交易等过程中,还是按照人的知识、确定的规则等进行交易。与人工交易不同的是,量化投资具有超高的计算能力,可以对整个市场进行扫描;参与投资更加快速、高效,捕捉到稍纵即逝的机会,这是人所做不到的。然而,市场上的人具有丰富的经验、知识,可以相机做出抉择,而这是程序所做不到的,程序只能按照人预设的规则进行处理。

第三节 证券投资原则

对于投资者来说,进行证券投资的目的是实现效用的最大化,即在某一风险水平上挑选预期收益率最大的证券,或者在某一预期收益率水平上挑选风险最低的证券。

一、收益与风险最佳组合原则

在进行证券投资时,如何妥善地处理好收益与风险的矛盾至关重要。按照均值-方差准则,在风险一定的条件下,尽可能地使投资收益最大化;在收益率一定的条件下,力争使风险降到最低程度。这是证券投资的一条最基本原则,它要求投资者首先必须明确自己的目标,客观评估自己的资产实力,从而不断培养自己驾驭风险的能力,从心理上确立自己的投资出发点和应付各种情况的基本素质。

二、分散投资原则

分散投资是将投资资金按不同比例投资于若干风险程度不同的证券,建立合理的证券投资组合,以便将证券投资的非系统性风险降到最低限度。证券投资分散化,虽不能消除证券市场的系统性风险,却可以降低甚至消除非系统性风险。

分散投资,首先是指投资于多种证券。如果仅投资于一种证券,仅仅购买一家公司的股票,一旦该公司经营不善甚至倒闭退市,投资者不仅得不到收益(经常性收益和资本利得),还会因为股票退市而遭受巨大的损失。显然,这种投资方法的风险比较高。如果对多种股票或几家公司同时投资,同时还要分析这些股价之间是否存在相关性。如果投资组合中的股价之间存在负相关,则有可能降低投资风险。其次,进行多种证券投资时,应注意股票所属行业,将不同的行业组合在一起,也可降低非系统性风险。

分散投资应该将不同的证券品种进行组合,例如将股票、债券、基金等进行组合;将不同板别的股票(例如主板、中小板等)、不同货币种类的股票(例如A股、B股)、不同行业的股票等进行组合。巴菲特强调集中投资法。因此,分散投资,并不是将投资对象散播到市场的方方面面,分散也讲究一个度,要照顾好这些股票。如果因分散投资使得股票数量很多,都照顾不过来,那么这样的分散投资也是不合理的。

三、合法投资原则

坚持合法投资原则,首先要坚持选择合法的投资市场,不参与未经国家批准的国内外市场。其次,要坚持选择合法的投资品种,不参与未经国家批准的投资品种,不参与股市上对倒、操纵股价等来牟取非法利益。只有坚持合法投资原则,投资者的利益才能获得法律的保护。

四、量力投资原则

量力投资原则,其实就是追求适度投资,稳健投资。证券投资的量"力"而为,涉及投资者的财力、能力和时间等三方面。在投资的财力方面,个人投资者进行金融投资的资金,最大极限是其自身全部现金收入扣除家庭日常生活开支后剩余的部分。按照标准普尔家庭资产配置象限图,这部分金额在家庭资产配置中以不超过30%为宜。投资者根据投资经验、胜负概率等因素,从小到大,逐步扩大股票投资金额。

由于证券价格的涨跌随机性很大,起落的幅度也很难事先料定。所以投资者在投资操作以前,至少要留有足够的紧急备用金。对自己的投资能力方面,包括进行证券投资所需要的金融知识、投资经验以及承受风险的心理素质等方面,要有客观的估计。如果刚涉足证券投资领域,这样的投资者就需要特别谨慎。即使对于那些久经"沙场"的投资者,也不能过于自信而过度投资,避免遭受巨大亏损。是否有足够的投资时间,也是投资者需要慎重考虑的重要因素。如果是上班族,那么进行证券投资操作会因上班而受到影响。如果是一位退休的老者,虽然其投资的时间相对宽裕,但在财力、体力等方面可能相对较弱,投资的时候也要留有余地。

第四节 做理性投资者

一、学习证券市场相关的法律法规,了解市场交易规则

(一)现行证券市场法律

现行的证券市场法律主要包括《中华人民共和国证券法》《中华人民共和国证券投资基金法》《中华人民共和国公司法》以及《中华人民共和国刑法》等。此外,《中华人民共和国物权法》《中华人民共和国反洗钱法》《中华人民共和国企业破产法》等法律也与资本市场有着密切的联系。

(二)现行的证券行政法规

现行的证券行政法规中,与证券经营机构业务密切相关的有《证券、期货投资咨询管理暂行办法》《证券公司监督管理条例》和《证券公司风险处置条例》。期货市场方面,主要由国务院于2007年3月6日发布、2017年第四次修订的《期货交易管理条例》维护期货市场秩序。为了加强对证券公司的监督管理,规范证券公司的行为,防范证券公司的风险,保护客户的合法权益和社会公共利益,促进证券业健康发展,国务院于2008年4月23日公布了《证券公司监督管理条例》。

(三)部门规章及规范性文件

部门规章及规范性文件由中国证监会根据法律和国务院行政法规制定,其法律效力次于法律和行政法规,主要包括《证券发行与承销管理办法》《首次公开发行股票并在创业板上市管理暂行办法》《上市公司信息披露管理办法》《证券公司融资融券业务试点管理办法》《证券市场禁入规定》等。

二、了解市场运行状况,谨慎介入陌生的市场

(一) 期货交易重资质,非法平台莫着迷

非法期货活动,特别是以商品现货的名义进行非法期货交易活动,严重侵害了投资者的合法权益,损害了期货市场的声誉,在社会上造成了不良影响。政府相关部门清理整顿各类交易场所,部分地区法院也陆续就相关非法期货交易活动依法做出判决,为投资者辨识非法期货交易活动提供了现实参考,具有很强的警示作用。

在已发生或已判决的案例中,不法分子往往以商品现货交易为幌子,诱导投资者参与非法期货交易活动,造成投资者财产损失,投资者对此应保持高度警惕。

(二) 远离非法投资咨询,树立理性投资理念

《证券法》《证券公司监督管理条例》等相关法律法规明确规定了咨询机构、咨询人员,在开展证券、期货投资咨询业务过程中应当履行的义务和必须遵守的职业准则。然而还是有诸多不法分子冒充正规投资咨询机构、虚构专业理财业务员身份,以提供精准投资咨询建议、帮助投资者获得超高的投资收益回报为诱饵,骗取投资者的信任,实施非法证券投资咨询等活动。

我国《证券法》第一百一十八条规定:"未经国务院证券监督管理机构批准,任何单位和个人不得以证券公司名义开展证券业务活动。"某些不法分子通过编造、虚构所谓的专业投资顾问资质,利用高额收益骗取投资者信任,进而通过虚假交易骗取投资者的财产。因此,投资者在投资咨询过程中一定要时刻保持警惕,提高风险防范意识。

三、设定家庭的风险资产的比例和投资的盈亏点

在开始一项证券投资前,首先要根据家庭的收入、财产情况,限定自己的投资金额。可以按照人生的不同阶段,考虑家庭的风险承担能力,决定风险投资在家庭资产中所占的比例。一般来说,处于青年、中年家庭时期,抗风险能力较强,可以加大风险投资比例;刚刚开始职业生涯的青年、退休的老年投资者,则需要持谨慎的投资态度。总体而言,不管哪个时期,风险投资所占的比例都应低一些。研究表明,投资者都是"风险厌恶"的。夏普在解释投资者厌恶的时候曾经指出,"大量的证明指出几乎每个人做重大决策时都是风险厌恶者。明显的反例很少发现。在赛马场的一天提供了风险和可能的损失以及其他东西,即便是狂热的爱好者也很少会把他的全部收入投放到赛马场上去。"[①]

在进行投资操作时,必须设定自己投资的盈亏点(也就是离场的点位)。

离场时机的把握,是整个证券投资中最重要也是最难的。如何把握离场时机,需要在投资实践中摸索。

沃伦·巴菲特说过,投资的第一原则是永远不要亏钱,第二原则是记住第一原则。说

[①] 威廉·夏普:《证券投资理论与资本市场》,霍小虎等译,中国经济出版社1992年版,第23—24页。

的也是这个道理,以安全性为最重要的目标——"不要亏钱"。

> **探究与发现 9-1**
>
> 遇到下列情形,该如何做才是理性投资者?
> 1. 当你的投资已经盈利,股价指数又创新高的时候。
> 2. 当你的投资已经亏损,股价指数连续、小幅下跌的时候。
> 3. 当遇到大级别的市场震荡的时候。

本 章 小 结

美国经济学家马科维茨1952年首次提出投资组合选择理论,该理论包含两个重要内容:均值-方差准则和投资组合有效边界模型。

资本资产定价模型是由美国学者夏普、林特纳和莫辛等人于1964年在资产组合理论和资本市场理论的基础上发展起来的,主要研究证券市场中资产的预期收益率与风险资产之间的关系以及均衡价格是如何形成的。

资本市场线是有效组合的期望收益率和标准差之间的一条简单的线性关系的射线。它是沿着投资组合的有效边界,由风险资产和无风险资产构成的投资组合。证券市场线主要用来说明市场组合收益率与系统性风险程度β系数之间的关系以及市场上所有风险性资产的均衡期望收益率与风险之间的关系。

套利定价理论是美国学者斯蒂芬·罗斯提出的一种新的资产定价模型,是资本资产定价模型的拓广,该模型基于无风险套利均衡的基础,其重点是每项资产的回报率均可从该资产与众多的共同风险因素的关系推测得到。套利定价模型可分为单因素模型和多因素模型。

价值投资理论源于格雷厄姆,又称为内在价值理论。他开创了价值投资流派,认为股票的价值会回归其内在价值,提出了"雪茄烟蒂"投资法。他的基本思想包括正确态度、安全边际、内在价值;菲利普·费雪的价值投资哲学认为股市中存在少数具有长期成长性的股票,而投资成功的关键在于找到具有成长价值的股票;沃伦·巴菲特结合了导师格雷厄姆价值投资理论和费雪的部分投资主张,把定量分析和定性分析有机地结合起来,形成了价值潜力投资法。他的投资原则包括能力圈、安全边际、"护城河"、复利等。

反身理论也称反身性理论,是索罗斯提出的,是指在政治、经济领域有自我加强的一种现象,这种现象直到最后的快速调整而结束。投资者根据掌握的资讯和对市场的了解来预测市场走势并据此行动,而其行动事实上也反过来影响、改变了市场原来可能出现的走势,两者不断地相互影响。

投资策略的核心是根据市场特征制定具备盈利特征的策略集合,主要依赖投资者预期与市场历史表现之间的关系,达到一定收益预期的操作策略。在投资策略中融入行为金融学的研究将其进行分类,包括动量投资策略与反转投资策略、资产配置策略、投资时钟策略和量化投资策略等。

证券投资的原则包括收益与风险最佳组合原则、分散投资原则、合法投资原则和量力投资原则。

思考与练习

一、单选题

1. 马科维茨提出的投资组合理论中,风险的测度是通过(　　)进行的。
   A. 个别风险　　　　　　　　　　B. 收益的标准差
   C. 系统性风险　　　　　　　　　D. 非系统性风险

2. 根据资本资产定价模型,一个充分分散化的资产组合的收益率和(　　)有关。
   A. 市场风险　　B. 非系统性风险　　C. 个别风险　　D. 再投资风险

3. 证券市场线描述的是(　　)。
   A. 证券的预期收益率与其系统性风险的关系
   B. 证券的预期收益率与其总风险的关系
   C. 证券收益与指数收益的关系
   D. 由市场资产组合与无风险资产组成的完整的资产组合

4. 套利定价理论和资本资产定价模型的相同之处在于(　　)。
   A. 都是均衡的定价模型　　　　　B. 都是单因素模型
   C. 都是多因素模型　　　　　　　D. 都可以为任意资产定价

5. 资本资产定价模型假设(　　)。
   A. 所有的投资者都是价格的接受着　　B. 所有的投资者都有相同的持有期
   C. 投资者为资本所得支付税款　　　　D. A和B

二、思考题

1. 资本资产定价模型的假设是什么?
2. 比较资本市场线和证券市场线的区别。
3. 阐述价值投资理论和索罗斯的反身理论。
4. 比较动量投资策略和反转投资策略的区别。
5. 分析标准普尔家庭资产配置象限图。
6. 简述投资时钟策略的假设和不同阶段的特征及需要配置的资产。
7. 简述量化投资策略的特点。
8. 证券投资原则包括哪些?

拓 展 学 习

拓展学习项目：运用证券投资的理论和策略，评析个人投资业绩

在撰写个人投资业绩评析中，关注下列思考题：

1. 如何选股？依据是什么？
2. 入场时机怎么把握还是不考虑择时的问题？
3. 面对亏损，你会怎么做？面对盈利，你又会怎么做？
4. 面对大盘暴跌(或者暴涨)，如果持有股票(或者空仓)，你会怎么做？
5. 在持股的情况下，面对大盘(或者个股)持续下跌(即小幅度、持续不断的下跌)，你会怎么做？

在评析个人投资业绩的时候，可以选择相关度高的理论展开分析。重点考虑证券投资的理论和策略的运用，包括其在模拟投资和业绩评析中的运用。

参 考 文 献

1. 滋维·博迪、亚历克斯·凯恩、艾伦·马库斯著,汪昌云、张永骥等译:《投资学》(原书第10版),机械工业出版社2017年版。
2. 威廉·夏普、戈登·亚历山大、杰弗里·贝科:《投资学》(第五版上、下),中国人民大学出版社1998年版。
3. 弗兰克·J.法博齐著,周刚等译:《投资管理学》(第二版),经济学科出版社1999年版。
4. 陈信华:《证券投资学讲义》,立信会计出版社2002年版。
5. 吴晓求:《证券投资学》(第五版),中国人民大学出版社2020年版。
6. 张宗新:《投资学》(第四版),复旦大学出版社2020年版。
7. 汪昌云、类承曜、谭松涛:《投资学》(第四版),中国人民大学出版社2020年版。
8. 盛洪昌、于丽红:《证券投资学》,东南大学出版社2014年版。

后　　记

感谢上海大学继续教育学院,感谢上海大学出版社,感谢编委会副主任沈瑶教授、责任编辑石伟丽所给予的审稿意见。

《证券投资》是集体努力的成果,感谢张琳、赵燕萍和渣梦丽副主编,其中张琳老师参与大纲的讨论、关键资料的提供和分析以及部分教材内容的编写等工作。赵燕萍老师、渣梦丽老师分别参与第6—9章和第1—5章的学习目标、核心概念、练习与思考等的编写以及相关章节的文字校对等工作。

在编写教材的过程中,编者参考了相关教材、论文等,也引用了来自政府机关、新闻媒体、金融机构的法律规章、数据、图表等,在此一并表示感谢。

桂詠评承担全书各章节书稿的撰写、统稿、定稿。

限于编者的水平,难免挂一漏万,敬请读者专家不吝赐教。

本书为继续教育类学员编写,也可以供相关行业人士或者普通读者作为财经类读物阅读、参考。

桂詠评

2022年5月